U0452756

山东省社科规划项目
"登州文会馆的科学文化本土化实践研究"
(项目批准号：19CPYJ71)研究成果

登州文会馆与近代科学传播实践研究

褚宏祥 ◎ 著

天津出版传媒集团
天津人民出版社

图书在版编目（ＣＩＰ）数据

登州文会馆与近代科学传播实践研究 / 褚宏祥著. -- 天津：天津人民出版社，2024.11
ISBN 978-7-201-20226-6

Ⅰ. ①登… Ⅱ. ①褚… Ⅲ. ①教会学校－高等学校－校史－蓬莱－文集②文化教育－教育事业－中国－近代－文集 Ⅳ. ①G649.285.23②G529.5-53

中国国家版本馆CIP数据核字(2024)第049588号

登州文会馆与近代科学传播实践研究
DENGZHOU WENHUIGUAN YU JINDAI KEXUE CHUANBO SHIJIAN YANJIU

出　　版	天津人民出版社
出 版 人	刘锦泉
地　　址	天津市和平区西康路35号康岳大厦
邮政编码	300051
邮购电话	(022)23332469
电子信箱	reader@tjrmcbs.com
责任编辑	佐　拉
封面设计	卢炀炀
印　　刷	天津新华印务有限公司
经　　销	新华书店
开　　本	710毫米×1000毫米 1/16
印　　张	17.5
插　　页	2
字　　数	260千字
版次印次	2024年11月第1版 2024年11月第1次印刷
定　　价	98.00元

版权所有　侵权必究
图书如出现印装质量问题,请致电联系调换(022-23332469)

前　言

科学文化是指人类在探求客观世界及其规律的过程中，关于科学的信仰、观念和相关的探索实践，经由制度化或习俗化而形成的一个包含科学思想、科学精神、知识传播及技术应用体系等在内的有机整体。

从文明的互动视角来看，科学知识的传播常伴随着文化价值的渗透，科学文化是在与传统文化、经济文化、民俗文化及政治文化等本土文化的互动进程中传播发展与共生共变的。[①]科学文化生长、运作于特定的本土文化之中，作为本土文化的一个组成要素或是其中具有相对独立性的子文化而存在。[②]一般而言，一个完整的外来文化在本土化的自然演变过程中包括文化传播、文化融合和文化创新三个阶段。这三个阶段虽然互有叠合，但一般是相继出现的。科学文化之所以可以得到广泛传播与应用，是与特定社会的文化语境相关联的。科学文化的发展传承和传播不是一个单纯的科学知识或方法的扩散过程，而是在与其他文化的互动进程之中展开的，是不同阶层的"传播者""接引者"和"普罗大众"对科学传统的认知、认同的过程。

---

① 袁江洋.一流科学传统的引入与本土化[EB/OL].(2012-10-09)[2023-03-29].https://www.e-du.cn/ke_yan_yu_fa_zhan/gai_kuang/zhuan_jia_ping_shu/201210/t20121009_853038_1.shtml.

② 佚名.科学文化与本土文化之融聚[EB/OL].(2015-11-05)[2023-03-29].http://finance.china.com.cn/roll/20151105/3424909.shtml.

在将西方近代科学文化的诸要素"引进来"并与中国本土文化"会通融合"的过程中，中国本土文化通过吸纳及融合西方科学文化要素而提升了自身的传播力和软实力，同时也增强了中国本土文化要素对外来要素的"化解"能力。在中国本土文化与西方科学文化互相碰撞、相互凝聚、互相融合的进程中，中华民族对于异域的先进文化积极采纳，并与自身优秀文化融会贯通，输入了新鲜血液，主客体文化的代表者有目的地选择、融合和创新，对于中国近代科学文化的建立与发展尤为重要，对中华文明发展起了很大的促进作用。

在这个西学东渐的过程中，有一个特殊的群体——西方传教士，他们以向中国传播基督教为目标，无意或者有意地将近代科学带到中国，于是一类特殊的教育机构——教会学校出现了，并对中国的教育产生了一定程度的影响，促进了中国教育的近代化发展。山东作为近代基督教在华传播的重要区域，在北方各省中开风气之先。胶东半岛面向渤海的一侧，烟台地区曾是传教士较早登陆山东之地，登州（蓬莱）也是中国北方较早与西方文明碰撞交接的区域之一。1864年，美国传教士狄考文（Calvin Wilson Matee 1836—1908）及其妻子狄邦就烈（Julia Brown Mateer 1837—1898）在山东登州创办蒙养学堂，传授学生不同于中国封建科举教育的近代科学知识，催生了中国大学教育之萌芽。他们克服种种困难使得办学规模逐步扩大，1876年蒙养学堂改称为"文会馆"，1884年美国长老会差会总部批准以"Tengchow College"为学校英文名，以"文会馆"作为中文名，正式批准文会馆为大学，并增派传教士协助办学。

本书按照学界约定俗成的称呼，将自"蒙养学堂"建立至更名"文会馆"迁至潍县这一阶段的学校名称统称为"登州文会馆"（The Tengchow Boy's School，1875—1944）。

1900年，义和团运动爆发，登州文会馆的办学受到一定影响。1902年，局

前 言

势安定后,美国长老会和英国浸礼会在山东青州召开会议并一致通过了合办山东基督教联合大学的决议。两年后的1904年,是个值得纪念的年份。是年,登州文会馆迁至潍县,与英国浸礼会在青州创办的广德书院合并,更名为广文学堂(民国建立后称广文大学)。几经周折,1917年,广文大学与青州的神道学堂、济南的共和医道学堂合并,迁至济南南关坿子附近,成为后来的齐鲁大学,再后来逐渐演变为现今的山东大学。

从登州蒙养学堂到登州文会馆再到广文学堂、广文大学、齐鲁大学,以狄考文夫妇、赫士(Watson Mcmillen Hayes)等人办学教育实践活动对于教会在中国创办学校起了示范作用。从登州文会馆走出的历届优秀毕业生,为其他教会学校和清末新式学堂提供了师资支持。登州文会馆除讲授《圣经》和儒家经典外,还教授包括数学、逻辑学、世界地理、物理学、天文学、博物学、政治经济学在内的自然科学和社会科学知识,这对当时的中国是具有启蒙意义的。登州文会馆编译的相关译著和教材,大大填补了中国在天文、物理、数学等近现代科学知识体系中的空白,为在不同的语言环境和文化背景里的中外群体搭建起一座相互观察和理解的桥梁,也不失为窥看晚清中西文化碰撞的一个视角。尽管相关译著和教材传播时带有西方知识的印记,但这些反映人类近代科学知识的译著和教材,促使中国民众越来越自觉地接受来自西方的各类自然科学学科,同时促使近代科学在中国朝着本土化和现代化的方向发展。虽然这些西方科学知识在西学东渐逐步深入的过程中,随着新知识的涌现和更新,旧有的知识逐步被补充、更正,甚至彻底推翻,但是将其置于整个历史发展长河中,它们的意义重大,影响深远。

相较中国的传统教育,登州文会馆在教育理念、培养方式、教学内容等方面有诸多不同,开辟了一条让民众不离乡土就能了解和学习西方科学文化的路径。登州文会馆为中国人打开了一扇了解"西学"、学习"西学"的窗口,也为中国近代教育的发展打开了新思路,为后期建立大学提供了典范,为缩短中西方高等教育的差距做出了一定的贡献，客观上促进了中国近代教育尤其是山东近代教育的发展。

已往的研究多是对登州文会馆整体发展脉络或者对其教育管理、办学特色、物理实验等方面的研究，对其自然科学学科的研究也仅限于数学、天文学等个别学科领域，而对其背后隐含的涉及科学文化演进的根源和逻辑等根本问题鲜有系统性研究。另外，有关登州文会馆研究的广度和深度仍然需要进一步加强，尤其是登州文会馆师生开展的科学教育实践工作以及所蕴含的价值也需深入思考，系统梳理并深入探讨这一问题，对于深化近代中国早期科学本土化的研究具有重要学术意义。

登州文会馆因其历经多个历史阶段，办学成绩卓著且影响深远，与不同政府、士商群体及社会民众有着密切互动，具备特定场域中个案研究的典型性与代表性。因此，本书采用"解剖麻雀"的方法来对登州文会馆进行个案剖析，分析在特定历史背景和地域环境内，围绕教会大学的基本发展战略而展开的中西人士的思考、歧异、因应，以及中西文化的冲突与融合，从更微观的视角来呈现科学文化传播进程中相对复杂、细腻、生动的各种关系。登州文会馆虽小，但其发展进程及其影响足以反映我国近代新式教育的建立过程与发展趋势，它不仅是"山东近代教育史上的明珠"，也是研究晚清和民国高等教育史的"宝藏"。

本书是山东省社会科学规划研究项目"登州文会馆的科学文化本土化实践研究"（19CPYJ71）的建设成果之一。感谢登州文会馆研究专家、山东师范大学历史文化学院郭大松教授对本书初稿的审校和指导，郭教授对书稿中的部分史实、内容架构、字词运用等方面提出了大量修改意见，并对这些意见进行了详尽而精准的阐释；感谢滨州学院郭建福博士在登州文会馆物理实验方面相关研究提供的资料和修改意见；感谢登州文会馆研究会陈鹏老师许多中肯和建设性的修改意见，这对提高本书的质量有极大的帮助；感谢前辈学人的研究,为本书提供了非常有价值的参考。因资料浩繁,有些资料来自网络,未能标明来源,敬请谅解。史学研究需要深厚的功底,由于作者水平有限,书中难免有疏漏之处,恳请各位同仁批评指正。

目 录

第一章 登州文会馆发展概要 / 1

 第一节 鸦片战争前后的登州 / 2

 第二节 登州文会馆的发展历程 / 8

第二章 登州文会馆与山东近代新式学堂 / 31

 第一节 广文大学 / 31

 第二节 齐鲁大学 / 36

 第三节 山东大学堂 / 42

第三章 登州文会馆的近代教育本土化实践 / 49

 第一节 《官话类编》的编撰与应用 / 49

 第二节 登州文会馆的教材本土化实践 / 53

 第三节 登州文会馆的教学本土化实践 / 68

 第四节 登州文会馆的教育管理本土化实践 / 81

 第五节 登州文会馆的近代音乐教育 / 98

第四章 中国近代科学本土化的两种语境 / 106

 第一节 科学本土化的社会语境 / 106

 第二节 科学本土化的教育语境 / 113

第五章　登州文会馆的近代科学本土化实践　/　119

　　第一节　登州文会馆编译的数学教科书及其影响　/　120

　　第二节　登州文会馆编译的声学教科书及其影响　/　144

　　第三节　登州文会馆开展的天文教育活动及其影响　/　158

　　第四节　登州文会馆博物学课程的开设与博物馆的设立　/　176

　　第五节　登州文会馆对摄影与电影技术早期传播的影响　/　198

第六章　登州文会馆的实验室建设及其影响　/　220

　　第一节　登州文会馆实验室的发展概况　/　221

　　第二节　登州文会馆开设的物理实验　/　228

　　第三节　登州文会馆实验室的建设对西学传播的影响　/　252

第七章　教会在华办学的历史作用及其影响　/　257

　　第一节　教会学校的历史作用　/　258

　　第二节　登州文会馆在中国近代高等教育建设中的作用及其影响　/　262

附录：英汉人名对照表　/　266

第一章
登州文会馆发展概要

鸦片战争以后,中国出现了第二次西学东渐浪潮,西方科学文化再次传播于这片当时与世界基本隔绝的东方古老土地。海禁大开之后,两种异质文化开始接触和碰撞,使西方科学技术相关知识向近代中国逐渐渗透。虽然大部分来华传教士是尾随西方各国的坚船利炮而来,受清政府签订的诸多不平等条约的保护,甚至有部分传教士直接参与了搜集情报、条约谈判等各国列强的无耻侵略,但不能把传教士简单归结为那些拿枪炮的侵略者。传教士来自当时科学发达的西方国家,深知科学的力量,崇尚"科学是信仰的助手",认为中国在物质和精神生活方面都远落后于西方。因此,他们既要传播基督教教义,又要向中国人介绍西方的物质文明和科学文化。[①]近代来华传教士为了实现"中国基督教化"目标,从事"西学"传播,参与了中西文化融合和中国文化的创新工作,并对中西文化进行调和,以期创造出会通中西的新文化。

另外,晚清时期的中国,近代教育几乎处于真空地带,往任意领域踏出一步都是开创性的发展,对于携带近代科学进入中国的基督教会来说,这是极佳的机遇。教会组织于是迅速调整思路,以建设学校、医院等社会事业来间接传教。传教士在这种几乎没有国内竞争和政府限制的情况下,由单纯的

[①] 樊洪业、王扬宗.西学东渐:科学在中国的传播[M].长沙:湖南科学技术出版社,2000:95.

传教活动大规模地转向教育,并逐步建立起包括各个学段的中国近代教育体系,把西方的新知识尤其是自然科学知识带到了中国。传教士在这种不对等的近代中西文化交流中扮演着特殊角色,所从事的文化与教育活动传播了近代西方科学文化,触发了中国的社会变革。

第一节 鸦片战争前后的登州

第二次鸦片战争失败后,清政府被迫对外开放第二批十座城市,登州是其中之一,旋即成为西方传教士进入中国北方的理想入口。后来,登州的这一地位很快被地理位置更加优越的烟台所取代,但是短暂的开放和进出海的相对便利,还是吸引了一大批除商人外的其他外国人——身负传教使命、在不平等条约庇护下来中国的传教士。这些传教士在传播宗教的同时,也带来了西方先进的科学技术和教育理念,对中国近代教育的变革和科学教育的发展均起到了推动作用。

一、登州的自然环境

登州的地理位置优越,濒临渤海、黄海,占据胶东半岛最北端黄金地带,气候适宜,属于典型的温带季风气候。

登州行政区划始于唐代,在明代升州为府,设都督、总兵,镇守山东半岛和东部沿海地区,海防名将戚继光就曾在此屯兵设防。1621年,明朝廷设登莱巡抚,辖登州、莱州、青州三府,统管山东半岛和辽东半岛南部海域。登州行政机构所在地蓬莱始建于汉代。汉武帝于此望海中蓬莱山,因筑城以为名,唐代设蓬莱县。晚清时期行政上是府治所在地,因此也称登州府。登州府下辖黄县、栖霞、牟平、海阳、招远、威海、福山、莱阳、文登等州县,几乎覆盖了整个胶东半岛。作为山东的主要港口之一,登州在当时为交通枢纽,南接上海,北连东北,交运发达,地理位置十分重要。

史料记载,当时许多刚到中国南方的美国传教士,因气候不同于家乡,导致水土不服,身患各种疾病,待他们来到山东,特别是到了沿海城市登州,绝大多数人的病不药而治。这些传教士认为疾病得以康复的原因是得到了"上帝"庇护,而实际原因是这座滨海小城恰好与这些美国传教士的家乡所处的纬度大致相同,气候状况也较为相似,因此他们能够较好地适应在登州的生活。

早期来到登州的传教士中有不少人因这一原因而从别处辗转而来。例如,倪维思(John Livingstone Nevius,1829—1893)及其夫人海伦·倪维思(Helen S. Coan Nevius,1833—1910)、高第丕(Tarleton Perry Crawford,1821—1902,也称高弟佩、库劳福、高乐福)及其夫人玛莎·克劳福德(Martha Foster Crawford,生卒年月不详)、梅理士(Charles Rogers Mills,1829—1895)夫妇等,都因健康问题从宁波、上海等地北上来到登州。随着狄考文夫妇建成了新校舍,好客的夫妇两人吸引了越来越多的传教士来此休养和进修,其间他们也辅助狄考文夫妇开展日常教学。

除了具有山东孔孟之乡的共同特点之外,胶东半岛文化与内陆的文化还是有些差异,主要表现为理性、淳朴、宽厚、包容,接受新事物的能力相对强,更富有冒险精神。登州虽然具有气候宜人及适于人居的优点,但是初被开埠,陆路交通极不便利,"三面临海……东终成山极于海隅,内部多山,尽阶形石,沿海岛屿林立,则为长石石英之类……交通不甚方便,南走黄县,如登天梯,西转莱州如履栈道,北海矶岛丛聚,行船者畏之,东虽可通烟台,亦非车舟利行之区"①。交通不便导致生活成本高,这也为后来登州文会馆的搬

---

① 连警斋.郭显德牧师行传[M].上海:上海广学会,1940:266.

迁埋下了伏笔。

二、鸦片战争后的登州

美国政府的对华政策跟其他国家不同,英法两国挑起战争后,美国表面上与清政府保持"友谊"关系,充当调解方,派公使为清政府进行调解,私下却秘密协助英法两国,并伺机逼迫中国修约、赔偿。事实上,美国的行动在本质上与英法两国是一样的,只是更加隐蔽,不容易引起中国人的反感。

美国的对华政策有其主观因素和客观因素,主观因素是当时的美国政府有不与欧洲其他国家结盟的孤立主义外交传统,不愿放弃在亚洲所持的对其有利的中立立场;客观因素是内政问题严重,当时美国南北方围绕土地归属和奴隶制问题的矛盾不断升级,国内舆论对帮助英国在华扩张不感兴趣。另外,美国与中国所谓的"缔约"赢得了清政府的好感,取得了比英法两国更有利的竞争优势,美国完全可以兵不血刃,通过最惠国待遇条款分享英法两国的侵华"新成果",这无疑是最经济实惠的获利方式。美国学者丹涅特(Tyler Dennett,1883—1949)称美国当时的行为如同"派人手携篮筐站在树下,静待树上的两个同伴将果实摇落,当两个同伴与园主冲突时,则上前去调解"①。

1858年5月,英法两国联军攻下天津大沽炮台后,开始与清政府谈判。美国公使列威廉(William Bradford Reed,1806—1876)以"调停"为名,与英、法、俄三国使节一起从广州北上,并于6月18日以中立国身份率先与清政府单独签订了《中美天津条约》。该条约申明"中美两国和平友好,若他国有何不公轻貌之事,一经照知,必须相助,从中善为调处,以示友谊关切"。同时提出:根据治外法权、领事裁判权,美国"一体均沾",在华享受全面最惠国待

---

① [美]泰勒·丹涅特.美国人在东亚:十九世纪美国对中国、日本和朝鲜政策的批判的研究[M].姚曾廙译,北京:商务印书馆,1959:263.

遇,中方需保障美国船只进出中国各通商口岸停泊、装卸货、纳税饷及转运,保障美国商人和传教士在华各地贸易、居住、传教等活动的安全等条款。

1858年6月26日,英国胁迫清政府签订了《中英天津条约》,该条约要求:"除已开放的口岸以外,还将增开牛庄、登州、台湾、潮州、琼州等口岸,并将授予英国商人居住权和土地所有权。"① 6月27日,法国政府又和清政府签订了《中法天津条约》,要求"将广东之琼州、潮州、福建之台湾、淡水、山东之登州、江南之江宁六口,与通商之广东、福州、厦门、宁波、上海五口准令通市无异",并提出"天主教教士可以入内地自由传教,对传教、习教者,地方官务必加以保护"。

这些强加于中国的不平等条约,使中国的主权遭受进一步破坏,加速了中国的半殖民地化进程。通过条约,英、美、法三国得以扩展其在华政治势力和特权。中国被迫开放新口岸,允许内河通航通商,使帝国主义列强的经济势力得以长驱直入,深入中国内地城市;传教士得以在清政府的保护下,合法地深入内地传教,使西方文化得以向我国纵深扩展。

此后,美国要求利益均沾,于是在《中美天津条约》基础上续增,除扩大领事裁判权外,又取得海关协定、内地游历、自由传教、内河航行和沿海贸易等权利。

1860年10月,英法两国迫使清政府订立《北京条约》,条约规定增开天津为商埠,通商口岸增至16个(新开沿海七口:牛庄、天津、登州、台南、淡水、潮州、琼州;长江四口:镇江、南京、九江、汉口)。准许华人与英、法人立约,赴英、法属地或"外洋别地"做工,"毫无阻禁"等。另外,清政府要归还被没收的天主教财产,以后传教士可以随意传教、建房。美国均沾《北京条约》权益。自此,近代中国的闭关锁国政策彻底破产,清政府被迫接受了西方国

---

① 沈弘.遗失在西方的中国史:伦敦新闻画报记录的晚清 1842~1873(中)[M].北京:北京时代华文书局,2014:353.

家主导的国际法体系下的外交准则。①

1861年,英国派马理生(Martin C.Morrison,1826—1870)②为登州领事官。马理生在详细"勘察"后认为,登州府的港口浅,且无遮蔽,作为一个港口是不利的,"地溢水浅,大船未能前进,仍就登州沿海择定地方"。最后,马理生选中烟台来取代登州,之所以看中烟台芝罘湾这个天然良港,是因为其地理位置、自然条件、贸易活动,都远远超过了登州港。

图1.1 具有防御工事的登州港(拍摄于1903年)
(图片来源:伦敦国家档案馆)

图1.2 登州港一隅(拍摄于1906—1907年)
(图片来源:伦敦大学亚非学院图书馆,拍摄者:Swire,G. Warren)

---

① 金卫星.中美关系史纲1784~2010[M].合肥:合肥工业大学出版社,2014:32.
② 马理生为是基督新教第一位来华传教士罗伯特·马礼逊(Robert Morrison,1782—1834年)的小儿子。

图 1.3　登州城一角(拍摄于 1906—1907 年)
(图片来源:伦敦大学亚非学院图书馆收藏,拍摄者:Swire,G.Warren)

当时西方人通常称烟台为"芝罘"(Chefoo),其名称来源于烟台港口附近一个名为"芝罘"的小渔村。另外,马理生到烟台之前,烟台港曾被法国侵略军控制,而法军在烟台港的一系列活动,对马理生的最后选择也产生了重要影响。① 1861 年 8 月 22 日,烟台正式开埠。1862 年,清政府在烟台设立了山东第一个开放口岸海关——东海关。此后,英、美、日、德等 17 个国家先后在烟台设立领事馆、洋学堂和西式医院等。登州因为曾经作为通商口岸开放过,所以中西交流日益增多。

在列强坚船利炮的掩护下,在不平等条约的保护下,各国传教士到山东,特别是到烟台一带传教的积极性有了保障。烟台地区由于其优越的地理位置和宜人的气候条件,一度成为仅次于上海的外国人集结地。《东海关十年贸易报告(1882—1891)》中记载:"在各领事馆登记的外国人口,自 1891 年以来,从 370 人增加到 655 人。"②大量传教士在烟台开埠以后也从宁波、广州等地陆续北上传教,这促使烟台后来成为胶东地区的经济文化中心。《图说烟台 1935—1936》的作者英国人阿美德(A.G.Ahmed,生卒年月不详)曾这样描述烟台:"本人曾广泛地游历过中国各地,对中国的语言、风俗,以及民

---

① 丁抒明.烟台港史:古、近代部分[M].北京:人民交通出版社,1988:35.
② 周霞、祁山.古城春秋[M].济南:齐鲁书社,2016:75.

族特点等有相当的了解。相比来说,我对烟台人的善良,以及当地优美的自然景观、气候条件和社会环境的各方面,都留下了深刻而美好的印象。烟台的这些优势,在中国其他地方,还没有发现能超出其右者。"

当时,登州的英文威氏拼音为"Tengchow",烟台为"Chefoo"。该拼音法由英国外交官威妥玛(Thomas Francis Wade,1818—1895)发明,从清末至1958年汉语拼音方案公布前,威氏拼音法(Wade System)被广泛用于汉字注音,影响很大。威妥玛自1841年起在英国驻华使馆任职,1871年升任英国驻华公使。威妥玛在华任职期间,根据北京读音用拉丁文字母给汉字注音。后来经过翟理斯(Herbert Allen Giles,1845—1935)修订,创立了威妥玛-翟理斯拼音法,简称威氏拼音。威氏拼音在当时多被用来拼写中国的地名、商品名称和人名等。除了威式拼音法,当时在国际交往中较有影响的汉语拼音方案还有邮政式拼音法(Postal Spelling System)。该拼音法是在威妥玛拼音法基础上改进的,是专门用于拼写中国地名的,被当时邮电部门广泛使用。1906年,"帝国邮电联席会议"在上海举行,为了适合打电报的需要,会上对中国地名的拉丁字母拼写法进行了统一和规范。当时由于现行的普通话没有普及,是根据地名的方言发音拼写。例如:香港的"Hong Kong"以及北京的"Peking"拼法。①这些拼音法在《汉语拼音方案》(1958年)公布后被废止。

第二节 登州文会馆的发展历程

早期来华传教士自居为"救世者",以"广布福音"为职事,其工作"实绩"主要表现在招收信徒数量的多少上。故此,早期受到不平等条约庇护到达山东的传教士一旦有了落脚之地,就不辞辛劳地走街串巷,寻找可能的宣教对

---

① 王云路编.语文和语文现代化研究 周有光纪念文集[M].杭州:浙江大学出版社,2019:93.

象。然而上自各级官吏下至贫苦百姓对于与"犯我中华者"联系在一起的国外宗教普遍有着逆反和警惕心理,社会各阶层的冷淡甚至仇视,让传教士知道强行进入的宗教是不受欢迎的。虽然传教士们四处奔波,但其布道工作却少有成效。另外,在中西文化背景的巨大差异下,传教士们发现,中国社会无论上下,对教育的重视程度非常高,认为"学而优则仕",通过教育才能进入上层社会,于是少数传教士试办简易学校作为另辟布道的新路径,[①]教育从而成为吸引教徒的重要途径。需要强调的是,对于西方传教士来说,兴办学校首先是为了传教,培养更高水平的中国籍传教士。

由于基督教伴随着不平等条约一起进入中国,在强烈的民族主义情绪影响下,中国人对洋人和基督教普遍抱有深深的敌意。因此,无论传教士们用什么方式示好,都不能取得中国人的信任。为了深入内地,接近中国人,部分传教士采用入乡随俗的方法,接受部分中国习俗文化。例如,早在1807年,英国传教士马礼逊到达广州,为获得中国人的好感,穿汉装、吃中餐、蓄长辫、留指甲,但这些都无济于事。马礼逊说:"对所有外国人的厌恶是支配中国人的首要特征。"[②]中国内地会创始人戴德生(James Hudson Taylor,1832—1905)要求来华传教士:在语言、文化和生活方式上尽量中国化,以便用最快的速度传播"福音"。为了方便接近中国人,戴德生特地邀请理发师为他剃发、染发、编辫子,并穿上中国服装。他在给妹妹的信中提到这次剃发、梳辫的经历:"生平第一次剃光头是件痛苦的事,尤其是皮肤容易长痱子的人……染发五六个小时……到梳头之时,痛苦达于极点……就因为受苦,才显出这条辫子的可贵。"他忍受这一切的目的,就是"希望以后传道更加方便"。中国内地会在山东的活动,几乎全部集中在烟台,尤其以在烟台所设立的疗养院和芝罘学校为重点。芝罘学校作为传教士子弟学校也慢慢成为中

[①] 赵承福.山东教育通史:近现代卷[M].济南:山东人民出版社,2001:233.
[②] 马礼逊夫人.马礼逊回忆录[M].顾长声,译.广西:广西师范大学出版社,2004:51.

国内地会和其他教会在烟台交流及活动的中心。

早期传教士极力融入中国社会的这些经验,为后来狄考文在登州办学,提供了有益的参考。

图1.4　在烟台的传教士乔治·尼科尔(George Nicoll)及其妻子玛丽·安妮(Mary Ann Nicoll)
（拍摄于约1870年）

一、创办人简介

"历史都是人的历史,如果将人抽象为毫无生气的符号,则历史本身或将失去其灵魂。"①因此,在研究登州文会馆的过程中,要注重对"人"的关注,要关注师生的"心路历程""生活样态""教育教学实践活动"及其对社会的贡献。

1864年,狄考文在登州创建了一所名为"蒙养学堂"的小学堂。到1876年,蒙养学堂获得了一定的知名度。为了继续提升办学规模和质量,蒙养学堂更名为"登州文会馆"。1904年,济胶铁路开通后,因各种原因,登州文会馆西迁至潍县,并更名为"广文学堂"。1917年,广文学堂复迁至济南,并以其文理学科为基础组建了齐鲁大学。连警斋曾评价:"该时所谓高等学校,照全国

---

① 卓新平、唐晓峰.基督宗教研究:第18辑[M].北京:宗教文化出版社,2015:208.

而论,当以登州文会馆为第一。"①学界在对中国近代教育史的研究中,或多或少地都会涉及登州文会馆,有学者认为登州文会馆是中国教会大学的开端,也有学者将登州文会馆视为中国最早的新式大学,还有学者认为登州文会馆是中国第一所现代大学。深入、细致地了解登州文会馆的创办与发展历程,首先应从了解其创办者——狄考文夫妇入手。

(一)狄考文

1836年1月9日,狄考文(Calvin Wilson Mateer,1836—1908)出生在美国宾夕法尼亚州坎伯兰县。

图1.5 狄考文(拍摄于1865年)
(图片来源:美国哈佛燕京图书馆)

狄考文天资聪颖,青少年期间在其父亲约翰·马蒂尔(John Mateer)和母亲玛利亚(Mary)的熏陶下,接受了良好的教育。1846年,狄考文进入坎伯兰县的中心学校读书,在校长詹姆斯·达菲尔德(James Duffield)的指导下,狄考文展现出了浓烈的学习欲望和极具天赋的数学才能,"格致科学暨古文研究

---
① 崔华杰.登州文会馆与中国现代高等教育起源[J].北京教育学院学报,2019,33(4):69~76.

极精,同学内罕有匹者"①。这为后来进一步学习数学和自然科学知识打下了坚实基础。1855年,狄考文进入宾夕法尼亚州的杰弗逊大学(即现在的华盛顿-杰弗逊大学)读书。由于其出色扎实的学业基础,狄考文经过考核并获得校方准许后,直接插到三年级学习。

毕业以后,他在宾夕法尼亚州的毕翰买下了当地一所破败不堪的学校。狄考文亲自招生并教学,一年多以后,该校学生数量从20名增至90名,包括30名住校生。狄考文将即将倒闭的学校引入发展正轨,展现出优异的学校管理才能。他通过各种方式宣传这所新改造的学校,让附近适龄学生的父母对改造后的学校有了新的更多的了解和认识;尽可能地提高学校在教学管理、学习氛围等方面的水准。在多种因素影响下,该校学生数量大幅增加,同时学校的影响力与知名度也不断扩大。狄考文在这一时期积累了大量的学校管理经验,为他后来成功开办登州文会馆积累了宝贵经验。

1862年,狄考文与狄邦就烈结婚。1863年7月3日,狄考文夫妇与郭显德(Hunter Corbett,1835—1920)夫妇一行从纽约乘坐圣保罗号帆船,历经160多天到达中国上海。1864年1月3日,狄考文夫妇从上海搭乘"汕头号",于4日后抵达烟台,再经多日辗转后抵达登州。

到达登州后不久,梅理士找到一个名为"观音堂"的住所,由于年久失修,房子需要找人修葺。时值夏天且经常下大雨,传教士们对本地雇工的工作极不满意,于是他们不得不亲自从事修葺与建造工作。狄考文在梅理士患痢疾而病倒后独自完成了这项工作。

观音堂地势低矮且潮湿,长期居住在这种环境里,狄邦就烈患上了风湿病。另外,本地人习惯用玉米秸秆制作房顶的天棚,其造价低、轻便,但狄考文夫妇认为这种天棚存在很大的安全隐患,雨季时要时常提防天棚突然掉落,冬季时却又起不到御寒的效果。为了有好的生活环境,狄考文夫妇向美

---

① 郭大松、杜学霞.中国第一所现代大学:登州文会馆[M].济南:山东人民出版社,2012:49.

国国内发出求助信,希望获得用于建造住所的专项经费。梅理士患病返美治疗期间,狄考文使用获得的经费继续开展建造施工。

狄考文初到登州遇到的另一个障碍是语言。汉语难学,是外国人入华后普遍遭遇的一项难题。狄考文认为:入乡就要随俗,应学习当地语言,且要学好。在学习过程中,不能畏难、退缩,更不能半途而废。数月后,狄考文就粗谙汉语,又经过一段时间刻苦学习,狄考文便能流畅地用汉语交流和传教。

狄考文在粗谙汉语后,深深感到中国贫穷落后的原因是"人鲜实学",即受到正规教育的人数太少,而那些少数受过正规教育的人,受的只是中国传统教育,仅懂得传统教育中的经史子集,却完全绝缘于科学技术等。有鉴于此,狄考文"遂慨然以兴学为己任,决计创办学堂,广储人才,以备异日作教会之柱石,国民之师范焉"。

狄考文认为教会学校应"招集天性未漓之儿童,培之以真道,启之以实学,更复结之以恩义,及其学成致用,布散国内"。由此可见,狄考文要培养既对基督教教义有精深理解,又能掌握西学知识,且对教会有深厚情谊的中国本土传教士。①他们不仅是宗教的传播者,也是最早学习和掌握西方近代科学和文化的人员。

当然,我们需要时时认清的是,传教士办学的根本目的是培植适宜西方宗教在中国生长的土壤。换个角度而言,诸多在西方受过较高程度教育的传教士也在中国扮演着文化使者的特殊角色。在教会办学过程中,传教士做着向中国展示西方文化和介绍西方近代自然科学成果的工作,并且用宗教的形式包装起来并带到学校课堂上,这种方式是我们必须强烈批判的。狄考文后来也说:"在中国我们不能不从事教育工作,不管同意与否,西方科学将照样输入中国。教会要是明智的话,就应当站在教育工作最前列……这样做既

---

① 陈学恂.中国近代教育史教学参考资料:下[M].北京:人民教育出版社,1987:3.

可扩大科学和文化的影响,也可促进教会自身的发展。"①

为了改变中国人对基督教的冷漠态度,狄考文把教会工作从拯救个人灵魂转向有规模教育教学活动的实施。于是狄考文在1864年创办了蒙养学堂,主要招收家境贫寒的男童入学,不仅免收一切费用还提供膳宿。

狄考文在中国的40多年里一直致力登州文会馆的教育事业和传教工作,仅在1870年秋到1872年8月这段时间内,受教会指派负责上海的教会印刷所的相关工作。

狄考文曾调查过山东的风土人情,他在报告中说:"山东省的气候与美国肯塔基州相似,物产也相似。"在40多年的工作生活中,狄考文对中国产生了极为深厚的感情。晚年他在给朋友的一封信中说:"中国是一个伟大的国家,具有辉煌的前途。很高兴我有机会为她迈向辉煌做了我所能做的事情。"②狄考文作为通过新式学校系统来相对完整地教授和传播西学知识的传教士,在东西方科学文化交流史上作出了巨大贡献。

狄考文曾坚定地表示:"我决意把我的一生献给中国,住在那里,死在那里,葬在那里。"狄考文用他的大半生践行了自己的誓愿。从他1864年1月到达登州并创办学校开始,到1904年随登州文会馆搬迁至潍县,再到1908年率领圣经翻译委员会在烟台审定官话圣经,狄考文马不停蹄。后来,狄考文不幸染上腹泻病,未能救治成功,于1908年9月28日病故,葬于烟台。

(二)狄邦就烈

狄邦就烈(Julia Brown Mateer,1837—1898),是狄考文的妻子(也译为狄就烈或狄邦就列)兼工作伙伴,出生在美国俄亥俄州。狄邦就烈幼时双亲离世,14岁和妹妹一起寄居在舅父家中,18岁开始自谋生计,25岁与狄考文结

---

① 朱有瓛.中国近代学制史料:第4辑[M].上海:华东师范大学出版社,1993:99.
② 王志民.山东重要历史人物:第4卷[M].济南:山东人民出版社,2009:185.

婚,后一起来到登州,1898年在登州去世。

图1.6 狄邦就烈(拍摄于1865年)
(图片来源:美国哈佛燕京图书馆)

狄邦就烈在家里6个孩子中排行第四,大家庭的生活培养了她为他人着想、乐于奉献的精神。另外,狄邦就烈青少年时期正值美国的移民早期,不安和艰苦的农场拓荒生活,磨练了她的意志,培养了她坚忍不拔、勇于进取的良好品格。求学期间,狄邦就烈不仅学业出众,还积极参与组建学校的文学社,并担任该社首任主席。对文学的热爱和在文学社的工作经历,为她后来在登州文会馆举办文学社奠定了基础。毕业后,狄邦就烈在俄亥俄州的一所乡村学校教书。在三年的教学与管理工作中,狄邦就烈展现出出色的教学才华和领导才能,这段工作经历为她将来在中国开办学校提供了很大帮助。

1862年12月,狄邦就烈与狄考文结婚。婚后不久,夫妇二人就从纽约启程前往中国上海。1864年1月,他们从上海乘船抵达烟台,并经多日辗转后抵达登州,自此狄邦就烈开始了在中国长达三十多年的教育工作。

狄邦就烈终身没有生育,她把全部心血都献给了蒙养学堂以及后来文会馆的学生。由于丈夫狄考文长期在外,蒙养学堂创办后的第一个十年里,狄邦就烈承担了学堂近三分之二的工作。狄考文也总是把这所学堂的成功归于狄邦就烈。许多年后，狄考文曾回忆道："狄邦就烈在登州开办寄宿学堂之初的工作，我认为那是件很轻松的事，是不用花费太多力气就能做好的一项工作。但随着学堂的发展和壮大，我看到那不再是凭借她的一己之力所能独自承担，我们必须把精力都放在这些孩子们的身上了，我能做的只是她以前做的一些工作而已。"狄邦就烈很快就成为学生的知心朋友和导师，学生无论是遇到困难，还是有什么打算，都会找她倾诉，找她出主意想办法。她研习医药，技术不亚于职业医生，且从不拒绝为任何人看病。在学生心中狄邦就烈就像是自己的母亲，"她把全部的母爱都放在了所办学校的孩子们身上，放到了每一个与她交往的人身上。她一心一意、完全无私地热爱、照料、看护数百名中国'儿子'和'女儿'"①。在狄邦就烈60岁生日那天，登州文会馆的在校生和往届毕业生合送她一块嵌有"育英寿母"字样的镀金匾额，以这一方式表达他们对她的敬爱之情。

狄邦就烈认为开设音乐教育方面的课程是非常必要及重要的。因为在进行宗教活动时要唱赞美诗，所以唱歌就成了学校的一门必修课。1872年，乐法课被列入文会馆第二年开设的课程中。狄邦就烈在教学生唱歌的同时也教他们作曲。在中国学堂乐歌普遍处于启蒙阶段的时代背景下，狄邦就烈教出来的学生，已经能够写出完整的四声部的五线谱合唱曲。②《文会馆志》的"文会馆歌唱选抄"中收录了由登州文会馆学生谱写的10首乐歌。据考证，周书训谱写的《赏花》很可能是我国近代最早的学堂乐歌。

1872年，狄邦就烈编写的《圣诗谱（附乐法启蒙）》出版，它既是一本融合了山东民歌风格的赞美诗，也是一本详细的乐理视唱教材，开创了我国近代

---

① 闫翠翠.狄邦就烈在登州活动研究[D].济南：山东师范大学，2010.
② 周海宏.音乐学中国新生代：中央音乐学院王森基金获奖论文选2007~2011本科组[M].北京：中央音乐学院出版社，2014：4.

音乐教科书出版的先河。狄邦就烈在我国近代音乐及音乐教育中起到了拓荒者的作用。①

二、登州文会馆的前身：蒙养学堂

《天津条约》《北京条约》等不平等条约给中国人民带来巨大的屈辱，华北一带的民众极度仇视到来的外国人。对于非我族类的外国人，许多地方都在散布外国人是老妖、怪物等言论，民众唯恐避之不及。

狄考文来到登州后，对租用的废弃观音庙进行了整修，在此开办登州蒙养学堂，学堂于1864年9月正式开课。对于办学目的，《文会馆志》中记载："至登郡，实遵基督宝训以福华土。僦屋而居，数月后粗谙华语，始知中土之晦盲否塞，人鲜实学，遂慨然以兴学为己任，决计创办学堂，广储人才，以备异日作教会之柱石，国民之师范焉。得夫人之助，相与经营，逾年乃成蒙养学堂一区。"②

当时登州的多数民众对西方传教士开办的蒙养学堂抱有戒备之心，一般的富家子弟求学皆为博取功名，对洋教育不屑一顾。因此，狄考文只能把招生对象锁定为贫困的农村家庭孩子。即使这样，仍遭到了一些士绅的强烈反对。

虽费尽周折，狄考文还是招收了李世光、王春龄、邱道和、邢道明、侯诚信、关住6名贫苦男孩入校就读，其中"一人曾入乡塾一载，余五人者均不知读书为何事"。狄考文"不惟免其修金，并且丰其供给，一切衣履、饮食、纸张、医药、灯火以及归家路费，皆给自本堂"③，即供给学生一切衣服、鞋袜、饮食、

---

① 刘再生.我国近代早期的"学堂"与"乐歌"：登州《文会馆志》和"文会馆唱歌选抄"之史料初探[J].音乐研究，2006(3)：39~49.

② 郭大松、杜学霞.中国第一所现代大学：登州文会馆[M].济南：山东人民出版社，2012：62.

③ 王元德、刘玉峰.文会馆志[M].潍县：广文学校印刷所，1913：20.

笔墨、纸张,甚至药物与回家路费皆由学校负担。6名学生中,只有王春龄曾入乡塾1年。王春龄6年学满毕业后,跟随狄考文至上海学印刷技术,后至北京华北印书局工作;李世光6年学满后因其父命而脱离教会;邢道明毕业后以传道为终身事业;邱道和因不堪造就而被遣归;侯诚信与关住人读均未满1年,因为二人家长不肯立6年之约,所以"即行领归"①。学校还聘请了1名本地妇女负责炊事工作。狄考文将这所慈善小学定名为"蒙养学堂"。"蒙"是启蒙之意,"养"是寄宿并教养之意。时人亦称之为"男校观音学堂"。起初学堂的师资力量非常薄弱,全部教职员工仅有4人。狄考文亲自教常识、算术等课程,并聘请1名受洗的儒生讲授经学方面的课程。狄邦就烈教授地理、音乐方面的课程,以及照顾学生的日常起居。

图 1.7　蒙养学堂最初的 6 名学生
(图片来源:郭大松,杜学霞.中国第一所现代大学:登州文会馆[M].济南:山东人民出版社,2012.)

为了让学生能长时间待在学校里完成规定的课程,狄考文还与学生家长签署契约,明确各方责任与权利。以与学生家长李方茂签订的契约为例,该契约的主要内容包括:"狄考文牧师设学于登州城北观音堂内。狄考文牧师承诺提供儒书、笔墨、衣食,如果学生生病,则请医诊疗。同时,狄考文牧师

---

① 陈谷嘉、邓洪波.中国书院史资料(下)[M].杭州:浙江教育出版社,1998:2090.

承诺不将学生带离登州府。李方茂自愿将他的年方9岁的次子送往学校学习6载。若该子在此期间逃离学校,李方茂须寻觅送回。若李方茂无故早日将该子领回,须将入学以来所耗经费,一概偿还。若狄考文牧师发现该子愚笨、不堪造就,可将其随时遣归。此系两相情愿,不得反悔。"[1]契约最后是与家长的签名。

虽然以契约的形式规定了双方的责任和应尽的义务,但是在后来的执行过程中仍遇到了很大的困难。这些家长以"需要孩子在田地劳作,而不是在学校里安心学习"等为由,无视契约的存在,擅自将孩子带回。

尽管如此,并不能说狄考文的契约尝试是失败的。狄考文起初招到的学生都是极度贫困的农民的孩子,最初的6名学生都是在衣食无着的情况下才走进学堂,学生素质可想而知。李世光、王春龄、邢道明都学满6年,王春龄后来还跟随狄考文到上海学印刷技术,且"备极精巧"[2],后到北京华北印书局任职。侯诚信、关住因其父亲不愿签订6年之约,故在入读1年后退学。只有邱道和因太过愚笨而被学校遣归。当时,特别是在山东这个儒学的发源地,一个孩子在世俗压力下不能坚持在洋学校读书,是完全可以理解的,且其父母承受的压力可能更大。在如此境况下,狄考文夫妇能培养出一两名好学生,实属不易。

虽然被开除的学生和私自回家的学生占到了大多数,但仍有于天宝、路铎、路钊、尹鸿恩、李公昌等5名学生是偿还了学费才离开的。在极端贫困的情况下,学生家长还能偿还学费,这也从侧面说明淳朴的登州人是很讲诚信的。

由于受到民众抵制,蒙养学堂招生异常困难。狄考文曾回忆说:"我们招收了许多不成材的学生,有些因为太笨拙,在能够阅读和了解一些圣经知识之后就把他们送走了;有些坏孩子被我们开除了;有些不愿继续读下去自己

---

① [美]狄乐播.中华育英才:狄邦就烈传[M].郭大松,译.北京:中国文史出版社,2009:41~42.
② 陈谷嘉、邓洪波.中国书院史资料(下)[M].杭州:浙江教育出版社,1998:2090.

退学了,或者因他们的父母想要他们在家中劳动而把他们领回去了。我们也筛选出了一批好学生,他们有望成为优秀人才。在学堂开办的第十年年末,经筛选留校继续读书的学生不足总招生数的一半。"从1864年到1874年,学校共招生91人,除在校学习的22人外,在其余的69人中,学满6年的仅7人,22人肄业,17人因成绩落后而被迫退学,11人因愚顽而被开除,另有12人无故失踪。①

面对窘境,狄考文并没有退缩,经过多番考量,最终实施了四项改革措施,使得学校发生了根本性变化。具体措施为:

(一)改革招生制度,提高生源质量

蒙养学堂在1864年至1872年只有小学课程,根本满足不了当时的办学需要,虽在后续增设了中学课程,但仍未达到狄考文预期的办学效果。蒙养学堂招收的"生徒"中皈依基督教的学生仅14人,但至1872年,这14个人中的5人脱离了教会,②这与狄考文最初设想的通过学校教育培养教会人才的初衷相差太大。

狄考文分析造成这一问题的原因包括本地人对洋学校的抵触,以及生源素质低下。招不到理想的学生,不仅影响教学质量和效果,也导致学校名声变差。因此,狄考文改变了招生策略,本着宁缺毋滥的原则,通过适当减少招生量来提高生源质量。于是从1873年开始施行筛选招生,倾向于招收年纪稍长、有学业基础的学生。同时,招收一些官宦士绅的子弟,既提升了生源质量,又借此进一步提高了学堂的社会影响。

1873年,邹立文在狄考文的鼓励下参加蓬莱县考并榜上题名,而曾任学堂中文教习的周文源的两个未在蒙养学堂读书的儿子却双双落第。这件事

---

① 王元德,刘玉峰.文会馆志[M].潍县:广文学校印刷所,1913:20.
② 顾长声.从马礼逊到司徒雷登:来华新教传教士评传[M].上海:上海书店出版社,2005:244.

令学校声誉大振。狄邦就烈骄傲地宣称:"这比学校历史上的任何一件事情都更为学校赢得声誉。"①

随着学校声誉的不断提升,想来学习的学生逐步增多,于是狄考文提高了入学门槛,将考试纳入招生。登州文会馆典章中明确规定:"凡欲入首班者,须讲毕四书,作妥题讲并数学及地理志等书。凡学生初到馆,是必详为考试,考准者方蒙收纳。"②

学校有了一定知名度后,狄考文在与学生家长签订长达12年的契约时,修改了为学生提供一切费用的条款,如学生自1874年开始需自行支付服装、被褥等费用。此后,收费范围逐步扩大到书籍、笔墨、纸张等物品。例如,《公立登郡学馆凭据》的主要内容为:"应许管学生饮食及书籍等物,惟儒书、笔墨,须各人自备。倘学生患病,请医生治疗。今有某县某氏某子某名,几岁,甘愿送至馆内诵读,应许自备儒书、笔墨、衣裳。凡馆内所定之课程,应许第次学完,方领回家。若未学完之先,伊父领去,便照入学以来共用之钱,如数赔还。若学生私逃,伊父寻找送回。且未出学之先,欲为学生定、娶亲,必须与馆主商议,如馆主应允方可。倘学生愚顽,不宜留于馆内,任馆主遣之回家。此系两相情愿,并无反悔。"契约最后是中保人、借字人签名和时间落款。

不难看出,这一契约与学校创始阶段的契约差别很大。不只是文会馆,中国近代的大部分教会学校都是走的这样一条道路:起初以免费甚至其他优惠条件"收买"贫穷子弟读书,后来随着学校声誉提高,开始逐步减少学生福利,再后来不但收取学费,而且相当高昂,普通人家很难支付得起。

---

① Irwin T.,Hyatt J.,*Our Ordered Lives Confess:Three Nineteenth-Century American Missionaries in East Shantung*[M].Boston:Harvard University Press,1978:167.

② 郭大松、杜学霞.中国第一所现代大学:登州文会馆[M].济南:山东人民出版社,2012:25.

(二)改造师资队伍

学校最初的教学工作主要由信教的中国教师担任,但由于中西方在教学内容、教育理念及教学管理方式存在差异,并没有达到狄考文预期的教学效果。办学早期,狄考文对中国传统的以背诵为主的教学方式不以为然,认为死记硬背既不符合学生的天性又没有教学效率,于是强迫中国教师采用西方的教学方法。此举引发了深受传统教育熏染的中国教师的抗拒,进而影响到他们的教学积极性。随着与中国教师交流的日益增多,狄考文对中国传统文化的了解逐步深入,也逐渐理解了中国教师的教学方式。中国教师虽然仍坚持认为"中国的教育方式最适合中国学生",但在带领学生背诵经典的同时也对经典进行了必要的讲解。狄考文与中国教师之间从冲突到理解,逐渐建立起融洽的关系,学校的教学质量自然得到了提高。

(三)改革教学内容

狄考文考虑到儒家思想是当时中国社会的支柱思想,山东又是儒家思想的发源地,不重视儒家文化不利于学校的发展,培养的学生毕业后也很难在士绅群体中立足,所以设置了中国儒家经典科目。狄考文还加大了对西方自然科学方面课程的设置。1873年,学校开设代数学并由狄考文亲自教授。此后,学校又增设了几何学、天文学、博物学和化学等课程,并结合当时社会的需求,开设了一些实用知识课程,如教授学生解决关税、银行收费、中国货币的计量方法等,这在同时代的学校中处于领先地位。

狄考文还根据课程需要编译了《形学备旨》《代数备旨》《笔算数学》等教材,以及将学生的上课笔记和学习心得加以整理润色并编辑成教材,这样既结合了学生的学习实际,也有利于教师及时更正在教学过程中存在的不足。狄考文在讲授西学时,非常注重将其与中国传统教学习惯相结合。

(四)注重师生交流

  随着教学活动的深入,狄考文将中国传统教育中犹如父子的师生关系和西方教育中严格的教学管理方式相结合。狄考文对"课程之难易,教员之懒惰,学生之优劣,以及全堂之细事"均全面掌握。狄考文还为学生制订了各类禁令条款,责令学生严格遵守,对违反禁令的学生决不姑息并严加惩罚,因此被学生畏称为"老虎"。在学生眼里,狄考文还是位慈祥的"父亲",当学生违规被处罚后,他会立即忘掉且不再提及,对生活确有困难的学生则"设法周恤,处置得当,而不示其恩"[1],非常照顾他们的感受。

  狄邦就烈在教授史地和音乐等课程外,把大部分的精力放在了学生的日常管理与生活照料上。狄邦就烈还实施家访制度,妥善地处置与学生家长之间的关系。在新学年开学之初,狄邦就烈就能准确无误地记住每名学生的家庭情况,定期走访学生家长,向他们汇报学生的学习和生活状况。这样既消除了家长的疑虑,也保证了学生学习的稳定进行。狄邦就烈对学生的悉心照顾换来了学生对她的尊敬和感激。

  对于蒙养学堂,狄考文投入了相当大的精力,虽然没能完全实现他的办学初衷,但这十多年的历练和办学经验的积累,为他的后续办学积累了宝贵经验。

三、登州文会馆的创办与发展

  蒙养学堂"九载而后,学生之程度渐高,其品德日进,来学者日益多,狄公知六年之期太迫,不足以竟造就,遂毅然议添高等科"。狄考文 1864 年创

---

[1] 王元德、刘玉峰.文会馆志[M].潍县:广文学校印刷所,1913:6.

办学堂,"九载而后"增加了学习年限,即在1873年(由于农历和公历纪年方法不同,另一说为1872年)改学制为9年,包括备斋三年与正斋六年,其中"正斋视高等学堂之程度,即隐括中学在内;备斋视高等小学堂之程度,而隐括蒙学于内"①。

狄考文将西方的班级授课制引入学校,并参考学生的年龄大小、文化程度进行分班授课。《登郡文会馆典章》曾记载:"馆中所学之书,业经诸位先生按先易后难自然之次序,详细斟酌,定为课程。凡四书五经及他类要学,皆总括于课程之中,使学者可拾级而登。"②这说明在课程设置方面,狄考文试图建立层次分明、因材施教的课程体系。课程设置中除了安排约占总课量四分之一的中国传统经学课程之外,还引入了心灵学③、是非学、富国策(现称逻辑学和政治经济学)、历史等社会科学课程,增设了天文学、动植物学、数理、航海、测绘等自然科学课程,这在当时的中国是处于领先地位的。其中,心灵学是在中国教育历史上最早开设的西方心理学课程。④

1876年底,李秉义、李山青、邹立文经过考核符合毕业条件,于是狄考文为他们举行了毕业答辩及典礼。1877年2月,狄考文邀请学生家长、山东的传教士代表、登州当地知名士绅参加毕业仪式,以学生辩论的形式显示了学校的教学质量。

这3名毕业生的文凭样式暂不可考,但是1885年毕业的仲伟仪的毕业文凭样式在仲维畅先生撰写的《我的祖父仲伟仪》一文中有记载。登州文会

---

① 王元德、刘玉峰.文会馆志[M].潍县:广文学校印刷所,1913:26.
② 郭大松、杜学霞.中国第一所现代大学:登州文会馆[M].济南:山东人民出版社,2012:25.
③ 注:心灵学课程的配套教材《心灵学》是华人牧师颜永京的一部文言文译著,译自 Mental Philosophy:Including the Intellect, Sensibilities, and Will.《心灵学》成书于1889年,可以认为是第一部将西方心理学介绍到中国的著作,书中的常识派哲学是日后现代心理学的前身,作者海文(Joseph Haven)曾任芝加哥神学院教授,该著作是19世纪美国大学的畅销教材。
④ 阎书昌.中国近代心理学史 1872~1949[M].上海:上海教育出版社,2015:15.

馆的文凭为一立轴,长 112 厘米、宽 40 厘米,四周镶浅绿色边框,立轴分上下两部分,上部为浅黄色底,高约 35 厘米,下部为红色底,高约 69 厘米。顶部为正楷印刷体中文——"山东文会馆大学毕业文凭"(从右往左排列),每字约一厘米见方。浅黄色底上为毛笔书写的歌德体英文,字母高约 3 厘米,共 5 横行。红色底上有毛笔竖写的楷体中文,共 10 行,从右到左顺序排列,每个字约 2 厘米见方,无标点符号,课程名称间皆有空格。具体内容为"山东文会学馆设于登州府城内,以备详教文理、数算、格致各种学问。今有仲伟仪已按本馆课程学完考准其所读讲。所学习者即四书五经、数学、代数学、形学、万国通鉴、八线学、诸形量法、格物学、量地法及航海法、天道溯源、地学及石学、中国史记、代形合参、格物测算、化学、微积学、天文学、是非学、富国策,并优于文章,造就若此,实堪敬重,无愧称为有学之士矣,故本馆主特赏文凭奖表示众"(标点为仲维畅所加)。上述内容说明仲伟仪已完成登州文会馆应学课程的学习,本文件申明授予他文凭,落款为"光绪十一年馆主狄考文",并有狄考文钢笔书写的草体签名。该立轴最末处有仲伟仪手写小字"原轴于都门已遭火劫,此系辛丑(1901 年)年山东文会馆主补行发给者自记"①。仲伟仪的这个补发文凭的样式及其内容应与正式核发的样式较为一致。

3 名毕业生不负众望,在谋得了一份稳定工作的同时也发挥出了各自特长。李秉义毕业后任职于郭显德创办的学校;李山青毕业后在学校任职,担任过青岛中华医院主治医师;邹立文毕业后也任教于郭显德创办的学校,并协助狄考文翻译西学书籍。这仅有的 3 名首届毕业生是对狄考文夫妇多年教育工作投入的回报,也为其他从事相关教育工作的传教士提供了样板和动力。

1879 年 5 月,狄考文夫妇第一次回国休假,在募集捐款的同时,提出将

---

① 尹作升、李平生主编;王静、孙宜山副主编.斯文一脉 上[M].济南:山东人民出版社,2014:9.

登州文会馆升格为大学的建议,但被以时机尚未成熟为由拒绝。1881年1月,狄考文夫妇返回登州;2月,他们以山东差会的名义再次递交计划书,正式请求将狄考文创建和培育了近20年的登州文会馆更名,①以期将登州文会馆建成正式大学。

计划书的主要内容包括:将登州文会馆扩充为大学,定名为山东书院(The College of Shantung);学校的办学目标为:"在基督教的影响下,对学生进行中、西学的全面教育";学校设立预备科为学生升入大学做准备,学制定为6年,主要学习中国儒家经典、普通科学和基督教伦理知识,学校所有课程均用中文教授,只有在特殊情况下才教授英语。这份计划书没有立即得到美国长老会的批准,但派遣了赫士夫妇来登州协助狄考文办学。他们还同时携带了大批物理和化学仪器设备以及一架很好的望远镜。②

1884年,登州文会馆被正式授予大学资格。由初创时的"The Tengchow Boy's Boarding School"到"The Tengchow Boy's High School",再到"Tengchow College"。狄考文按照西方大学模式,进一步深化改革,令登州文会馆迅速走上了世俗化之路,成为中国第一所现代意义上的大学,并且具有鲜明的办学特点。

关于"登州文会馆"名称的由来,郭大松教授做过较为细致的考证。上海美华书馆是西方传教士在华开办的规模最大、设备最为齐全的出版印刷机构。③该书馆于1891年刊行《登郡文会馆典章》,书中内容涉及办学宗旨、学制、课程、师资、管理、设备、教舍等诸多方面。书中称文会馆为"登郡文会学馆",并开宗明义提出"文会学馆之所以为名者……将天下至要之学会聚于兹,取以文会友之意也"④。

---

① 郭大松、杜学霞.中国第一所现代大学:登州文会馆[M].济南:山东人民出版社,2012:215.
② [美]狄乐播.中华育英才:狄邦就烈传[M].郭大松,译.北京:中国文史出版社,2009:56.
③ 张树栋.中华印刷通史[M].北京:印刷工业出版社,1999:467.
④ 郭大松、杜学霞. 中国第一所现代大学:登州文会馆[M]. 济南:山东人民出版社,2012:25.

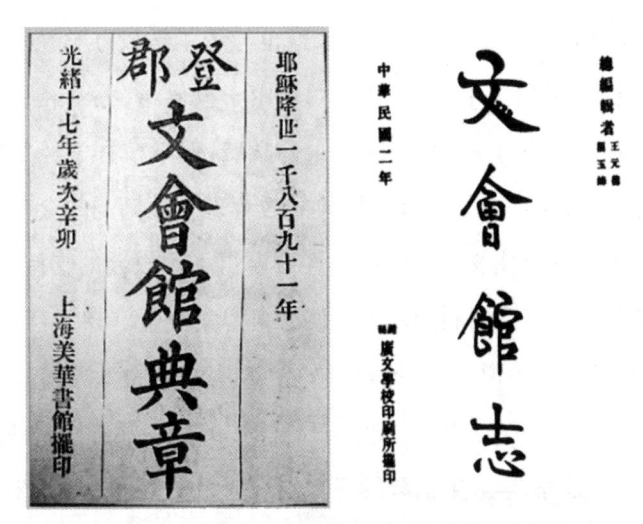

图1.8 《登郡文会馆典章》与《文会馆志》书影

1913年刊行的《美国长老会山东差会工作纪实》(A Record of American Presbyterian Mission Work in Shantung Province)中登郡文会馆的英文写法为"The Teng Chow Fu College",直译为"登州府学馆",两者略有不同,但中文含义完全一致。① 1904年,登州文会馆由登州迁址潍县,与广德书院大学班合并重组并更名为广文学堂(后称广文大学),成为齐鲁大学的前身。作为登州文会馆毕业生的王元德、刘玉峰为了保存文会馆"记忆",历经数年共同编撰了《文会馆志》并于1913年付印,该书的目录与页眉均标有"山东登州文会馆"字样,正文中也多次出现"山东文会馆","山东"或"山东登州"字样说明该校的所在地为山东登州。由此可见,"登州文会馆"的本名应为"文会馆"。"登州""登郡""登州府""山东登州"等表述都是用于表明该文会馆的地理位置在山东登州。本书仍沿用学界约定俗成的称呼,称其为"登州文会馆"。

充足的办学经费是成立学校的根本,也是学校正常发展的强大支撑。由于学校性质不同,狄考文的学校不可能获得当地政府资助。又因为招生人数

---

① 郭大松.晚清第一所现代大学登州文会馆若干史事考辨[J].史学月刊,2013(9):77~87.

少,所以也不能靠学费收入来维持开支,这也导致了学校办学经费紧张。在蒙养学堂阶段,为了招揽学生,一切费用均由学校供给,办学经费由教会支持,虽然后期取消了学生补助,并收取少许学费,但学校办学经费短缺的问题依然存在。狄考文在办学过程中倡导的教育理念逐渐与教会宣教政策脱节,于是教会削减了登州文会馆的办学经费。得不到教会的支持,为了解决资金短缺的问题,他们开始利用回国休假之机筹集资金。1879年,狄考文利用回国休假之机四处游说,呼吁各方向文会馆捐款,为办大学做资金和声誉上的准备。1902年,时任登州文会馆第三任馆主的柏尔根也借回国休假之机募集教育经费。另外,毕业生捐赠的善款也是登州文会馆的经费来源之一。

当时,大多数的外国人对中国很不了解,在华的传教士在回国休假时往往采取各种方式来介绍中国,让募捐人了解中国,从而达到募款办学的目的。因此,在这一过程中传教士也成了中国文化的传播者。他们一般采用多种方式来集中宣讲,或者通过发行中国元素的明信片和制作相关宣传幻灯片等方式开展宣传。

四、登州文会馆的新生

1900年,山东爆发义和团运动,提出"扶清灭洋""一概鬼子全杀尽,大清一统庆升平"[①]。北方地区掀起一场反对洋人、反对基督教的运动浪潮。这场运动对西方传教士的影响很大,各地教堂和教会组织都受到不同程度的影响。学堂每天晚上都专门安排人值班放哨,传教士和外籍学生"晚上睡觉的时候,都预备好了一个装满必要换洗衣物的大枕套,收拾妥当后放在床头"[②],以备

---

① 赵浦根、刘淑珍.中国近代史教程[M].济南:济南出版社,2002:527.
② 马丁.芝罘学校1881~1951年之间的历史和回忆[M].陈海涛、刘惠琴,译.济南:齐鲁书社,2013:72.

第一章 登州文会馆发展概要

随时应对突发情况。

在山东多地的义和团运动声势浩大之际,胶东地区特别是烟台和登州却没有多大动静。郭大松教授考证,这是由于胶东地区在民风、经济和文化等方面,与山东其他地方差别很大,义和团运动缺乏发生发展的土壤。尽管如此,学校正常的教学活动还是被迫中断。义和团运动结束后,随着时局渐趋平稳,学校的教学活动才重回正轨。

1902年6月,美国长老会与英国浸礼会在山东青州举行联合会议,决定合办大学,但双方在学校选址方面却存在分歧。自19世纪80年代开始,登州文会馆的搬迁问题一直是山东差会的重要议题。虽然登州文会馆的办学基础好、影响大,但在烟台取代登州成为新的对外通商口岸后,登州在山东差会中的地位逐渐下降。当然,登州还存在交通不够方便、物资相对缺乏和生活成本高等问题,这些不利条件都成为制约传教事业发展的重要因素。另外,"丁戊奇荒"期间(1876—1879年),借赈灾之机,各差会大力发展宗教事业并拓展传教区域。美国北长老会的传教区域由胶东半岛逐步扩大到济南、潍县、沂州和济宁等地,由于交通便利,济南和潍县成为其在山东传教事业的中心地区。登州文会馆必须迁往交通便利和资源相对集中的内地,才能培养出更多的传教人才。因此,不论是面向办学,还是立足传教,登州文会馆迁址已成必然之举。然而登州文会馆何时迁?迁至何处?却引起了广泛讨论和很大争议,既有人建议将登州文会馆迁到烟台,也有人提议迁往交通较便利的济南。

1894年,山东差会召开会议再次就登州文会馆"是否搬迁至内地及搬迁至何处"的问题进行讨论,由于狄考文等人反对,加之搬迁条件不成熟,登州文会馆得以暂留登州。1899年12月,郭显德、路思义(Henry Winters Luce,1868—1941)等人组成搬迁委员会,处理登州文会馆西迁相关事宜。

1900年12月,在烟台召开的联合会议决定将登州文会馆迁往潍县。

1904年,营运里程达384.2千米的胶济铁路建成通车。考虑到更便捷的交通条件,登州文会馆遂与广德书院合并,并使用潍县乐道院的校舍,合并后的学校更名为广文学堂,后称广文大学。至此,登州文会馆作为一所实体办学机构,结束了向国人传播西学知识的历史使命,光荣地退出了历史舞台,但是其影响依然延续。

第二章
登州文会馆与山东近代新式学堂

虽然登州文会馆的办学时间并不长，但是其沿袭了西方现代教育理念及先进的教育管理模式，向中国民众传播了西方现代思想观念与知识，为中国近代培养了多个行业的优秀专业人才，还直接影响了广文学堂（广文大学的前身）、齐鲁大学和山东大学堂的创建，对山东乃至近代中国高等教育体制的建立做出了重要贡献。

第一节　广文大学

一、广文中学

狄乐播（Robert McCheyne Mateer，1853—1921）是狄考文的三弟，在狄考文的感召和动员之下来华。1881年，狄乐播到达登州，他在向狄考文学习汉语的同时也汲取他的办学经验。1882年7月，狄乐播与妻子狄珍珠（Madge D. Mateer，1851—1939，也称阿撒拉氏）从登州来到潍县，于县城东南李家庄购置土地，次年建成乐道院，内有西式楼房、教堂、学堂、诊所等。

图 2.1　乐道院大门
（图片来源：山东省政协文史馆）

1883 年，狄乐播在潍县乐道院开设只招男生的文华馆。1895 年，又开设只招女生的文美书院（女子中学），后称为广文中学，[①]在教材和教学体制上完全采用登州文会馆的模式。

二、广文大学的发展演变

广德书院源于英国浸礼会在益都（今青州）设立的一所男童小学，1886 年，库寿龄（Samuel Couling，1859—1922）在东华门街购地扩大校舍后开设中学班，主要课程有四书五经、中西历史、国文、舆地、算术、几何、三角、微积分、格致、体操等，英文为选修课。[②]该校于 1904 年与登州文会馆合并后迁至潍县，合并后的校名分取两校校名中的一字，合称为广文学堂，后称为广文学堂（民国建立后称广文大学）。广文大学曾被美国人称为"中国哈佛"，被英国人称为"苏伊士运河以东最好的大学"。[③]

---

① 潍坊市史志办公室.潍坊大事记[M].济南：山东友谊出版社，1991：14.
② 季啸风.中国书院辞典[M].杭州：浙江教育出版社，1996：139.
③ 邓华.奎文文史资料：第 4 辑　百年沧桑乐道院[M].北京：中国档案出版社，2005：15.

第二章　登州文会馆与山东近代新式学堂

合并后,学校有84名学生来自登州文会馆,30名学生来自广德书院,以及英国浸礼会的库寿龄和白向义(E.W.burt,生卒年月不详)、美国长老会的柏尔根(Paul Diegovon Bergen,1860—1915)和路思义等4名外籍教师。1904年,柏尔根被选为首任校长并负责迁校至潍县乐道院的相关工作。柏尔根任职到1914年,第二任校长方伟廉(William P.Chalfant,1860—1917)任职至1917年,并逝于任上。①

学校除了有现代化的课程设置以外,还有中西合璧的师资队伍,外籍教师主要教授英文、圣经、道学、物理及化学等课程,还有多名潍县的传教士作为兼职教师。据统计,中国教师队伍中除了1名举人和2名贡生之外,其余的多是来自登州文会馆或广文学堂(民国建立后称广文大学)的毕业生,他们承担了国文、电学、地质、数学等课程的教学任务。1908年的资料显示,教师队伍有13人,其中外籍教师4名——美国和英国各2名;中方教师9名,来自青州府与莱州府的分别为5名和4名。至1917年,在校教师总计有26人,其中来自美国和英国的外籍教师分别为5名和2名,山东籍教师19名。②

图2.2　广文大学中外籍教师合影(第一排左一为路思义,左三为柏尔根)
(图片来源:山东大学齐鲁医学院."中国哈佛":潍县广文学堂[EB/OL](2020-05-31)[2023-04-03].https://www.qlyxb.sdu.edu.cn/info/1185/9863.htm)

---

① 周川.中国近现代高等教育人物辞典[M].福州:福建教育出版社,2018:695.
② 刘晓玲、张协军.潍县广文大学[J].山东档案,2012(3):60~61.

与原来的登州文会馆和广德书院相比,新建的广文大学得到质的提升,现代化的场所、设备可谓应有尽有。学校在乐道院原址上,购置了毗邻土地 160 余亩来增建校舍。教学办公大楼是当年潍县最高大的建筑,也是潍县东南区的标志性建筑。校园风光优美,有教室 10 间、办公室 3 间、会议室 1 个和 1 座先进的科学馆大楼等。科学馆大楼由美国基督徒捐建,大楼的第一层和第二层是理化及生物实验室、仪器室和预备室,第三层和第四层是图书资料室、陈列室和阅览室,藏书 1.3 万余册,可容纳 60 多人同时阅览。大楼的中央立有高达 7 丈的钟楼,安装了重达 700 斤的铜钟表,上面安装的收音机可收听大连、上海、东京等地的广播。学校有运动场和田径足球场,以及一座很先进的天文台,此外还有当时国内并不多见的木工厂、铁工厂和理化仪器制造所等。学校有大操场、篮球场、网球场 6 个,以及提供给教师和学生的宿舍。乐道院的附属医院经过重建,更为宽敞,设备也更加齐全和先进。

图 2.3 广文大学标志性建筑——北教课大楼

(图片来源:山东大学齐鲁医学院."中国哈佛":潍县广文学堂[EB/OL](2020-05-31)[2023-04-03]. https://www.qlyxb.sdu.edu.cn/info/1185/9863.htm)

广文大学设正班和选班。正班招收中学毕业生,学生只有通过严格的考试方能被录取,学完规定课程且经考试合格后才能获发正式毕业文凭。选班学生无须中学毕业,只要年龄在 16 岁以上便可报名参加考试。在登州文会馆的基础上,广文学堂分设宗教教育系(Department of Religious Instruction)、中国语言文学系(Department of Chinese Language and Literature)、哲学与历史系(Department of Philosophy and History)、自然科学系(Department of the Natural Science)和数学科学系(Department of Mathematical Science)5个系,另外附设理化实验室(Physical and Chemical Laboratory)和天文观测台(Astronomical observatory)。①

广文大学的课程虽然仍由宗教、中国典籍和自然科学三部分组成,却大大缩减了宗教和中国典籍方面的课程,使科学类课程占到了八成左右,更加接近于现代大学。②学校不再专门招收教友子弟,对学生在校及毕业后是否信教的态度是"只听之其人,概无勉强",这与登州文会馆有所不同。学校沿袭了登州文会馆的各种行为规则,考试规则也很繁苛,学生还曾为此罢课。③

从1904至1917年,广文大学依托登州文会馆的良好基础,沿袭登州文会馆的教育理念、课程体系和管理方式,向学生讲授文、理、化、工、艺、医等学科知识,培养出一批具备新思想且掌握新知识的社会精英,这些学子"北而京津,南而湖广,足迹遍布天下,或侧身政界,或执业商界,而以学界为尤多"④,他们为新文化的传播和社会发展进步发挥了积极作用。广文大学的部分校友投身于实业救国的活动中,带动了当地民族工商业的发展,以华丰机器厂、惠东药房和信丰印染公司等为代表,组成了当时潍县强大的工商业集团。

民国以后,各地新式大学纷纷开办起来。潍县作为一所偏远的小镇,地理位置远不及济南、青岛、上海、北京等大城市,加之学校的课程体系中没有英语课等诸多原因,广文大学逐渐没落。1917年后,在原来校舍的基础上,广

---

① 郭大松、杜学霞.中国第一所大学:登州文会馆[M].济南:山东人民出版社,2012:6.
② 王坦.山东考试通史:上[M].济南:山东教育出版社,2011:469.
③ 中国人民政治协商会议山东省委员会文史资料委员会.山东文史资料选辑:第16辑[M].济南:山东人民出版社,1989:82.
④ 王伟.守望[M].北京:中国石油大学出版社,2019:23.

文大学改建为新的广文中学。几经沿革,在中华人民共和国成立后,广文中学获得新生,成为潍坊第二中学。

第二节 齐鲁大学

一、齐鲁大学的创建

《山东济南齐鲁大学章程》对于齐鲁大学的早期发展历程有如下描述:"溯之齐鲁大学成立之源,实胚胎于登州之文会馆。由美国长老会狄考文博士创立于1864年,授学子以理化天算等科,洵为我国科学教育之嚆矢。狄君惨淡经营垂三十六年之久,人才辈出。嗣于1904年迁至潍县,吸并青州英国浸礼会库寿龄所办之广德书院大学班,改名为广文学堂。以柏尔根为堂长,此本校文理科之始也。"[1]据此可知齐鲁大学早期建立与发展的大致脉络。

1904年,潍县的广文学堂与青州的神道学堂、济南的共合医道学堂各自为政,管理松散。为了突破发展瓶颈,美国、英国与加拿大三国的基督教会组织在山东合办了一所学校,该校在国际上的名称是"Shantany University"(山东基督教共合大学)。教会募集大量资金在济南城南圩子外购得一块约600亩的土地。1911年,校舍落成,开始招生,为日后结束山东基督教共合大学三地办学的局面打下了基础。1917年文理科和神科迁至济南,学校更名为"齐鲁大学"(Cheeloo University),但在对外和教会内部仍称山东基督教共合大学。[2]齐鲁大学是20世纪初外国传教士在我国建立的13所教会大

---

[1] 私立齐鲁大学山东济南齐鲁大学章程[M].济南:齐鲁大学.1926:28.
[2] 张润武、薛立.图说济南老建筑(近代卷)[M].济南:济南出版社,2007:218.

第二章　登州文会馆与山东近代新式学堂

学之一。

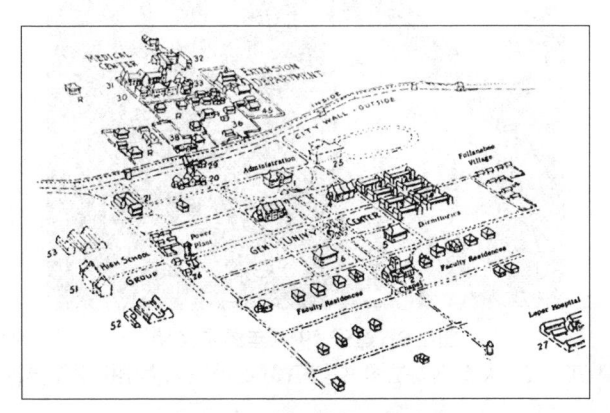

图2.4　齐鲁大学校园模式图
(图片来源:山东大学医学院院史馆:院史展览)

齐鲁大学主校园由美国工程师佩利姆(G.H.Perriam,生卒年月不详)设计,建筑均以德、英、美三国的建筑风格为主,也吸收并使用了中国传统民居的建筑手法和符号,形成独具特色的建筑文化。

图2.5　齐鲁大学办公楼及主校园教学区
(图片来源:《山东济南齐鲁大学章程》,1926)

◇ 登州文会馆与近代科学传播实践研究

图 2.6 建于 1919 年的考文楼

(图片来源:王一心. 天堂应该是图书馆模样:走进民国大学图书馆[M]. 合肥:黄山书社,2017.41)

图 2.7 建于 1917 年的柏尔根楼

(图片来源:王一心. 天堂应该是图书馆模样:走进民国大学图书馆[M]. 合肥:黄山书社,2017.41)

齐鲁大学的文、理两大学院皆与登州文会馆有渊源,其医学科也与登州文会馆及登州有密切关联。麦嘉谛(Divie Bethune Mc Cartee,1820—1900)是第一位来山东的医学传教士。麦嘉谛于 1844 年来华,后受教会派遣于 1862 年 7 月到烟台,为传教士和普通百姓看病。然而,烟台刚开埠不久,租不到地方作为医疗和布道中心,因此未能打开工作局面,遂于 1865 年返回宁波。1870 年,英国的威廉·布朗(William Brown,生卒年月不详)医生在烟台开办了一

第二章 登州文会馆与山东近代新式学堂

所小型医院,培养了几名中国本土医务人员,由于与在英格兰的母会发生了某些误解,他脱离了教会并于1874年离开中国。

1864年,狄考文初到登州之时,该地还没有专门从事医疗工作的传教士医生,更不用说诊疗室了。1879年,狄考文在回美国休假期间"进修医学,参与大量解剖实习"。回到登州后,狄考文在他的住所专门开辟了一个房间,用来储藏药品,并开始诊疗实践。另外,狄考文还向国内发函,请求选派有经验的医疗教士来华协助他开展医疗服务和医学教育。

1883年,美籍医师聂会东(James Boyd Neal,1855—1925)赴登州传教并到山东登州文会馆创办医科。①聂会东租赁了登州城里东大寺的几间简陋的小房子,部分房子被用作教室,其余用作小型诊所。聂会东在熟练掌握汉语交流之后,招收了五名中国学生,让他们随着他学习西医知识,这就是齐鲁大学医学院的发端。②

聂会东于1890年由登州来到济南,负责济南布道站的管理和医疗工作。考虑到登州偏于胶东一隅,生活与工作条件不便,于是他将3名学有所成的学生迁至济南,与洪士提反(Stephen A.Hunter,1851—1923)夫妇和护士安德逊一起在教会诊所工作。医护初步有了分工,济南的护理工作也由此开始。门诊设内、外、妇、儿、眼和耳鼻喉科,为济南首家西医诊所和分科最全的医院,并实行男女分诊,一般免费诊疗。聂会东获得捐助后购地,将原诊所扩建并命名为华美医院(Sino-America Hospital),这便是齐鲁医院的雏形。③次年添置养病室(病房),开始收治住院病人。在传教、办医院的同时,他也为培养医生而创办学校,并命名为"华美医院医校",医校每年招收5名学生。1893年医院扩建,并修建了医学生寄宿院(学生宿舍)。1902年该校有4个

---

① [美]郭查理(Charles H. Corbett).齐鲁大学[M].陶飞亚、鲁娜,译.珠海:珠海出版社,1999:46.
② 陈小卡.西方医学传入中国史[M].广州:中山大学出版社,2020:480.
③ 张万民、吕军.媒体眼中的山东大学齐鲁医院[M].济南:山东大学出版社,2015:303.

班共22名学生,均为男性。①

1903年,山东共合医道学堂(Shandong Union Medical College)成立,由英国的武成献(James Russell Watson,1855—1937)和巴德顺(T.C. Paterson,生卒年月不详)在青州和邹平设立的教会医院和医学堂,以及在济南的华美医院医校三所学校合并而成,成为当时教会在华举办的四大医学堂之一,山东省第一所正规现代西医高等学校自此诞生。山东共合医道学堂由聂会东任校长,学制为4年,学堂学生的教学和轮流实习分别在济南、青州、邹平和沂州的教会医院进行,首届毕业生于1907年毕业。自1907年开始,教会在济南购地建设新校舍及医院。1911年4月17日,山东共合医道学堂在济南正式奠基,并更名为山东基督教共合大学医科,这一天也被齐鲁大学医学院定为建院纪念日。山东巡抚孙宝琦到场祝贺并捐银千两。1917年,山东共合医道学堂与潍县广文学堂、青州神道学堂共同合并为齐鲁大学,聂会东任医学院院长。1924年7月19日,齐鲁大学被授权可以"授予与中国法律相一致的文凭和学位"②。1931年,经审核备案,齐鲁大学的学历得到中华民国国民政府的承认。为了适应国家经济发展的需要,1952年,在"思想改造运动取得胜利"的基础上,全国高等学校进行了院系调整工作。经过调整,齐鲁大学停办,文、理学院拆分合并至其他院校,或独立成立新院校,齐鲁大学医学院与山东医学院合并,校址设在原齐鲁大学校址,接着学校又进行了系科调整,从此进入了学校发展的新时期。1985年,山东医学院更名为山东医科大学,成为国内著名的医科大学。2000年,山东医科大学并入山东大学。

虽然在登州建立的医疗卫生事业成就有限,但却为后期齐鲁大学医学学科的发展奠定了一定基础。齐鲁大学医学院发端于聂会东在登州建立的

---

① 《山东医科大学附属医院志》编纂委员会.山东医科大学附属医院志1890—1990[Z].1994:32.
② 陈小卡.近代西方医学传入中国史略[M].广州:中山大学出版社,2017:139.

医学班,登州也是齐鲁大学医学学科的发源地。①因此,登州文会馆也被后人称为"小齐鲁大学"。

二、齐鲁大学的发展演变

1924年,中国非基督教运动再次兴起,"收回教育权"成为运动的主要目标。齐鲁大学试图在这场运动中得到豁免,因此在人事任免、课程体系设置和教学设施建设等方面加大了改革力度。1927年,齐鲁大学为了从根本上做出改变,重组了校董会,大大提高了校董会中中国人的比例,至三分之二强。又将文理学院拆分成文学院和理学院两个机构。在课程设置上,将神学院从大学分离出来,将必修的宗教课程改为选修课程。1931年12月,经过这一番改革,齐鲁大学满足了国民政府大学院公布的《私立大学及专门学校立案条例》,立案申请最终获得了批准。从此,齐鲁大学脱离了宗教色彩,成为中国高等教育体系的一部分。

抗战爆发后,齐鲁大学被拆分为两部分:一部分内迁至四川成都,另一部分则继续留在济南。抗战胜利后,齐鲁大学于1946年11月在济南复校。1948年7月,济南解放前夕,因形势动荡齐鲁大学管理层决定再次南迁。当时中共济南市委得知这一情况后,曾力劝齐鲁大学不要迁校,但在吴克明校长的执意要求下,学校还是将医学院迁至福州,文学院和理学院迁往杭州,仅维持着勉强开课的程度。1949年,山东省人民政府责成齐鲁大学回迁济南。

1950年6月,新中国召开第一次全国高等教育会议,会议对高等教育方针、任务、课程改革、学制、领导关系等重新做出了说明,并要求所有的私立学校重新立案、审查。1951年,国家将9所私立高校改为中国人自办,政府给

---

① 郭大松.齐鲁大学文理医三学院渊源及英中文名称考[J].聊城大学学报(社会科学版),2018,(5):1~14.

予相应补助,仍维持私立高校的性质。这9所高校中,基督教大学有齐鲁大学、圣约翰大学、沪江大学、岭南大学、东吴大学、之江大学。1952年,根据苏联的高等教育模式对全国高校进行了一次大规模调整,史称"院系调整"。在这次调整中,齐鲁大学被6所大学拆分(表2.1),校址成为山东医学院的新址。至此,齐鲁大学走完了88年生命历程。

表2.1　齐鲁大学院系调整后各专业情况一览表

齐鲁大学原院系	新归属
国文、历史	山东大学
经济系	山东财经学院
天文学	南京大学
物理、化学、生物	山东师范学院(现为山东师范大学)
药学	华东药学院(1956年改为南京药学院,现为中国药科大学)
农业专修科	山东农学院(现为山东农业大学)
医学院	与省立医学院合并为山东医学院(后更名为山东医科大学,2000年并入山东大学)

第三节　山东大学堂

一、山东大学堂的创办

1901年,山东巡抚袁世凯上奏光绪皇帝在省城设立大学堂,并附呈《山东省城试办大学堂暂行章程》(以下简称《山东大学堂章程》),同时调蓬莱知县李于锴来筹建山东大学堂。9月,光绪皇帝恩准并朱批:"知道了,政务处暨各该衙门知道,单并发。"11月25日,光绪皇帝谕令:"通行各省,立即仿照举办,毋许岩延。"各省不敢怠慢,先后奏报了奉谕仿照山东的章程,改书院为学堂。

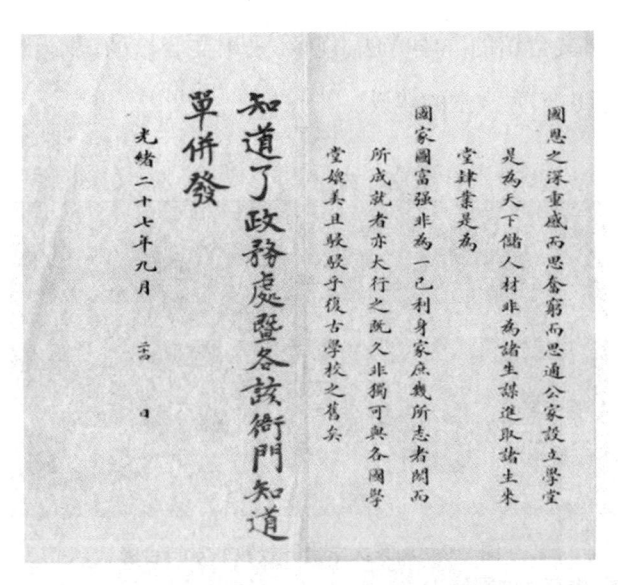

第二章 登州文会馆与山东近代新式学堂

图 2.8 1901 年山东巡抚袁世凯《山东省城试办大学堂暂行章程折稿》与光绪皇帝的朱批
（图片来源：山东大学网站，https://www.sdu.edu.cn/sdgk/lsyg.htm）

袁世凯奉谕在济南泺源书院创办了国立山东大学堂，由周学熙任管理总办（也称校长）。此时，登州文会馆因义和团运动而暂时停办，拟迁至潍县，但校舍兴建尚需时日。于是登州文会馆第二任馆主赫士应允袁世凯的邀请到山东大学堂任总教习（教务长），并承担了筹建的主要工作。赫士为山东大学堂制订的章程条规、经费开支和编制预算等，均参考了登州文会馆馆规的成功经验。另外，教材、仪器设备以及教学方法的配备和使用等皆沿袭了登州文会馆。山东大学堂聘请中西教习 50 余人，其中美籍教习 4 人，分别为赫士、路思义、文约翰、维礼美森。①中国教习由登州文会馆原有教师及部分毕业学生组成，担任数学、物理、化学、天文、地理、地质、汉学等教习，包括张丰年（化学）、刘永锡（化学）、王锡恩（天算及物理）、仲伟仪（汉学）、罗绳引（汉学）、刘光照、王执中、姜渔渭、刘玉峰、周文远、李光鼎、冯志谦、郭仲印、连志舵、李星奎、王振祥、郭风翰、赵策安、张正道等人。文会馆多数中西教习跟随

---

① 邓华.奎文文史资料：第 4 辑 百年沧桑乐道院[M].北京：中国档案出版社，2005：20.

赫士沿用登州文会馆的办学方法、规章,采用文会馆的课本、教材和教学仪器设备来进行山东大学堂的建设。

图 2.9 山东大学堂开校教职学员合影
(图片来源:山东大学网站,https://www.sdu.edu.cn/sdgk/lsyg.htm)

山东大学堂最初学制初为 3 年,后改为 4 年。山东大学堂招收的第一批学生共有 300 人,分专斋、正斋、备斋,管理方式采用分斋督课的方式,课程包括中国传统的经史子集、西方的社会科学、西方的自然科学以及外国语等 20 余门。1904 年,山东大学堂迁入新址,位置在济南杆石桥,学校改名为山东高等学堂。1911 年,又改称山东高等学校。1912 年,国民政府进行教育改革,全国设立大学区、各区中心城市设大学、各省设专门学校的体制,按章至 1914 年停办。山东大学堂停办后师生分别转入法政、工业、农业、商业、矿业、医学 6 个专门学校,这些专门学校为社会培养了大量新式专业人才,在山东省高等教育的发展进程中发挥了承前启后的纽带作用。1926 年 7 月,山东省政府将 6 所专门学校合并成立省立山东大学,设文、法、工、农、医 5 个学院,下设 13 个系,由王寿彭任校长。1928 年,济南惨案(也称五三惨案)后,日本占领济南,省立山东大学停办。1928 年 8 月,中华民国国民政府教育部决定在省立山东大学的基础上筹建"国立山东大学"。1930 年改称"国立青岛大学"。1932 年,"国立青岛大学"改名为"国立山东大学"。1937 年,抗日战争爆发后,"国立山东大学"内迁并入"国立中央大学"。1946年春,"国立山东大学"在青岛复校。1951年3月,"国立山东大学"与抗战后期创建的华东大学合并,仍命名为山东大学。1952年全国高等院校调整后,山东大学分出的系科和其他院校组建了10所高等院校。1958年7月,山东大学归由山东省领导,同年10月,奉命迁校济南。

山东大学堂是山东省第一所官办的高等学校,其创设开山东高等教育之先河,也是山东大学历史的起点。正是因为有登州文会馆的成熟经验借鉴,又有赫士的参与和规划,山东大学堂的筹备工作只用了一个月时间,基于登州文会馆办学实践的蓝本制订了《山东大学堂章程》,厘定了教学内容,设计出整套教学方案,于1901年10月在济南正式开学,创下了教育史上的办学奇迹。山东大学堂顺理成章地成为我国第一所省立大学。

二、登州文会馆对山东大学堂学科发展的影响

中国传统的教育机构,无论是官学还是私学,多是培养科举应试的"通儒"式人才,所开设科目无论是义理与经世之学,还是八股制艺,既没有专业区分,也缺少明显的升级性的递升学制。登州文会馆从最初的登州蒙养学堂,到逐渐添设高等学科,分置正、备两斋,分不同的教学科目。至19世纪80年代,这种分科及备、正向上递升的教学体制逐渐成熟。虽然这种分斋递增的教学管理体制,与我们当下高等教育机构的院系制还有着很大差距,但明显优于当时中国传统的教育体制,加之建立了分门别类的课程体系,引进了近代自然科学和社会科学课程,符合清末中国从传统高等教育机构向现代大学转型的需要和趋势,从某种意义上说可以视之为分科型大学的雏形。[1]

---

[1] 崔华杰.登州文会馆与山东大学堂学缘述论[J].山东大学学报(哲学社会科学版),2013(2):126~131.

从登州文会馆的课程设置上看,登州文会馆遵循分科制教学体制,按照西方式的"分门立学"原则组织教学,①也形成了中西合并的课程体系,并直接影响了山东大学的课程体系。例如,山东大学堂的文史类课程与登州文会馆有着明显的渊源。赫士在协助筹办山东大学堂时,效仿了登州文会馆的分斋教学法,形成了中西学科并存的课程体系。这种按照"学科性质"的分科特征"透漏出中西学对立的观点似有逐渐消融的趋势"②。

三、登州文会馆对山东大学堂办学机制的影响

《文会馆典章》开创了章程治校的先行典范,对推进近代中国大学的制度管理作了早期探索,初步打造了近代大学运行的基本管理体系。③《山东大学堂章程》主要条款均仿照《登郡文会馆典章》。《山东大学堂章程》在中国近代书院改学堂的过程中发挥了具有普遍意义的示范作用,该章程不同于京师大学堂的"中体西用",也异于北洋大学堂的"参用西制"④,却与登州文会馆的《文会馆典章》在办学宗旨、教学管理体制、招生制度、学制体系、课程体系等方面有着传承关联。

《山东大学堂章程》规定,山东大学堂拟"以历代史鉴及中外政治、艺学为用",其目的是"储为明体达用之才,仰副朝廷图治作人之至意";《文会馆典章》规定,登州文会馆办学宗旨为"原欲学者洞识各种要学,藉以鼓舞后生,振兴学校,而为利世有用之士也"。二者均以"有用之学"为办学宗旨,只

---

① 左玉河.从"经世之学"到"分科立学":近代早期的学术分科观念及分科方案[J].北京科技大学学报(社会科学版),2001(1):30~34.

② 罗志田.20世纪的中国:学术与社会(史学卷)下[M].济南:山东人民出版社,2000:472.

③ 崔华杰.《文会馆典章》的时代意义与制度建设价值[J].山东大学学报(哲学社会科学版),2021,(4):216~223.

④ 王杰.学府探赜:中国近代大学初创之史实考源[M].天津:天津大学出版社,2015:44.

第二章 登州文会馆与山东近代新式学堂

不过前者是为"朝廷"所用,后者是要求学生毕业后要有益于助推中国社会的发展。两个章程中的办学宗旨均明确了学校应担负的国家责任、历史使命和价值追求。

在教学管理体制上,《山东大学堂章程》规定各设置一名总办、总教习及监督,总体负责学校日常事务与教学的管理运行,并分别聘请中、西学华教习与西学洋教习负责教学工作。《登州文会馆典章》明确指出,学校监督(1904年以前称馆主)的职责,一是料理学校日常事务并兼授课程,二是负责选聘中外教习讲授中西课程。由此可见,登州文会馆创立的这种从监督到中西教习匹配的教学管理体制,被山东大学堂借鉴使用,虽然因规模大小不同,山东大学堂增设了总办与总教习两个职位,但是这两种教学管理架构大致等同。

另外,两校学生入学均需要签署协议,以起到推荐、担保的作用。"廪保"作用巨大,对考生能否参加考试有重要影响,据《清稗类钞·考试类》"廪生保童生条"记载:"各州县文童、武童应试时,必由廪生领保,谓之'认保'。又设派保,以互相稽查而慎防弊窦。如孩童有身家不清,匿三年丧冒考,以及跨考者,惟廪保是问;有顶名枪替,怀挟传递各弊者,惟廪保是问;甚至有曳白割卷、犯场规、违功令者,亦惟廪保是问。"[①]登州文会馆周文源于1868年在《中国教会新报》发表一篇关于奉教者担保的消息,其大致内容为:登州府北门里有一教友孙祖耀,同治五年夏入教,当年府宪科试,正值安息日,未进场。六年二月参加县试。廪保王黎辉因其信基督教不给画押。孙祖耀将此事告知牧师海雅西(Jesse Boardman Hartwell,1835—1912),两人到王黎辉处再三理论,王黎辉俯首赧颜无言回答,这相当于告知其他廪保"有志功名者勿以耶稣教为嫌",后经县令依据相关条约谕"奉教与不奉教者一体视之"。可见"廪保"的重要性,没有他的签字画押是不能应试的。

---

① 周道祥.江南贡院[M].北京:中国物资出版社,1999:41.

山东大学堂的保状与登州文会馆之推荐函的要点相似,格式相仿。要求入学学生品德为先,如登州文会馆要求入学学生"必品行方端人也",山东大学堂遴选生源时,要求"通解经史、身家清白、体质强实并无习气疾病嗜好者"方为合格。两校日常管理制度均十分细致、严格,使学生在学校的学习及生活中有章可循,从而养成自律品性,一旦违反,就会受到开除或驱逐出校的惩罚。

在学制体系及课程体系方面,山东大学堂的正备斋学制与登州文会馆完全一致,区别仅是学年的长短不同而已。登州文会馆的课程体系在设置上囊括了中国传统经典与西方近代自然科学、社会科学,山东大学堂所开设的科目分为中国经史、西方自然科学和社会科学三大门类,山东大学堂正斋开设西方自然科学和社会科学课程22门,较登州文会馆正斋多5门,对照其课程名称除个别称谓略有差异外,相似或者相同的课程多达15门。[①]

山东大学堂历时14年,先后培养了毕业生770人,其中有59人被选送到美国、日本以及欧洲的一些国家留学。山东大学堂成立初期,登州文会馆都给予了无私帮助,为山东大学堂的发展做出了卓越的贡献。没有登州文会馆师生的共同努力,作为中国教育史上第一所省办大学的山东大学堂不可能在短时间内得以创立并快速发展。

---

① 崔华杰.登州文会馆与中国现代高等教育起源[J].北京教育学院学报,2019,33(4):69~76.

第三章
登州文会馆的近代教育本土化实践

在第二次鸦片战争后，各国来华的传教士急剧增多，投身教育、通过教育间接开展布道工作的传教士也越来越多，且基督教学校的规模和层次较前期也有了较大发展。传教士来到中国的终极目标是传播宗教，但同时，他们也开设了学堂、招收学生、编译书籍，从而向中国传播了西方科学文化。以狄考文的登州文会馆为代表的教育实践，在课程设置方面积极引入中国传统教育体系中没有的新学科，以西方近代的学科划分体系来重新构建中国的传统学科，根据中国社会的实际需要来增加教学内容和调整教学重点，尽量与中国国情相适应，传教士带来的西方教育观念重构了近代中国新的教育体系，同时也将中国的传统教育观念介绍给了西方。这些举动，促进了中国近代教育的本土化，在一定程度上推动了中国近代教育事业的发展，也为中外文化交流做出了贡献。

第一节 《官话类编》的编撰与应用

因为需要用中国语言与文字传教，所以来华的传教士必须首先学习了解中国的文字和文化，从而促进了语言教科书的诞生。

一、《官话类编》的编撰

狄考文除了将西学知识及学术精神引入中国以外,还积极从事在来华传教士中推广官话(也称白话)的工作。狄考文编写的《官话类编》(*Mandarin Lessons*)又名《中国官话课本》(*A Course of Mandarin Lessons*),详细地记载了当时中国南北方,尤其是山东中部、中南部等地的官话,并通过举例详细解释了不同官话的地域差异和分布情况。

《官话类编》的绝大部分内容选自口语,所以书中的句子多是中国人日常生活中的口语。1867年着手准备至1892年第一版问世,狄考文整整花费了25年时间。1898年该书进行了第一次修订,并于1900年正式发行。第二版进一步订正了词汇,完善了拼音系统,并增加了更多的对话和文章。此后又经过多次修订,出现了多个版本。另外,狄考文鉴于并不是所有该书的读者都希望或者有望达到汉语交流的高级水平,于是截取前一百课出版了《官话类编》删节版(也称《官话课程》),通过这一百课的学习,一般读者大体可以达到基本交流的水平。因此,根据学习的难度设置,《官话类编》可以分为两大部分,前一百课可视作初级至中级部分,后一百课可视作高级部分。

狄考文编写《官话类编》的过程实际上也是他学习汉语及不断提高汉语水平的过程。登州文会馆早期毕业生邹立文协助狄考文对书中的语音、词汇及语法等进行了整理和把关。海思波(Marshall Broomhal,1866—1937)曾评价狄考文"在从事翻译的过程中,一丝不苟,千方百计寻找最合适的词语,始终就像一只寻找猎物的猎犬,直到发现自己满意的字词才肯罢手"[1]。

按照正常速度,达到基本与中国人交流的水平,至少需要两年时间不间

---

[1] 刘惠琴、陈海涛.近代化进程中的微澜:传教士与开埠烟台[M].济南:山东人民出版社,2017:86.

断的努力才行,而要熟练地掌握汉语,像母语一样使用,则需在一生中不断学习。狄邦就烈本人非常努力,一直在不断学习。在编撰《官话类编》的过程中,作为狄考文得力助手的狄邦就烈亦功不可没。狄邦就烈陪狄考文赴长江流域调研,熟悉不同地域的流行官话,以便完善《官话类编》,她收集句子,挑选英文单词,进行修改、校勘,并通读校对清样。在狄考文看来,这次旅行后的修订稿比之前"好了不止一倍"。

汉语共同语在道光至咸丰年间经历了从南京官话到北京官话的转变。狄考文在《官话类编》中使用并列的方法兼顾了南北官话。这种编排方法是一个很大的创新,便于读者学习和查阅。具体来说,在课文体例编排上,采用的是中国古代书籍常用的中文居左的竖排式,对应的英语翻译在右,课文下方是生词的发音及其英语解释,课文前均使用阿拉伯数字标明序号。在编排格式上,有两行并列的,也有三行并列的,其中两行并列中一般右行是北京(或北方官话)的用法,左行是南京(或南方官话)的用法,大约有两千多例。三行并列中一般右行是北京(或北方官话)的用法,中行是山东(或中部官话)的用法,左行是南京(或南方官话)的用法,有三百例左右。针对南北官话之间的差异,狄考文还用英文进行了注释。另外,在提要、释词、附注中也时有方言性说明。《官话类编》为我们提供了生动丰富的语汇材料,真实地反映了19世纪末南北官话系统的不同状况,这为汉语史和方言学研究提供了非常有价值的文献。①

《官话类编》由前言、课文和附录三大部分组成。前言部分阐明了编写教材的目的、编写过程、教材风格、课文选材、文章翻译、课文注解和全书安排等,同时介绍了作者对中国的官话、汉字和汉语音节的认识,为学习者了解和学习教材提供了背景资料。课文部分设置了两百课,组成课文的句子多数

---

① 王卉.清末官话教材《官话类编》的词汇特点及其汉语史价值[J].宁夏大学学报(人文社会科学版),2019,41(5):25~28.

来自日常生活,句子和短语课文之间并没有多大的关联,每个句子之间也没有前后语境上的联系。课文以语法为中心,每课针对一个语法点编排课文,读者可以反复练习,这样有利于更好地诠释重点,一开始以单句或者基本复句为主,伴随着学习进度增加,增添了比较复杂的长句子或多重复句,以便于学习者分阶段学习。该部分内容采用循序渐进的编排方式,方便学生分阶段学习。附录部分包括"词和短语的增补表""对话和演说"和"索引"三部分。狄考文列举出课文中重点词的使用方法,增加了13篇演说语体的课文,将课文中的生字按部首、按音序和部首两种索引方式进行排列,以便于读者更快捷地查找。

《官话类编》收集的语料是非常丰富和实用的,除官场用语外,还包括商业、历史、艺术、文学和宗教等方面的用语。书中这些选取日常口语编写而成的句子,涉及风俗文化、称谓文化等许多中国元素,有助于加深读者对中国文化的理解,加速了汉语官话在西方人群中的推广与应用。

然而这本书毕竟由母语并非汉语的外国人所编写,因此《官话类编》也存在一些不足。例如,受到作者自身方言、母语和文化的影响,不可避免地出现习语过多、部分词的方言色彩较浓、部分同义词区分度不高等问题。

二、《官话类编》的应用

《官话类编》给学习中文的外国人带来了极大的方便,其收录的中国民间流行的俗语,可以让外国人接触到日常生活用语,打破了以往中文教材引经据典的固有框架,使语言更趋于生活化、口语化,为在教材中使用口语树立了典范,也为之后的中文教材,尤其是为近代汉语口语教材的编写提供了一定的借鉴。早在1892年,狄考文就认为,"官话最终要通过加以丰富、改良而取得进步,并且受到尊崇;官话不但是中国的口语,而且也要成为文学语言"。这比胡适"文学的国语,国语的文学"早了二十多年,由此可见他对中国的语言生活体察之深、预测之准。①

因为书中内容以口语为主,通俗易懂,涵盖面广,所以该书成为当时在华传教士学习汉语的首选工具书,瑞典汉学家高本汉(Bernhard Karlgren,1889—1978)对汉语的研究也始于此书。《官话类编》作为中国最早的实用官话口语教材,在世界汉语教育史中产生过重要影响,直到新文化运动后才被新的教材所取代,具有非常重要的史料价值。

第二节 登州文会馆的教材本土化实践

19世纪中叶,随着一系列不平等条约的签订,中国丧失了部分领土主权,也丧失了部分教育主权,大批西方传教士涌入中国,为扩大在中国的影响和各自的宗教势力范围,他们以传播宗教为目标,在中国开办教会学校。教会学校开办之初,招收对象为少数贫困子弟,教学内容多为读书习字,使用的教科书一般是基督教书籍、基础文化科学知识教本和中国经典,前者是为了宗教教育,后者是为了培养礼仪,②教会对教科书无统一要求。随着传教活动范围扩大,教会学校和学生的数量剧增。据教会统计,1876年至1890年,学生人数增加近两倍,约万余人。③有的教会学校编译教科书供本校使用,并在课堂上教授数理方面的课程,如狄考文在登州文会馆自编《笔算数学》《形学备旨》等。随着教会学校和学生的数量增多,数理知识成为教育必需,急需合适的数理教科书,但当时各差会办学多是各自为政,自编教材的

---

① 鲁东大学胶东文化研究院.胶东文化与海上丝绸之路论文集[M].济南:山东人民出版社,2016:215.
② 李承恩.教会学校的历史、现状与展望[M].北京:人民教育出版社,1987:36.
③ 吴洪成、田谧、李晨.中国近现代教科书史论[M].北京:知识产权出版社,2017:46.

标准不一,教材质量参差不齐,因此教科书的统一规范问题日益凸显。鉴于这种情况,在华传教士开始谋求合作来编辑供教会学校使用的教科书,"间以赠予各地传教区之私塾",暂时解决了缺乏合适教科书使用的燃眉之急,也为推动西学知识在中国的普及发挥了积极作用。

一、历史背景

1874年8月,在山东芝罘(现烟台)度假的部分美国传教士自发集会,商议传教士间的合作问题,①议题吸引了其他传教士加入并就相关问题展开讨论,召开传教士大会的设想也就此产生。

1877年5月10日至24日,在华基督教传教士第一届大会在上海举行,出席人员126人。与会传教士发表了20余篇论文与演讲,涉及议题很广泛,大致可归为四类:①基督教文化与中国传统文化的矛盾和原因分析,这类论文包括《孔子与基督教》《大众层面的佛教和道教概况》《祖先崇拜》《婚庆丧葬的习俗》等;②宣教策略方面的论文,有《基督教会与教育的关系》《妇女工作》《医药传教》等;③教务建设方面的论文,有《接纳信徒的标准》《培养本地传道人》《圣经神学专名的翻译》等;④讨论"妇女缠脚""鸦片问题和中国教会的责任"等问题的论文。

狄考文在讲话中提出:"为了培育带头引进西方文明中自然科学和人文学科的人才,作为接近中国上等阶层的最好途径,使本地教会自力更生、坚定其抗御内部迷信习惯的侵蚀和外部有教养阶层怀疑宗教论者攻击的信念,应重视教育工作。"他预言:"教育在培养把西方文明的科学、艺术引进中国的人才方面十分重要,中国与世隔绝的日子已屈指可数,不管她愿意与

---

① 罗伟虹.中国基督教(新教)史[M].上海:上海人民出版社,2016:281.

否,西方文明与进步的潮流正朝她涌来,这种不可抗拒的潮流必将遍及全中国。"①他认为传教士的任务不仅是单纯地将基督教引入中国,还要依靠教育,确保基督教不受侵蚀,维护它的纯洁。教会学校不仅要进行初等教育,更要进行高等教育,而且"自然科学在学校教育中应置于突出地位"②。

狄考文根据他在山东的办学经验指出:"要把西方文明的科学、艺术引入中国人才的培养,基督教应该把教育列为工作的一个重要的组成部分。"③教会主办的学校传授了西方文化和科学技术知识,客观上适应了当时中国求变革、求富强的需要。因此,到20世纪上半叶,教育传教成为西方传教士在中国主要的传教方式。教会学校所带来的西方办学理念、教学模式和课程体系,在传播西方近代文明的价值与观念,学习并引进西方的教育制度与管理方法等方面起过积极、进步的作用,也对中国传统教育造成了冲击,为近代中国"废科举、兴学堂"④的教育变革提供了西方范例。

第一届在华基督教传教士大会的与会代表认为,在中国的传教事业必须与中国的教育、文化、出版等事业结合起来。大会决议成立由丁韪良(William Alexander Parsons Martin,1827—1916)、韦廉臣(Alexander Wylie,1829—1890)、狄考文、林乐知(Young John Allen,1836—1907)、傅兰雅(John Fryer,1839—1928)等人任委办的学校教科书委员会。会议就教育与传教孰重孰轻的问题展开讨论。以狄考文为代表的一方主张教育为主,传教次之。他认为,开发学校,教授科学,是他们的使命。⑤教科书与教会学校及传教有很大关系,"教科书对于教会学校有着极其重要的意义。教会学校的成功,在很大程度上依赖于是否具有好的适合的教科书。现在中国存在学习西方科学和教育方法的

---

① 陈学恂.中国近代教育史教学参考资料:下[M].北京:人民教育出版社,1987:10.
② 郭大松.晚清第一所现代大学登州文会馆若干史事考辨[J].史学月刊,2013(9):77~87.
③ 高迎进.近现代中国人生活图典:教育卷[M].西安:陕西科学技术出版社,2017:37.
④ 杨靖筠.北京基督教史[M].北京:宗教文化出版社,2014:111.
⑤ 陈学恂.中国近代教育史教学参考资料:下册[M].北京:人民教育出版社,1987:1.

普遍愿望,为了对此有所帮助,第一和最必要的事物就是教科书,其次是经过教学训练的中国教师"。他建议传教士应合作分工来编辑教科书。他的建议虽未得到与会代表的普遍认可,但教科书问题仍旧引起传教士的广泛关注。

二、"教科书委员会"的成立及发展

引入外来学科知识及其思想、概念体系绝不是照搬照抄,而是在原有文化上蕴含一定的整合及创新发展。在晚清时期,许多新知识的产生是以本民族文化为基础的,辅以一定的外来文化相互激荡及交流碰撞,这个过程中教科书扮演着重要角色。美国学者任达(Douglas Reynolds)认为:"在各类翻译材料中,对中国思想及社会最具渗透力和持久影响的莫过于教科书。"①

"教科书"一词最早出现于1876年召开的在华基督教传教士第一届大会。丁韪良提交了一份关于出版教会世俗读物的报告,并倡议有能力的传教士撰写相关教科书。因为教科书是观察文化的重要窗口,也是制造舆论的文化精英们的半官方声明,②所以狄考文指出"教会学校的成败在相当程度上取决于是否拥有好的和适用的教科书"。韦廉臣建议设立一个组织来专门解决教科书的编撰问题。大会最后决定建立教科书委员会(School and Textbook Series Committee),该组织中文名称被翻译为"益智书会",这是中国近代第一个编辑出版教科书的专门机构,而"教科书"(Text book)一词也就应运而生。益智书会主要成员是傅兰雅、狄考文、林乐知、丁韪良、黎力基(Rev.Rudolph Lechler,1824—1908)、韦廉臣6人。委员会成立后曾召集数次会议,决定编写初级、高级两套中文教材,并提出两套教材须包括表3.1所示科目。

---

① [美]任达.新政革命与日本、中国 1898—1912(李仲贤译)[M].南京:江苏人民出版社,1998:132.

② [美]布劳特.殖民者的世界模式:地理传播主义和欧洲中心主义史观[M].谭荣根,译.北京:社会科学文献出版社,2002:5.

表 3.1　益智书会拟编译的初级教材与高级教材科目一览表

序号	科目
1	初级和高级的教义问答手册,以直观教学课的形式,各分三册
2	算术、几何、代数、测量学、物理学、天文学
3	地质学、矿物学、化学、植物学、动物学、解剖学和生理学
4	自然地理、政治地理、宗教地理,以及自然史
5	古代史纲要、现代史纲要、中国史、英国史、美国史
6	西方工业
7	语言、文法、逻辑、心理哲学、伦理科学和政治经济学
8	声乐、器乐和绘画
9	一套学校地图和一套植物与动物图表,用于教室张贴
10	教学艺术,以及任何以后可能被认可的其他科目

会议提出相关教科书的编辑方针应遵循:①教科书为原作而不是译作,以浅显的文言撰写,所用名词与术语力求统一,结合中国的风俗习惯,使中国人易于接受;②要提供重要事实与原则、问题与解答,可兼作学生用课本和教师教学用书;③不仅供教会学校用,也可供非教会学校用。

针对教科书的编撰工作,狄考文撰文列出五项具体规则:①教科书的编写体例,学校用书的要义在于它是供教师研究和教学之用,而不是仅供阅读;②新名词问题,每一种新科学都会创造一套新名词,新名词使用的原则要简要、适用、精确;③教科书不应仅仅是"翻译",所有的数字图形、阐释说明都应该取自中国人熟知的事物;④教科书应该是明白朴素的;⑤教科书应该是生动有趣的。这些原则为教科书委员会的教科书编辑出版工作定下了大致基调,实际上也为中国现代意义的教科书发展打下了基础。[①]

狄考文编写的《形学备旨》《代数备旨》,赫士编写的《对数表》《声学揭要》《热学揭要》《天文揭要》等教科书因受到各地书院和一些新设学堂的欢迎而广为发行。从教科书的视角看,所谓文化创新及传承,就是通过教科书引

---

① 石鸥、吴小鸥.简明中国教科书史[M].北京:知识产权出版社,2015:8.

入外来学科知识及其思想、概念体系,并进行创造性解读,使得外来文明与知识体系进入中国文化系统,并形成互动,最终融入中国文化或成为中国人认同的文化。①

西方传教士一般根据自己的理解在与中国士人口译笔述的过程中,采取译音法、译意法等方式边译书边造字词,因此译名混乱,这在翻译未标准化的时代是在所难免的。林乐知曾提及中西名词翻译的窘境:"至中国之文化,开辟最早,至今日而译书仍不免有窒碍者。试观英文之大字林,科学分门,合之其名词不下二十万,而中国之字不过六万有奇,是较少于英文十四万也。译书者适遇中国字繁富之一部分,或能用之,偶有中国人素所未有之思想,其部分内之字必大缺乏,无从移译。"②

在中西知识的跨文化交流过程中,译入语所携带的文化特征不可避免地会呈现在相关译著与报刊中。在进行翻译尤其是将西式词汇全部转译为中文名词时,翻译者会在部分内容上添加自己的解释,有意识地通过注释来对外文底本知识进行本土化重构,使其更具本土化特征,从而拉近中西文化的距离。这让他们特别重视文字工作,创办期刊也成为文化输出的一个重要方式。有关西方的"知识和科学"文章得以在传教士主办的期刊上刊登,以增加报刊的可读性,从而激发读者的兴趣,"所讲道理,要如彩云一般,方使众位亦悦读也"③。

清稗类钞收录《叶清漪论译西书》一文,④叶清漪认为以我国所译西书凌杂不合,分析其弊端,"自中外通商以来,译事始起,京师有同文馆、江南有制造局、广州有医士所译各书,登州有文会馆所译学堂便用各书,上海益智书会又译印各种图说,总税务司赫德译有西学启蒙十六种,傅兰雅译有格致汇

---

① 石鸥.教科书概论[M].广州:广东教育出版社,2019:52.
② 林乐知、郑昌楼.天文启蒙[M].上海:江南制造局,1874:31.
③ 李伟.中国近代翻译史[M].济南:齐鲁书社,2005:59.
④ 徐珂.清稗类钞:第29册 文学[M].北京:商务印书馆,1918:219.

编、格致须知各种。馆译之书,政学为多。制局所译,初以算学、地学、化学、医学为优,兵学、法学皆非专家,不得纲领。书会税司各学馆之书,皆师弟专习,口说明畅,条理秩然,讲学之书断推善本"。提出部分译著"为教门傅翼之书,读者不能观厥会通,且罔识其门径",存在"文意难精""读法难定"等弊端,致使"用少而功费,读之甚难。欲读之而标明大要,以便未读之人,又难之难也"①。该文虽然是综论各类译书的弊端,但由此可见登州文会馆所译的教学用书,在当时已经是各类译书中的典型代表,并广为当时大众所熟知。

1890年5月,传教士在上海举行了第二届全国大会,成立了中国教育会(Educational Association Of China),撤销"教科书委员会",但仍保留"益智书会"这一中文名称,由狄考文出任主席,傅兰雅担任总编辑兼总干事。中国教育会此后每隔3年(1893~1912年)举行一次会议,共召开了7次会议。在1893年后担任主席的有潘慎文(Alun Pierson Parker,1850—1942)、谢卫楼(Devello Zelotos Sheffiel,1841—1913)、李提摩太(Timothy Richard,1845—1919)、赫士、师图尔(George Arthur Stuart,1859—1911)。1902年,益智书会改称中国学塾会,1905年再次改名为中国教育会。益智书会作为中国最早从事编审教科书、推动新式教育的机构,所编撰的各类教材专门供应国内教会学校教学之用,1904年学制改革后,其编撰的教科书也被各地新式学校采用或选用,为了扩大影响还间或赠送各传教区中的私塾使用。1915年,中国教育会改组,定名为中国基督教教育会(China Christian Education Association)。

进入20世纪,大批留学生涌向日本,中国人开始独立自主地翻译日文书籍,与借助传教士翻译西方图书相比,这样可以更广泛、更深入、更快速地引进西方现代文化。②同时,国内包括教会学校在内的各类新式学校也开始注重对以英语为主的西方语言的讲授,培养了更多可以熟练运用英文且具

---

① 徐珂.清稗类钞选——文学艺术戏剧音乐[M].北京:书目文献出版社,1984:180.
② 沈福伟.西方文化与中国(1793—2000)[M].上海:上海教育出版社,2003:211.

备较高中文素养的学生,从而为西学输入新时期的到来铺平了道路。

在教会学校向举办高等教育的演进过程中,传教士内部形成了两种截然不同的办学方针和理念,特别是在英语教学上,走向了两种不同的发展道路。一类以上海的圣约翰书院、中西书院和京师汇文书院等学校为代表,他们主张更全面地教授学生世俗的西学知识,并主张教授英语;另一类是以狄考文和谢伟楼等为代表,只授中文而不教授英语。在狄考文等人看来,前者过于迎合了人们的世俗动机,学生在掌握英语这一工具后会立即去找工作,这会给他们带来高工资,但损害了教会学校的基督教性质。他们的目的不是为了学生将来的日常生活,而是要培养出既认同基督教文化,又熟知儒家经典的新式士大夫阶层,以取代中国旧式的士大夫。①

除了自行编写教材以外,一些传教士开始尝试组建教育团体联合出版西学书籍。1830年,传教士在广州创建福汉会(Christian Union),1834年,传教士在广州成立益智会(The School and Textbook Series Committee),1836年,传教士在广州成立马礼逊教育会(Morrison Education Society)。与传教士个人编译的西学教材相比,这些教育团体出版的书籍在翻译上更为符合中国人的语言习惯,更受当时的基督教学校欢迎,如益智会于1839年出版的《中文选辑》(Chinese Chrestomathy),包括中国文选、数学、建筑、博物、地理、商务等书,这些书籍被作为马礼逊学堂的教科书使用。②

此外,传教士还在通商口岸设立印刷所,其出版的书籍也成为基督教学校的教材来源渠道之一。1843年,瓦尔特·亨利·麦都思(Walter Henry Medhurst,1796—1857)开办墨海书馆(London Missionary Society Press),除刻印宗教书籍外,也编译出版了一部分西方科学书籍,如《几何原本》《植物学》《代数学》等。总之,这段时期的基督教学校很难获得合适的教材尤其是西学

---

① 郑连根.昨夜西风[M].北京:中国华侨出版社,2011:100.
② 陈学恂.中国近代教育史教学参考资料:下册[M].北京:人民教育出版社,1987:87.

教材,而这势必影响学校的教学质量和办学层次。

林乐知于1904年4月在万国公报发表《学堂规条之评断》一文中提道:"立教堂,讲福音,以益中国之道德;立学堂,设编译印书局,以益中国人之智慧。"①由此可见,传教士传播西学主要是通过设立学校、出版书籍和主办报刊等途径来实现的。传教士通过各类教科书带来"西学",拓展了当时中国人的眼界,对后续发生的改革产生巨大促进作用。

三、格致类教材的编译与推广

在学校开设的课程中,儒家经典课程的教材较易获得,但西方自然科学课程的课本大多都要临时寻觅,有的是传教士自行编写,既没有针对性,也没有结合学生的接受能力。因此,西学方面的教科书需要根据学生的实际情况,进行本土化编写。

(一)格致类教科书的编译

西学教科书的编撰并不仅是一种纯粹的文字转换活动,而是一种话语体系在另一种文化中的重写和再创造。19世纪80年代傅兰雅编写的《格致须知》是教科书委员会编撰的最具规模和最有影响的西学教科书,也是中国近代史上第一套由专设教科书机构专为学堂学生教学而编撰的新式教科书。②由于傅兰雅对"以科学证宗教"持不同意见,主张"把宗教书籍和讲解世俗性科学知识的书籍分开,使那些反对订购宗教书籍的中国人可以只订世俗书籍"③,他将自己的这一主张贯彻于编撰的《格致须知》中,其注重传播新

---

① 李楚材.帝国主义侵华教育史资料:教会教育[M].北京:教育科学出版社,1987:531.
② 吴小鸥.《格致须知》与中国近代新式教科书[J].教育学报,2011(3):112~119.
③ 王炳照,阎国华.中国教育思想通史:第5卷[M].长沙:湖南教育出版社,1994:385.

知识新方法新理念,主张以生活生产实用为取向而没有宗教的渗入。在一定程度上,该套丛书成为一个交流"现代性思想"、不断强化"思想现代性"的语言平台,促进了西方先进的科学知识在中国的推广和普及,直接促成中国现代科学文明的兴起、发展和普及,^①在推动近代新文化的形成方面发挥了不可估量的影响。

《格致须知》原计划编写10集,每集8种。第1~3集是自然科学,第4~6集是工艺技术和社会科学,第7集是医学须知,第8集和第9集分别是国志须知和国史须知,第10集是教务须知。至1890年已编出前3集,其他几集没有完全编成,只出版了一部分。《格致须知》第1集共8册,包含《地志须知》(1882年)、《地理须知》(1883年)、《地学须知》(1883年)、《化学须知》(1886年)、《气学须知》(1886年)、《天文须知》(1887年)、《声学须知》(1887年)、《算法须知》(1887年)。

这套教科书开拓性地构建了科学的学科门类的知识体系,同时构建了现代教科书的学科知识体系。作为中国近代第一套按照西方学术门类分科编撰的西学教科书,它开启了中国近代史上系统分科编撰西学教科书的时代。各册各章的内容如表3.2所示。

表3.2 《格致须知》内容概览

序号	名称	章数	各章内容
1	地志须知	6	第一章,略释地势名义;第二章,论亚细亚洲各国;第三章,论欧罗巴洲各国;第四章,论阿非利加洲各国;第五章,论亚美利加洲各国;第六章,论太平洋列岛
2	地理须知	6	1.略论地势;2.略论空气;3.略论雨雪;4.略论水源;5.略论潮浪;6.地理总论
3	地学须知	不详	1.略论四行形质;2.略论原质五气;3.略论非金类原质;4.略论轻金类原质;5.略论贱金类原质;6.略论贵金类原质

---

① 石鸥.弦诵之声[M].长沙:湖南教育出版社,2019:72.

续表

序号	名称	章数	各章内容
4	化学须知	6	1.略论空气静性;2.略论抽气等篇;3.略论空气静力;4.略论显压力器;5.略论空气动性;6.略论测候诸器
5	气学须知	6	
6	天文须知	6	1.总论地球;2.总论太阳;3.总论太阴;4.总论行星;5.总论彗星恒星等;6.略论天文诸器
7	声学须知	6	1.略论传声回声;2.略论成声成音;3.略论弦音附音;4.略论簧板等音;5.略论官音、簧音;6.略论音律
8	算法须知	4	1.记数之法、加法、减法、乘法、除法、公度数(公倍数);2.命分法、约分法、通分法、分数加法、分数减法、分数乘法、分数除法;3.记小数法、小数加法、小数减法、小数乘法、小数除法、诸乘方;4.开方、比例法

这套教科书不仅采用通俗浅近的文体编纂,还应用比喻、例证和陈述等较为活泼的形式,可以说编出了适合中国读者使用的"中国的教科书"。例如,《声学须知》的"总说"中写道:"声之为甚多,有四万之言,八音之乐,鸟兽之鸣,林泉之韵。千变万化,莫能穷状,而总之皆为声也。声之成有三要事,一赖本物震动,而发为声,一藉空气荡动,而传为声,一凭耳官,而觉为声。此三者互相为依,缺一不可。"①这段文字明确说明了声的本质及其产生机理。

该书中的第一幅图为"传动球",第五幅图为"收声筒",在介绍西方科学知识的同时,也解释了其背后的科学理念及方法,如提出"声学为音乐之本,乐器之精,音律之协,均出乎此",这种对一些科学现象进行探究并归纳出相关理念的思路直接影响到后来各类新式教科书的编撰方式。当然教科书作为实现教学过程进而达到教学目的的特殊文本,有别于普及读物和学术著作,因此虽然文言文在中国民众中具有特定的文化语境,但是对西学的翻译与传播有一定的障碍,特别是对理科的公式定律、各种符号的表达非常不

---

① 傅兰雅.声学须知[M].上海:益智书会,1887:1~2.

利。编撰者们进行了创造性尝试,尽可能使文言文浅显化,为西学的引进与普及提供了便利条件。

1890年,傅兰雅报告教科书委员会历年来的成就,在第一届传教士大会召开后,自行编辑出版和审定合乎学校使用的书合计98种189册,其中介绍自然科学的最多,包括科学类45种、算学类8种、地理类9种,截至1890年,以上各类书籍共计印制3万余册,售出约1万多册,对近代中国教育和文化形成重大影响。"教科书"这一名称流行中国即始于此。

教科书委员会选用或审定的教科书,其内容要简明易懂,编排体例要由浅入深,即要符合学生实际且适用于学校教学,另外也有在当时备受推崇的一些西学著作,因为适合学校的科学启蒙教育,所以经益智书会审定后也被选用作教科书,如表3.3所示。

表3.3 益智书会审定后被选用作教科书一览表

序号	译、作者或出版社	书名
1	狄考文(译)	笔算数学、形学备旨
2	求德生(译)	圆锥曲线
3	卜舫济(译编)	地理初桄
4	海文	心灵学
5	斯宾塞	肄业要览
6	潘雅丽(译编)	动物学新编
7	慕维廉(译编)	大英国志
8	花华圣经书房	地球图说、天文问答
9	美华书馆	格物质学、代形合参、地理略说、心算启蒙
10	墨海书馆	数学启蒙、续几何原本、代微积拾级、重学浅说

(二)格致类教科书的推广

格致类教科书在我国教育发展历程中扮演了不可忽视的角色。1902~1904年,清政府颁行新学制后,各地新式学堂多采用新式教科书,但仍有相

第三章 登州文会馆的近代教育本土化实践

当一部分教材,尤其是自然科学类教材,直接采用益智书会编审的教科书,如傅兰雅所编的《重学须知》《力学须知》等格致类教科书,以及狄考文所译的《笔算数学》《代数备旨》《形学备旨》等数学类教科书。①

1890年,在华传教士第二届全国大会上,学校与教科书委员会改名为具有学会性质的中华教育会,逐步吸收中国人和非基督教徒参加,从单纯编辑出版教科书扩展为指导整个在华基督教教育事业;1912年,中华教育会改组为全国基督教教育会;1915年,改名为中华基督教教育会,专门探讨宗教教育及教会学校的发展问题;1935年,改称中华基督教教育协会,在各地设立教育分会,并编辑发行《教育季刊》和《教师丛刊》;解放后,该会撤销。②

以物理学为例:19世纪下半叶,我国学者如李善兰、徐建寅和来华外国人如傅兰雅、丁韪良翻译、编撰了许多物理学书籍,重要的有《重学》(1859年)、《格物入门》(1866年)、《声学》(1874年)、《光学》(1876年)、《电学》(1879年)、《格物测算》(1883年)、《通物电光》(1899年)、《物理学》(1900年)等。

田大里(John Tyndall,1820—1893,也译为廷德尔)的《声学》《光学》分别于1874、1876年上海江南制造局出版。后来赫士编译了三本物理学揭要:《声学揭要》《光学揭要》和《热学揭要》,属于专门分支类教科书。丁韪良翻译了《格物入门》(1866)和《格物测算》(1883),这两部书对同文馆、当时的物理学教学,乃至晚清社会都产生了相当影响。《格物入门》经大兴生员李光祜、河间贡生崔士元润色,总署大臣、扬州董恂定稿后,于1868年出版,1889年和1899年两次修订,分别称为《增订格物入门》和《重增格物入门》。《格物入门》中大部分知识介绍"次序由浅及深……问以出题,答以破题,条分缕析,文义唯求明澈,不事艰深……然每举一端,器具、材料务臻精审,否则试之不

---

① 中外数学简史编写组.中国数学简史[M].济南:山东教育出版社,1986:499.
② 刘建明、王泰玄.宣传舆论学大辞典[M].北京:经济日报出版社,1993:3.

验,如此而依次谙习七卷,可谓得门而入矣"。由此可见,该书主要在于入门,涉及知识比较简单。① 1883 年,丁韪良在《格物入门》的基础上将"测算卷"增补扩充而成《格物测算》,即"将原书测算一卷七倍之作为另集,言曰《格物测算》"。《格物测算》同样是问答式体裁,与《格物入门》不同的是增加了力学知识的深度和"测算"的难度。②

山西的美丽书院采用《英语初阶》《英语进阶》《英语初范》等英语教材,自然科学类教材使用狄考文编撰的数学、物理、化学课本。教学过程遵循教会学校的方法,将成体系的教学和有规律的测试结合起来,强调北京官话和英语的学习。③ 1890 年,英国浸礼会传教士邵涤源(Arthur Gostick Shorrock,1861—1945)在陕西省建立了西安府差会,负责该教会在陕西省的传教工作,他还亲自担任陕西圣经学校校长。④ 1891 年,传教士敦崇礼(Mor B. Duncan,1861—1906)、邵涤源"为开通风气,造就人才起见",在三原县福音村(三原县徐木乡社教村)创办了美丽书院(女校)和崇真书院(男校),书院规定男生不准留辫子,女生不准缠足。女子学校创建经费主要来自英国浸礼会霍克斯夫人的捐款,起名为"美丽书院"。该书院当时的入学条件为:凡女生不缠裹脚者便可以免费入学。该书院为陕西乃至西北地区最早的女子学校之一,为近代陕西女子接受新式教育之始,堪称近代陕西妇女解放的开创之举。美丽书院的女生成为近代陕西社会中第一批接触西方思想、科学的新女性。她们在摒弃缠足等陋习、解除身体束缚的同时,在人生观、世界观等方面也具有了与传统陕西女性不同的一面。1920 年,美丽书院与崇真书院合并为三原县私立崇美初级中学。开设的课程除神学和中国经典课程外,还有英语、历史、

---

① 聂馥玲.晚清经典力学的传入:以《重学》为中心的比较研究[M].济南:山东教育出版社,2013:13.
② 丁韪良.格物入门[M].北京:京师同文馆,1868.
③ 杜文玉、史红帅.明清西安城[M].西安:西安出版社,2018:78.
④ 张征.三原书院人物[M].西安:三秦出版社,2014:127.

第三章　登州文会馆的近代教育本土化实践

地理、数学、生物、物理、化学、音乐等新学科。英国传教士敦崇礼、钟约翰、慕德等都曾在此授课。

对于西方传教士而言，中国的汉字比较难学，很难在短时间内熟练掌握汉语并用于翻译西方科学技术知识，在编辑和翻译一些汉语期刊和书籍的过程中，传教士为了解决语言障碍问题，沿袭明末的口译与笔述相结合的方式，由懂得中国语言的外国人口述原本，让中国的知识分子作为"代笔"，由他们笔录整理成书，这种译书方式的产生和延续，要求中外译者都要有一定的科学知识基础，对于他们来说，这样的要求是很高的。科学文化传播活动之所以能够有效开展，得益于这些中国知识分子的参与。他们编译的西方科学著作作为晚清科学文化的重要载体之一，表现出了很强的本土化特征。例如，为了照顾中国读者的知识背景和表达习惯，沿用中国传统文字及传统记数方法，相关科学术语也多使用中国已有的表述，或者基于已有表述并赋予新的含义；从形式上看，多数译著和教材的体例、内容构成未按原著的形式结构，也未沿用原著的符号体系，而是使用了中西结合的符号体系，致使书中的插图、插图上的文字标识及其文字说明与原著相比差异很大，往往不能系统转译底本中蕴含的科学思想和科学方法，一些数学符号和公式使用中国的天干地支来标注。① 在这个过程中"本土"的作用自不待言，这也是理解近代中国科学文化成长应重视的一环。另外，以"废除八股，改试策论"为指导的晚清科举改制方案中，"问策"的主要考察内容便是西学知识，从而推动了各种"西学汇编"方面资料的出版。晚清时期石印技术的广泛使用，也促进了相关书籍的快速生产与传播。

---

① 聂馥玲.晚清经典力学的传入：以《重学》为中心的比较研究[M].济南：山东教育出版社，2013.

第三节　登州文会馆的教学本土化实践

登州文会馆作为外国传教士建立的一种新的教学组织，在儒家文化的发源地山东建立并发展壮大，不仅冲击了整个山东传统的教育体制，还对近代山东新式教育教学的产生以及本土化发挥出不可忽视的催化作用。

一、树立用中国化语言施教的榜样

1890年，狄考文在第二届基督教在华传教士大会上做的题为"如何使教育工作最有效地在中国推进基督教事业"的报告中，进一步阐述教育的积极功效，强调基督教活动与教育有不解之缘，提出"在强烈的宗教影响下进行教育""实施完整的教育""用中国的语言施教"三点建议。[①]狄考文认为教育可以作为扩大基督教影响的有效手段，应该利用西方科学知识享有的极高声誉来发挥宗教影响，帮助中国的受教育者清除封建迷信思想。

狄考文在教育教学中始终坚持"用中国语言施教"。狄考文强调，实施完整的教育，让学生"对中国语言文学、数学、现代科学以及基督教的真理有良好的理解"。他强调把精力用在提高学生的中文水平上，除中国传统文化课程外，宗教、自然科学、社会科学等西式课程也要运用中文授课。用中国的语言施教，为传教士在中国办学设立了榜样。狄考文之所以强调用中国的语言施教，主要原因有三个方面。

---

① 秦和平. 基督宗教在四川传播史稿[M]. 成都：四川人民出版社，2006：361.

（一）中文教学能减轻学生负担，降低辍学率

"实施完整的教育"需要学生学习的课程门类比较多，需要掌握的知识量也比较大。学生学习中国儒家经典相关课程本身就需要很长的时间，若在西方各类课程的讲授与学习上也使用英语，会导致学生受教育的周期变长，这样会使成本增加，并导致预期目标大打折扣。另外，从学生角度看，学生首先要学会英语才能获得西方自然科学和社会科学等方面的知识，而这无疑会加重学生的负担，并可能造成学生因英语学习困难而中途辍学，对于深受中国传统文化影响的国人而言，丧失了本民族语言就是数典忘祖。

因此，狄考文认为，教会学校应该通过中文教学向学生传授西学知识，辅之以少量的英语训练，这样不仅能节约学习时间，减轻学生学业负担，降低学生辍学率，还能赢得更多中国人对教会学校的理解，增加对学生的理解和尊重，从而有利于提高学生的社会地位。

（二）中文教学有利于知识和宗教教义的传播

学生接受教会学校的教育不仅是获取各类知识，更重要的是有效运用和传播知识。用中国语言开展教学活动，能使学生恰当和准确地把握宗教教义、西学术语，当他们需要运用、传播或传授这些时，就无须经过语言加工。对于基础比较差的学生来说，中国传统课程和西学方面课程本身就较难理解，尤其是西方自然科学的一些理论，如果用中国人的母语都无法准确描述，那么将对教育教学造成严重障碍。另外，宗教宣传的受众是中国人，如果不能熟练应用汉语宣讲，而是用一种中国民众听不懂的语言，那么其效果就可想而知了。

(三)接受中文教育训练的学生更容易与周围人产生共鸣

晚清时期伴随着通商口岸的增多，接受英语教育的学生大部分被开放度较高的通商口岸城市吸引，从事商业外贸活动和报社翻译等工作，熟练的英语交流能力是求职的重要筹码，他们可以利用一门熟练的外语谋得一份好工作，从而获得体面的生活。而有这种想法的学生在学习时，其大部分精力都会放在学习外国语言上，其宗教品格就很难养成。这些人在毕业后经常与外国人打交道，容易养成奢靡浪费的生活习惯，自然也难以在民众中产生广泛影响。教学中使用中国语言，可有效地克服"有些学生仅为掌握英语以找到待遇优厚的工作而进教会学校读书"的弊端。接受中文教育的学生与英语训练的学生的生活理想也不同。狄考文认为，学会英文会使学生在利益驱使下把其作为经商糊口的手段，可能会导致道德品格的败坏，从而不能成为民众的导师和社会的领袖。①相反，接受汉语语言训练的学生在毕业后仍会同中国民众在一起工作和生活，他们大多会承袭父辈勤劳简朴的传统，较少有机会受到物欲引诱。他们在教会学校养成的宗教品格和习得的西学知识，可以对周围的中国民众产生直接或间接的积极影响，也会得到民众的尊重，这样就便于他们传播宗教。这些学生虽然学习了西方科学知识，却未改变生活习惯，不会去追求"优裕生活，享受荣乐富贵"，会"使青年人能同自己同胞苦乐与共"。②

二、推动教学组织形式的变革

个别教学作为中国传统的教学组织形式，一般不会限制学生的入学年

---

① 王立诚.美国文化渗透与近代中国教育：沪江大学的历史[M].上海：复旦大学出版社,2001:7.
② 赵承福.山东教育通史：近现代卷[M].济南：山东人民出版社,2001:274.

龄和修业年限,将不同年龄和不同基础的学生组织在一起,并由教师分别对每个人单独进行教学。这种教学方式,在一定阶段有它的可取之处,但是到了近代,这种教学组织形式因为效率低、成本高,已经远远不能适应社会发展对人才的大规模需求。来华传教士开办新式教育,把西方先进的教学组织形式——班级授课制引入中国。这种形式是"把年龄和知识基础差不多的学生组织到一起,编成有限定人数的集体并按照规定了学习期限和课程内容的教学计划和大纲进行教学的组织形式"。相较于中国传统的教学组织形式来说,这种教学方式适应了中国近代社会对人才大批量需求的发展趋势。

三、构建中西结合的课程体系

课程设置是学校开展教学活动的根本依据,也是衡量教育近代化的基本标准。系统有序的课程设置不仅是实现教学目标的重要条件,也是学校教学质量和教学实力的直接体现。

清朝在教育体制上承袭明朝旧制,在教育体制上过于强化传统教育的专制主义,存在脱离现实等弊端,导致学校在教学内容上的空疏腐化,培养出的学生除熟知儒家经典外,对其他新式实用知识知之甚少,无法满足近代中国的发展需要。

狄考文从"精通西方科学、同时又谙熟中国文化"的培养目标出发,在课程设置上制定出迥异于中国传统的教学科目,除当时士人熟知的儒家典籍外,还有宗教课程,西方自然科学课程也占了相当大的比重。

狄考文的登州文会馆的课程设置沿袭了办学前期以儒家经典为基本、西方科学为吸引、宗教理论课程为特色的三大模块课程体系。在此基础上,又增设了不少新课程,形成了一套相对完备的课程体系。换句话说,狄考文提出的"在强烈的宗教影响下进行教育""实施完整的教育""用中国的语言施教"的建议不仅是一种理论,还是从登州文会馆办学实践中提炼出来的经验总结。随着学校的发展,登州文会馆在摸索中逐渐形成了以中国传统经学、宗教理论和西学三大模块为主要内容的课程体系。

(一)融合经学课程与宗教课程

在儒家经典课程方面,学校除开设传统的学科外,还增设了更具实用性的"作诗文""作诗赋文""作文"等课程,以此锻炼学生的写作能力,以便在科举考试中取得优异成绩。

登州文会馆的基督教课程并不多,但对学生的潜移默化影响却是深远的。除课程教学外,宗教教育也渗透到学生的日常学习、生活中,如学生早上6点开始学习,8点全体到大教室做早祷。早祷后休息1个小时,然后吃早饭。9点半至12点半为教学时间。下午还有4个小时的集体学习时间。在冬季白天时间短的时候,早晨的学习时间便挪到晚上。除了向学生渗透基督教的思想观念以外,这些宗教课程和日常行为要求对于学生祛除封建迷信、形成社会道德伦理价值观也有着建设性作用,主要表现在以下方面。

一是平等观念。传统的儒家思想宣扬"三纲五常"的等级观念,而基督教教义强调上帝面前人人平等,这种消除等级的观念对学生思想是重大的冲击。另外,人人平等包括男女平等,这种消除性别不平等的观念,仅仅是教义上的平等,就已对中国人的思想观念产生巨大的震撼。反观儒家思想和中国的封建传统,一直强调男女之间不平等的天经地义,特别是晚清政府更是将对妇女的歧视和限制发展到了近于虐待的程度。因此,身处社会最底层的登州文会馆的学生,在接触这种平等观念时,受到的震撼是可想而知的。这种平等观念对他们思想的发展和进步产生重要作用。

二是生而自由。"普天之下,莫非王土;率土之滨,莫非王臣。"长期的封建专制统治下,中国人对土地的依附、对皇权的依附,从生到死。皇权治下,人们没有职业选择自由,户口限制下没有迁徙自由,文字狱下没有言论自由……特别是在封建社会末期,这些对中国人的束缚已经到了非常严重的程度。从某种意义上来说,基督教的自由观念在一定程度上开阔了人们的视野,使人们对自由和解放产生了很大的冲动和向往。

(二)开设较为完备的自然科学类课程

中国传统的学校教育注重对与科举考试相关的儒家经典的阐释、背诵,走不出古人设定的圈子,对近代西方推崇的自然科学、社会科学、实用技术的传授持轻视态度。这一教育制度下的教育目标只是培养一些通过科举进入体制的官吏。实际上,这种教育体制培养出的"人才"除了会作八股文之外,未掌握任何实用知识。以狄考文为代表的传教士在美国国内接受过高等教育,是在西方资本主义教育体制下培养出的优秀人才。他们一方面宣传教义,力图使"中华归主",另一方面,他们在学校内开设西方自然科学课程,顺应了近代国人渴望学习西方、强国富民的愿望。更为重要的是,这给多年来沉浸于儒家经典的中国旧式知识分子以巨大的思想冲击,使他们逐渐认识到了传统教育体制的不足,激发了他们开办新式教育的决心和信心。因此,登州文会馆在科学教育的传播和新式师资、新式人才的培养等方面促进了中国近代科学教育的发展。

登州文会馆重视西方自然科学类课程的设置,开设了代数学、化学分质、代形合参等基础课程,也讲授诸形量法、量地法及航海法、地学及石学等应用性实学知识。①

在西学课程方面,除了增设地理学、生理学、航海学、测量学等自然科学课程外,最大的特点是开设了西方社会科学课程,此举在同时代的学校中是

---

① 崔华杰.《文会馆典章》的时代意义与制度建设价值[J].山东大学学报,2021(4):216~223.

个很大的突破。学生除了学习地理志略、二十一史约编等课程以外,还要学习心灵学、是非学和富国策等课程,大大丰富了学生的知识结构,有利于学生能力的全面提高。

自然科学类课程的开设使千百年来沉醉于辞章考据、一心走向仕途的旧式文人看到了传统儒家经典之外的西方近代科学这片迥异的天地,他们从害怕、排斥,到慢慢了解、主动拥抱,激发了中国士人探索新知、用近代科学救国强国的强烈意愿。登州文会馆毕业生经过系统学习后,精通西方知识并擅长实用之学,"胜过中国的旧式士大夫"。

(三)登州文会馆的分斋课程体系

1.课程总体系

登州文会馆备斋分年度课程开设情况具体如下:第一年为"念诗经(一二本),念马太六章,念讲官话问答,讲上孟、心算(上),数学(第一本),分字";第二年为"念以弗所哥罗西,念诗经(三四本),讲念唐诗,讲下孟,地理志,数学(第二本),圣经指略(下),乐法";第三年为"作题讲及诗四句,念半篇文章,念圣诗(共十七篇),念书经(一二本),讲学庸,数学(第三本),重学,地理志,圣经指略(上)"[①]。

登州文会馆正斋分年度课程开设情况具体如下:第一年为"念书经(三四本),念诗文(各一本),念天道溯源(上卷),讲诗经(全),重讲论语,作半篇文及四韵诗,代数学";第二年为"念礼记(上二本),念诗文(各一本),讲书经(全),重讲孟子,作全篇文及六韵诗,形学及圆锥曲线,万国通鉴,天路历程";第三年为"念礼记(下二本),念文章(二十篇),念诗(四十首),重讲学庸,重讲诗经(全),作诗文(每七日一课),八线学,诸形量法,格物学(力、水、

---

① 郭大松、杜学霞.中国第一所现代大学:登州文会馆[M].济南:山东人民出版社,2012:30~31.

气、热、磁),省身指掌,救世之妙";第四年为"讲念左传(上四本),念文章(二十篇),念赋(十五篇),讲礼记(上三本),重讲书经(全),作诗赋文章(每七日一课),格物学(光电),量地法及航海法,天道溯源,地学及石学";第五年为"念讲左传(下二本),念文章(二十篇),念古文(二十篇),讲礼记(下一本),作诗赋文章(每七日一课),中国史记,代形合参,格物算法,罗马,化学";第六年为"念易经(全),念文章(二十篇),讲易经系词【辞】,倍作文章,微积学,天文学,是非学,富国策,化学分质"。①

值得注意的是,上述课程设置中将传统的经学与西方宗教、现代科学知识并立,是教会在华办学时提倡"一手持圣经,一手握论语"的生动实践,这种"共生"状态的教育,在当时有其生命力。②登州文会馆各年级均开设了中国知识方面的课程,正斋6年开设的55门课程中,有31门与中国知识相关的课程,备斋3年开设的23门课程中,也有10门之多。另外,除了儒家典籍类课程以外,基于中国学生参加科举考试的需求,也开设作文、作诗赋文等课程。正是得益于登州文会馆对中国传统文化知识的重视,邹立文曾在蓬莱府试中过关,此后又有17名学生相继在科举考试中取得了功名。

2.科学类课程介绍

(1)数学课程。数学是科学教育的基础学科,所以在登州文会馆开设的各门科学课程中,狄考文首推数学。他认为:"夫足以开人心思者,莫深于算学。如泰西诸国凡读书之人,莫不以算学为要……如几何八线等学,其数精而至当,其理微而难求。学者莫不殚心毕虑,安能将其中之数目算之毫厘不差。"③针对当时教会学校办学的现状,狄考文认为教会学校办学质量在一定

---

① 郭大松、杜学霞.中国第一所现代大学:登州文会馆[M].济南:山东人民出版社,2012:28~30.

② 张哲英.清末民国时期语文教育观念考察:以黎锦熙、胡适、叶圣陶为中心[M].福州:福建教育出版社,2011:25.

③ [美]狄考文.振兴学校论:选录[M].李天纲点校,朱维铮执行主编.万国公报文选.北京:生活·读书·新知三联书店,1998:241.

程度上取决于所用教科书的质量，因此他特别重视数学教科书的选择与编辑。狄考文与其学生邹立文等人先后编译了《笔算数学》《形学备旨》《代数备旨》《心算初学》《图解三角》《勾股演代》《勾股题镜》《八线备旨》《基础代数学》《微积分习题》《高级代数学》等教材，其中《笔算数学》最受欢迎，先后修订、重印30余次，《形学备旨》和《代数备旨》也重印了20余次。这些教材多使用官话编撰，教材的内容组织也很合理，编排是按卷、章编排，难度由浅入深，每章前有题解，章节后面有习题，这种内容组织和编排体例初步奠定了中国近代数学教科书的编写模式。狄考文主持编写的数学教科书中还大量采用国际通行的数学符号和名词术语，如引进的阿拉伯数字和"+""-"等符号一直沿用至今，为中国传统数学教材向近现代数学教材转变做出了贡献。

狄考文对数学的重视是一以贯之的。数学教育是贯穿文会馆备斋、正斋的必修课，也是课程设置中用时最长、课程设置最完备的科目。登州文会馆模仿美国数学教育的课程与教学模式，从笔算、心算等算学入门到代数、几何、微积分等数学的各个门类，从三角、方程等原理的讲授到测量、航海等实际运用的训练，学生在九年的在校期间都能接受严格的数学思维方法的训练。

（2）物理学课程。除数学课外，登州文会馆也很重视物理学课程。在正斋的第三至第五学年开设了物理学课程：第三学年开设的物理学课程内容包括水力学、气体力学、声学、热学、磁学等；第四学年开设的物理学课程内容包括光学、电学；第五学年开设数理物理学。物理教材初期采用的是依据法国教育家迦诺（Adolphe Ganot，1804—1887）的《初等物理学》英译本编写的讲义，丁韪良编著的《格物入门》也被作为登州文会馆的物理教科书长期使用。后来赫士根据《初等物理学》的英译本编写了《声学揭要》《光学揭要》《热学揭要》等教科书用于登州文会馆的课堂教学，这几本书在当时都有相当大的影响。例如，《光学揭要》是我国高等教育史上的第一本光学教科书，系统呈现了映画镜、映画幕、射影灯、照像器、日显微镜、电显微镜、X光成影与放映等教学内容,涉及中国最早的电化教学内容。①《声学揭要》于1894年出版,是我国高等教育史上第一本声学教科书,该书第六章"论以光显声源之颤动"中述及的学理与技术方法,几乎和37年后标志有声电影正式诞生的影片的录音方法的学理与技术路径如出一辙。后续章节将对《光学揭要》与《声学揭要》进行详细分析梳理。

(3)化学课程。化学也是登州文会馆的重要课程之一,一开始,化学课程安排在正斋第五学年,课程时间为一学年,讲授无机化学和有机化学,后来在第六学年还增加了化学辨质的课程。登州文会馆配套的化学实验设施齐全,《文会馆志》中提到"诸凡化学实验、辨质、求数常用之器具、药料,颇称完备",这非常有利于学生进行化学操作实验。

(4)天文课程。天文教育早在1873年就开始了,至登州文会馆时期已初具规模。1882年,赫士来到登州文会馆后,编撰了《天文揭要》《天文初阶》等教材并开始系统讲授天文学课。1891年,所印课程表中与天文学有关的课程中,第三年有测绘学,第六年有天文揭要。从教学的内容来看,登州文会馆的天文教育已经与当时世界上最新的天文学知识十分接近。

除了课堂教学之外,登州文会馆还建有自己的天文台,学生在观星台上可以使用反射镜来观测太阳黑子、星云和变星等。另外,登州文会馆还努力配置其他教学仪器,1879年狄考文从美国返回时带回大量的科学器材中就包括一架募捐来的25cm口径的反射望远镜。与同时期其他教会学校相比,登州文会馆的天文器材和天文观测设备十分先进,这些天文设备和器材为日后的齐鲁大学天算系奠定了基础。②登州文会馆的天文学教育为近代中国培养出王锡恩(1872—1932)等一批天文学人才。

(5)地质学和矿物学课程。地质学和矿物学课程是在正斋第四学年开设

---

① 郭建福、郭忠敏.晚清译著《光学揭要》主要内容与特点分析[J].新西部,2017(4):99~104.
② 郭大松、杜学霞.中国第一所现代大学:登州文会馆[M].济南:山东人民出版社,2012:85.

的。地质学课程采用英国著名博物学家欧文(Richard Owen,1804—1892)的教材,而矿物学使用的是自编教材。《登郡文会馆要览》记载,在矿物学课程中,教师曾采用吹管分析的方法,教授学生辨别有用的矿石和矿藏。

(6)生理学课程。生理学安排在正斋第三学年,教师通过展示和讲解人体骨架和人体解剖模型来让学生对人的骨骼和内部器官有更为直观的认识。教材采用的是美国传教士博恒理(Henry Dwight Porter,1845—1916)编撰的《省身指掌》《省身初学》等著作。

除了开设多门自然科学类课程以外,登州文会馆还注重设置综合类课程。

登州文会馆在备斋第二、三学年开设地理课,采用美国传教士戴德江编撰的《地理志略》。政治经济学课程在正斋第六学年开设,采用丁韪良编译的《富国策》一书,该书译自英国学者亨利·福西特(Henry Fawcett,1833—1884)的《政治经济学指南》。狄考文也比较重视历史课程,在备斋第二学年开设"《新约》历史",在备斋第三学年开设"《旧约》历史"。在正斋第二学年开设了万国通鉴,教材采用的是传教士谢卫楼所编的《万国通鉴》。在正斋第五学年,开设中国历史。道德学或伦理学课程在正斋第六学年开设,在《登郡文会馆典章》和《文会馆志》中该课的名称为是非学。

(四)与山东大学堂的比对

以后期的山东大学堂为例。大学堂的课程设置分为三个层次:一是备斋,修业年限为2年,相当于小学堂,主要学习初等知识;二是正斋,修业年限为4年,相当于中学堂,主要学习普通知识;三是专斋,修业年限为2~4年,学习专门知识。[①]每年的授课时间分为首季与次季两个阶段。课程设置秉承"以四书五经为体,以历代史鉴及中外政治、艺学为用,务各实事求是"的

---

① 孟庆旭、王玉华.山东教育史[M].济南:山东教育出版社,2015:38.

原则,中学课程设计以"正心术、敦品行、明伦理、知大体"为中心,西学课程也以"伦理为重"。①

山东大学堂备斋分两年开设,课程开设情况具体如下:第一年首季为"四书五经",历代史鉴(国朝掌故、浅近政治学附),古文(作中文策论、四书义、五经义),英文(初学浅书、英文功课书初集),数学(加减乘除至比例),地舆学上半部。第一年次季为温习"四书五经",历代史鉴(国朝掌故、浅近政治学附),古文(作中文策论、四书义、五经义),英文(功课书二集、英文书法),德、法文(与英文课程同,如系兼习,另行选订),数学全,地舆学下半部。第二年首季为温习"四书五经",历代史鉴(国朝掌故、浅近政治学附),古文(作中文策论、四书义、五经义),英文(功课书三集、英文造句),德、法文(与英文课程同),代数,地势学。第二年次季为温习"四书五经",历代史鉴(国朝掌故、浅近政治学附),古文(作中文策论、四书义、五经义),英文(功课书四集、英文成段),德、法文(与英文课程同),代数全,形学前三卷,泰西近百年新史。

山东大学堂正斋分四年开设,各年课程开设情况如表3.4所示。

表3.4 山东大学堂正斋课程开设情况一览表

学年		课程
第一学年	首季	经学(性理附),史学,中国政治学,古文(作中文策论、四书义、五经义),各国政治学,英文(功课书五集、华英捷译法、英文尺牍),德、法文(与英文课程同),形学中五卷,格物(热学、声学)
	次季	经学(性理附),史学,中国政治学,古文(作中文策论、四书义、五经义),各国政治学,英文(史抄读本兼习应对接谈法、英文尺牍、翻译英文),德、法文(与英文课程同),形学全,曲线,格物(水学、力学、气学)

---

① 魏建、唐志勇、李伟.齐鲁文化通史 近现代卷[M].北京:中华书局,2004:447~449.

续表

学年		课程
第二学年	首季	经学(性理附),史学,中国政治学,古文(作中文策论、四书义、五经义),各国政治学,泰西古史,英文(兼习应对接谈法、英文尺牍、翻译英文),德、法文,八线,勾股,航海法,格物(光学、磁学)
	次季	经学(性理附),史学,中国政治学,古文(作中文策论、四书义、五经义),各国政治学,泰西近史,英文(英文尺牍、翻译英文、作英文论),德、法文,格物(干电、湿电),天文学(天文揭要上卷)
第三学年	首季	经学(性理附),史学,中国政治学,古文(作中文策论、四书义、五经义),各国政治学,英文(富国策、作英文论),德、法文,代形合参,格物(磁电、热电、光电),天文学(天文揭要下卷),化学测量学
	次季	经学(性理附),史学,中国政治学,古文(作中文策论、四书义、五经义),各国政治学,公法学,英文(理学、英文地学、作英文论),德、法文,微积学,格物,测算,测量学,泰西名人列传
第四学年	首季	经学(性理附),史学,中国政治学,古文(作中文策论、四书义、五经义),各国政治学,伦理学,英文(性学、英文上半部、文学推源、英文讲论),德、法文,化学(分质法),星学发轫上半部,全体学(全体功用及卫生要旨),植物学
	次季	经学(性理附),史学,中国政治学,古文(作中文策论、四书义、五经义),各国政治学,英文(富国策论、性学、英文下半部、英文讲论),德、法文,代数根源,生物,化学,格物试理(量电法),星学发轫下半部,动物学

在新式教育还未完全建立之前,晚清政府认为"分斋督课,先从备斋、正斋入手,俾初学易于速就。渐有师资,再行次第推广"①,这种采取先办备斋与正斋,再逐渐培养学生向专斋发展,确实是在特殊阶段的一个较好的过渡方法。

对比登州文会馆和山东大学堂的课程设置情况可知,两校开设同样的课程达十余门,另外还有一些课程名称虽然不同,但教学内容却是相同或是高度相似的。这也说明狄考文创办的登州文会馆作为高等教育的先驱,走在了时代前列,登州文会馆成熟的课程设置体系对山东大学堂乃至近代中国

---

① 璩鑫圭、唐良炎.中国近代教育史资料汇编:学制演变[M].上海:上海教育出版社,2007:8.

新式教育影响颇深,推动了中国与世界的交流,以及西方科学知识在中国的传播,加速了中国向近代社会的嬗变。

第四节 登州文会馆的教育管理本土化实践

登州文会馆作为一所新型的教育机构,自开办之初,就面临着生源、管理、声誉、教学等各方面的挑战,如果不能满足中国社会发展的需要,那么就不能生存下去。因此,狄考文必须把学校的教育质量放在首位,而衡量教育质量的一项重要因素就是毕业生的素质。

在登州文会馆办学初期,学校各项管理尚未形成较完备的制度,多半是靠狄考文与狄邦就烈的个人行为或临时的一些规章对学校进行管理。随着学校不断发展,逐渐形成了招生、考试及学生管理等符合实际且具有时代特色的学校管理制度。

一、建立较完备的学生管理制度

无论是在教育内容和方法上,还是在学生日常管理上,狄考文都严格管理,甚至到了不近人情的地步。他在借鉴中国传统教育方法的同时,着重引进西方先进的教育教学理念并付诸实践,对学生日常行为的各个方面做出规范。这些规范分为礼拜条规、斋舍条规、讲堂条规、放假条规、禁条令、赏罚条款六类,涉及学生在学校学习生活的诸多方面,其目的在于使学生言行有规、处事有据,养成道德规范,以期培养"胜过中国旧式士大夫"的新式人才。

（一）建立博物馆,拓宽学生视野

狄考文利用出版《官话类编》所赚取的稿费在文会馆开设了一座博物馆,这也是在中国兴办的第一所教会博物馆。在1909年,竟有近两万人前去参观。博物馆的建立不仅开拓了学生和当地居民的视野,使他们对西方自然科学产生了兴趣,丰富了他们的精神世界。同时,这也有利于当地居民观念的进步。后文将对登州文会馆的博物学教学工作和博物馆建设情况进行详细梳理。

（二）建立完善的图书馆,丰富学生知识

登州文会馆购置了包括经学、道学、政治、史鉴、法律、文学、格致、博物、算数、性理、天文、子书等十余类图书供学生阅览。学生在图书馆博览群书的过程中,对西方的政治、道德和法制理念有了一个整体理解。同时图书馆还有中国当时的政治法律书籍,这样学生在阅读过程中,不仅学到了相关的知识,还会对中西社会的政治思想和法律进行对比,从而做出自己的判断。

（三）成立学生团体,培养学生的"自治精神"

传统教育讲究的是尊师重教不太重视学生自治精神的培养。狄考文在教育教学管理中,除了制定一套严格的规章制度以规范学生的行为之外,还积极引导学生成立各种社团,通过社团来丰富学校生活并培育学生的自我管理能力和自立精神。1866—1904年,组织学生创立辩论会、勉励会、戒烟酒会等八个学生团体。社团组织的建设大体经历了三个阶段。

第一阶段为狄考文强制组织时期。最初设立社团的时候,学生不必自愿,狄考文强迫他们参与"而由监督督率之,著为学课之一"。这个阶段首先组织起辩论会(1866年),随后建立传道会(1876年)。

第二阶段为狄考文组织、师生自愿参加阶段。这个阶段自愿参加,"由学

生首先发起,监督因而赞成之",而设会的"章程规条均由学生议决,而监督不与问也",这样可以培养学生的"自重自善之心",如青年会就是自愿组织的。这个阶段组织的自治组织有勉励会(1883年)、戒烟酒会(1886年)、赞扬福音会(1886年)。

第三阶段为师生共建,以学生为主阶段,这个阶段建立的组织有新闻会(1895年)、青年会(1895年)、中国自立学塾会(1895年)。

在这些社团中,建会最久、规则最为完善的要数辩论会。辩论会的前身为1866年成立的社团组织——漓藻(源于清代的漓藻堂)。后因入校学生增多,辩论会按不同年级分为三会:正斋学生有"高谈"和"阔论"两会,备斋则有"育才"会,并设立《文会馆辩论会章程》,包括总纲15条、规条30条。总纲第一条规定了宗旨与辩论会取名的缘由:"本会以交换知识,练习口辩,造就共和国民资格为宗旨,因取名辩论会,又名学生共和会。"规条第14条要求"一会员只可发议一次,以三分钟为限"。该章程与现代辩论会章程极为相似。狄考文最初建立辩论会是按照美国众议院的模式设计的,这也是他建立文会馆教育思想的集中体现。"所订章程,一仿合众国议院办法;所列功课,俨若辩学家演讲题文",以期"练达任事之才,为他日国民自立地也",①故该会又称学生共和会。入会方式采取强制参与,学生在每周六下午聚众讨论,"监督及教习皆在会所监视诸事"。②聚会结束后,监督才可允许学生"随意出入散步"③。

学生参加社团也是经历了从被迫到自愿、从被动到主动的过程。最初学堂多半是灌输式教学,学生没有自由思考的机会。另外,中国没有自主立会的传统,加之清政府为了避免结党滋事,学堂章程便不允许学生立会。因此,

---

① 陈谷嘉、邓洪波主编.中国书院史资料 下[M].杭州:浙江教育出版社,1998:2090.
② 孙继南编著.中国近代音乐教育史纪年 1840—2000 新版[M].上海:上海音乐学院出版社,2012:266.
③ 李国钧、王炳照总主编;金林祥主编.中国教育制度通史 第6卷 清代 下 公元1840至1911年[M].济南:山东教育出版社,2000:416.

立会之初,参会由狄考文强制执行,此后学生得到了参会的益处,便开始主动参会。其实这也是学生在思想上从专制到自由的转变过程。

登州文会馆各期学生运用在登州文会馆就读期间接受的近代西方高等教育的组织管理方式,处理他们就职的学校中的大小事务,在这个过程中,逐渐推广了西方大学的那些先进的办学理念与办学经验。从某种意义上说,他们对于中国近代高等教育机构模式与各种规章制度的建设有一定程度的影响。此外,南洋公学、震旦大学、浸会大学堂、南京汇文书院、江南高等学堂、浙江高等学堂、长沙雅礼大学堂、杭州之江学堂、开封府高等学堂、福州公立会大学堂、南京陆军学堂等,以及各地中小学堂几乎都有文会馆毕业生任教。①登州文会馆毕业的学生多充任数理化教师,这在近代中国向现代化迈进的初期,其产生的作用和影响不可低估。朱云樵和张丰年在学生时代就曾为林乐知创办的《万国公报》撰文。②

(四)登州文会馆培养的优秀学生

登州文会馆在当时社会的影响极大,不仅因为其课程设置,还因为其培养出的学生从事教育的人数占了大多数。1876~1911年,文会馆共培养学生240人,其中从事教育工作的有181人,占总人数的2/3,其余的毕业生大都从事一些新兴职业。例如,有的从事译书和编辑工作,有的在铁路局和邮政局等新型机构工作。③在19世纪末20世纪初,各地兴办的综合性大学堂,以及武备、师范、法政、农业等专业学堂如雨后春笋,由于全国西学师资短缺,登州文会馆毕业生供不应求,往往一个人要在两个以上学校任教,登州文会馆各期毕业生也被聘为各地大学堂教习。

---

① 袁魁昌.齐鲁医学往事[M].济南:山东大学出版社,2017:15.
② 杨代春.《万国公报》与晚清中西文化交流[M].长沙:湖南人民出版社,2002:70.
③ 傅海伦.山东天算史[M].济南:山东人民出版社,2018:277.

第三章　登州文会馆的近代教育本土化实践

清政府在1898年筹建京师大学堂时,邀请同文馆丁韪良为西学总教习,考选了一批具有现代科学知识的年轻人来校任教,其中就包括文会馆的多名毕业生:刘永锡(字恩久,1881届)、于志圣(字子明,1881届)、仲伟仪(字子凤,1885届)、朱葆琛(字献亭,1888届)、王长庆(字子善,1890届)、綦鸿奎(字吉甫,1893届)、连英煌(字耀臣,1896届),他们成为首批京师大学堂的西学中国教师。李星奎、曹金岗、张丰年先后任教于圣约翰大学,张丰年一人执教数学、物理和天文学三门课程;李天相、宋景清、陆之安、冯文修和朱葆琛等人任山西大学堂教习,朱葆琛还担任山西大学堂译书院主笔,后成为翻译界名流;朱学儒、生格敬、邵次明、王仰之、周益训、陶立等任云南大学堂教习。因各省所需师资太多,后来连文会馆的肄业生,如王小泉、曹金城、郭中和、蔡得高等也被聘用,除登州文会馆外,这一现象在当时其他书院是少有的。登州文会馆为当时的中国社会提供了大量的实用人才,这些人在岗位上取得了显著成绩,以下为部分优秀毕业生简介。

1.邹立文

邹立文字宪章,蓬莱石劈山人。首届毕业生,于1876年毕业于登州文会馆,并留任算学教习,协助狄考文编译《笔算数学》《代数备旨》《形学备旨》等数学教科书。我国近代著名政治活动家、戊戌变法领袖之一的梁启超在《西学书目表》一书中谈及西学的传播时说:"算学必从数学人,乃及代数,伟烈之《数学启蒙》,即《数理精蕴》之简本,每法取其一题而去其芜词,极便学者。狄考文之《笔算数学》专为授蒙之用,全用俗语,习问极多,皆便于初学者之书也。二书于比例开方两门,皆极简便,狄书更能举其要,非中国旧说所能及,惟狄书译笔太繁耳。"[①] 1873年,在狄考文的鼓励下,邹立文参加了蓬莱县考,结果一举高中,在当地引起轰动,这证明了蒙养学堂不但在西方科学

---

① 黄涛.论梁启超《西学书目表》的目录学成就[J].学术界,2007(2):297.

技术教育方面取得了成功,在儒学经典教育方面也取得了成功。邹立文任登州文会馆算学教习期间,帮着狄考文译书,编纂官话课本,在中国最早引进阿拉伯数字。他还与他人合作编写教材,美华书馆出版了他与狄考文、刘永锡合作编撰的《形学备旨》(1885年),他与狄考文、生福维合作编撰的《代数备旨》(1897年)等数学教材。这些教材先后再版十数次之多,是当时全国新式学堂普遍采用的教科书。邹立文在此任教十余年,后不幸罹患肺病,逝于中年。

2.朱葆琛

朱葆琛字献亭,山东高密人。朱葆琛的经历具有一定的代表性,先后服务于全国多所省办学堂或书院。1887年,朱葆琛从登州文会馆毕业后留校任教,历任登州文会馆、北京汇文书院、清江浦官学堂、京师大学堂教习,山西大学堂译书院主笔,青岛礼贤书院教习,天津北洋译学馆教习。朱葆琛与其他7位登州文会馆毕业生以"创学初师"身份参与创建我国第一所和世界接轨的国立大学——京师大学堂,朱葆琛在京师大学堂内创建了我国国立大学的第一间光学实验室和声学实验室,成为在我国国立大学中第一位开设光学和声学的中国教师,[1]后返回山东大学堂译书院任主笔翻译,此后又分赴青岛礼贤书院和天津北洋译书馆任教习。美华书馆出版了朱葆琛参与翻译的书有《光学揭要》二卷(1897年)、《声学揭要》(1899年)、《对数表》(1903年)。[2]其中,《光学揭要》一书较为系统地介绍了有关光谱及其应用方面的知识,并将当时世界上最新的物理研究成果——X射线的特征和用途介绍到中国。该书既是登州文会馆西学的正式教科书,也是我国光学学科较早的学术专著,在我国光学学科创建历史上,具有里程碑地位。

---

[1] 孙健三.中国百年影像档案:孙明经纪实摄影研究[M].杭州:浙江摄影出版社,2018:268.
[2] 苏晓君.苏斋选目[M].北京:中国经济出版社,2013:321.

3.仲伟仪

仲伟仪字子风,别号昶轩,又号补衮子,山东黄县西乡仲家集人。仲伟仪在登州文会馆"所学习者即四书五经、数学、代数学、形学、万国通鉴、八线学、诸形量法、格物学、量地法及航海法、天道溯源、地学及石学、中国史记、代形合参、格物测算、化学、微积学、天文学、是非学、富国策,并优于文章"①。1885年,他以最优等毕业并留校任教,任文理科方面课程教学工作7年。1892年赴北京,在丁韪良创建的崇实馆(崇实中学,今北京市第21中学前身)任教,因其有在登州文会馆学习与教授西学的经历,京师大学堂创立后,仲伟仪随丁韪良赴京师大学堂任算学副教习。1901年,跟随赫士赴山东大学堂工作,任格致分教习。1904年,仲伟仪任天津基督教青年会华总干事兼青年会附设的中学校长,由其夫人张蕴贞协助在寓所开设天津首家女子学堂——淑范女校,开天津地区女子上学之先风。仲伟仪曾创立志学社,陈列仪器,开演讲科学之先声,编辑《青年会报》,有《明道集》《共和灯》等书出版。其子仲崇信1908年5月22日生于天津,1935年博士毕业于美国俄亥俄州州立大学,是我国知名植物生态学家、教育家,我国用米草植物与海争地、综合开发利用潮滩和改良盐碱土研究事业的开拓者。②

4.王锡恩

王锡恩字泽普,山东青州人。1893年毕业后留校任教,1901年随赫士前往济南创办山东大学堂并任物理教习,1917年任齐鲁大学天算系主任,著有《实用天文》《力学测算》《图解三角》《勾股演算》等教材,因其在天文学上成绩突出,故被时人誉为"世界六大算学家之一"。

5.张松溪

张松溪字子清,山东临朐人。1895年毕业后先后任文华书院和登州察院

---

① 傅海伦.山东天算史[M].济南:山东人民出版社,2018:278.
② 中国科学技术协会.中国科学技术专家传略[M].北京:中国科学技术出版社,2001:195.

后女学堂教习,在安丘创办医院,后在青岛礼贤书院任教习。此外,张松溪著有《勾股题镜》《八线备旨》等书,由商务印书馆发行,在当时风靡一时。

6. 王元德

王元德字宣忱,山东昌乐人。1904年毕业后留校任教,还在广文学堂任教3年,后担任齐鲁大学教习。王元德积极开展社会福利事业,与英国麻风协会在济南建立麻风病院。王元德在商业领域也颇有建树,20世纪二三十年代在青岛合资成立华北商行和冷藏库等企业。

7. 生福维

生福维字范五,山东平度人。1880年毕业,毕业2年后回到登州文会馆担任数学教习,主要讲授三角学、航海术、分析几何、测量学、微积分等内容。他也是协助狄考文编译系列数学教科书的得力助手。令人遗憾的是他29岁就过早离世。①

8. 曹金岗

曹金岗字昆华,山东安丘人。1889年毕业后在上海铁厂工作,曾在上海圣约翰大学任算学和化学教习,在南京基督书院任教习,在江南高等学堂任算学和化学教习。此后经商,成立宿迁玻璃厂。

9. 刘寿山

刘寿山字鹤亭,山东文登人。1884年毕业于登州文会馆,后在烟台实益学馆(the Chefoo Academy,益文商业专门学校前身)任教。当时的烟台是一个"急速发展"的新兴城市,刘寿山看到了商机,果断地投资经营房地产,累积了相当的资产。1901年,刘寿山迁往青岛继续经营房地产,他经营房地产获利丰厚,多次捐资赞助教会事业。刘寿山还向同盟会主办的《晨钟》杂志捐款。1912年,孙中山来青岛时曾接见过刘寿山。② 1920年,刘寿山在青岛开办

---

① 吴绍田.源远流长的东莱文明:平度旧志校注[M].济南:山东人民出版社,2005:654.

② 鲁海、鲁勇.青岛老校故事[M].青岛:青岛出版社,2016:238.

第三章　登州文会馆的近代教育本土化实践

了私立尚德小学,学校初期规模很小,招收3个班的学生,仅有教室5间,办公室1间,宿舍5间,教员7人。1930年,学校扩建,与礼贤中学一墙之隔,校长是郭金南。

另外,也有爱国青年在登州文会馆就读期间,燃起了救国强国的思想火焰,加入革命的行列,为了旧中国的新生甘愿付出了自己的生命。例如,邹渐逵(名本鸿,字渐逵,其父为邹立文),辛亥革命烈士王以成等。

10.王以成

王以成字萧九,山东海阳人。1899年从登州文会馆毕业,后执教于青岛德华书院。1903年,王以成留学日本,攻读土木工程,其间经革命志士丁惟汾介绍参加了孙中山在日本东京建立的中国同盟会。1908年,王以成回国担任津浦铁路工程师,著有《铁路工程》《论铁路测量》等书。1910年,王以成在北京任《国风日报》编辑,接受新知并极力宣传反帝反封建主张,走上了宣扬革命理论的道路。王以成在《国风日报》上屡次刊文抨击时政,报馆遭查封,王以成遂投笔从戎。1911年,武昌起义爆发后引起各地响应,王以成于是奔走各地,联络王长庆、邓天乙等人组成民军,计划以武力光复胶东诸县。1912年2月1日,王以成与王长庆等率领数百人由安丘挺进诸城,并于2月3日占领诸城,在诸城组织了新的军政府。2月10日,清兵攻陷诸城,王以成终因寡不敌众被俘后殉难。

从上述登州文会馆毕业生的经历,尤其是就业经历可以看出他们在中国近代社会发展中的作用。登州文会馆开设的理化等自然科学课程,注重试验和手工操作能力的教学特色,这些都给学生学习西方先进科学知识和提高自身素质提供了机会。以登州文会馆为代表的教会学校所培养的新式知识分子是促进中国封建教育制度崩溃的动力之一,也是近代中国学习西方、文化交流与互鉴的有生力量。

二、组建多样化的教师队伍

(一)聘请汉文教习,培养本土教员

依靠数量有限的传教士在教会学校任教并不能保证当时学校教育的连续性,因此有了培养本土教员的需求。因为当时国内还没有出现培养教员的专门机构,所以该任务自然就落到了教会学校身上,为教会学校培养教员,并反哺教学。培养的本土教员需要有双层"能耐",不仅要深谙中国传统文化,而且思想开明,受过西方文明的熏染,能够教授自然科学和社会科学等课程。狄考文对招聘中国籍教师的要求之一便是要具有科举考试的功名。狄考文给出的理由是,通过科举考试并获得过功名的中国教师,必然会拥有比一般人更深厚的中国传统文化的功底,这对中国经典文化课程的教授十分有利。登州文会馆虽然有中国教师加入,但管理权仍在西方传教士手中,并且中国教师的薪资相较外国教师要低廉很多。

汉文教习中有举人 1 人——刘洪绶(登州府黄县人);廪生有李光鼎(登州府蓬莱县人)、刘思敏(青州府益都县人)2 人;附生 11 人,分别为周文源(登州府蓬莱县人)、韩彬(登州府蓬莱县人)、孙象乾(登州府蓬莱县人)、马麟阁(平度州人)、綦鸾翔(莱州府高密县人)、李芮芳(青州府博兴县人)、张佩令(登州府潍县人)、白玉珊(登州府蓬莱县人)、于锡晋(莱州府昌邑县人)、仲伟仪(登州府黄县人)、罗绳引(青州府乐安县)。另有马敬德(登州府蓬莱县人)、郭蒉阶(沂州府沂水县人)、徐醴泉(莱州府潍县人)3 位汉学有造诣者也被聘为汉文教习。

从明清两朝的科举制度来看,科举功名由低到高分为秀才、举人、进士三等,秀才也称生员,是读书人应试获得的第一个功名,生员分为廪膳生员(廪生)、增广生员(增生)、附学生员(附生)三等,廪生和增生是有一定名额

的,廪生的成绩最好,可以由衙门按月发给粮食,增生不供给粮食,附生即才入学的附学生员。①

这些汉学教习均富有教学经验和儒学学识,能胜任汉学教习的岗位,当然也有不能胜任汉学教习岗位的人员被解聘,如李云路、李洪中等。狄考文通过一系列的教学实践检验,从教化示范学生的能力来衡量其是否胜任教学工作,这也是保证高质量教学师资的重要举措。

狄考文讲求实学,注重采用西方新式教育理念和方法,培养和造就了中国近代第一批符合新文化传播、教育转型和社会改革发展的新式人才。登州文会馆全面系统地开设自然科学课程,对其他教会学校教育活动的开展起到了示范作用,在科学教育为教学主干课程的教育环境下培养出的毕业生,能将所学知识融入实践中去,在客观上传播了西方先进的科学文化,同时也锻炼了学生的分析推断能力和逻辑思维能力,提高了他们自身的综合素质。

(二)培养本土西学教习

登州文会馆有部分学业优异的毕业生被聘为西学教习,具体为邹立文、张丰年、生福维、刘永锡、朱凤丹、袁曰俊、周书训、宋懿德、王源清、陆之平、丁立美、刘永贵、生永清、姜渔渭、王锡恩、刘光照、王执中、孙名世、□文藻、刘玉峰。②西方自然科学方面的课程是文会馆最具有特色和吸引力的课程,登州文会馆毕业生成为西学教习,令师生交流更加顺畅,无疑使西学的师资力量得到了适度加强,中西方教习的共同协作使登州文会馆的教学质量得到进一步提升。

---

① 齐如山.中国的科名[M].杭州:浙江古籍出版社,2020:65.
② 郭大松、杜学霞.中国第一所现代大学:登州文会馆[M].济南:山东人民出版社,2012:91.

(三)聘请优秀洋教习

登州文会馆的规模虽然不能与现今的大学相比,但其师资在当时中国是第一流的。赫士于1895年接替狄考文任登州文会馆第二任馆主,柏尔根于1901年任第三任馆主。赫士夫人、柏尔根夫人、郭显德、梅理士、路思义、丁韪良和其他传教士多人或先或后、或长或短地担任教习,①使登州文会馆西学教师阵容渐强。

1.赫士

1882年,赫士受教会指派到登州文会馆任教并协助狄考文办学,自1890年始,狄考文在办学同时还出任圣经翻译委员会主席。1895年,赫士接任登州文会馆馆主一职,成为第二任馆主。

赫士精通现代自然科学,1882年从美国出发来中国时,携带了大批理化仪器设备和一架性能很好的望远镜。赫士在登州文会馆教授天文学、物理学、化学、地质学和算学等课程达18年之久。赫士作为广学会的重要成员,通过出版书籍、创办报刊等方式传播西方科学文化知识。②

赫士在登州文会馆做了许多开创性的工作。例如,他较为全面系统地编译了《天文揭要》《光学揭要》《热学揭要》《声学揭要》《对数表》等自然科学教材。这些教科书的编译开创了中国近代科学教育的先河,其中很多术语沿用至今。

赫士编译的系列教科书的出版,提升了登州文会馆的声誉和地位,将西方规范的科学理论引入了课堂。《教务杂志》曾给予赫士的"揭要"系列教科书较高的评价:"赫士编写的系列教科书,内容丰富,不只是印刷和插图美观、精良,这些教科书更适合中国的高等学校和大学堂使用。和之前出版的

---

① 邓华.奎文文史资料:第4辑:百年沧桑乐道院[M].北京:中国档案出版社,2005:34.
② 郭建福.登州文会馆物理实验研究[M].北京:中国科学技术出版社,2020:15.

《格物入门》《格物质学》《格致图说》等对比,赫士的译书更为全面和新颖。"这充分肯定了赫士的卓越贡献。

赫士担任登州文会馆馆主后协助建立了山东的乡村邮政系统。邮政系统建立之初,业务量极少,相应的邮局工作人员的编制少而且待遇极低。虽然教会曾给予补助,但邮局还是不能自给自足。登州文会馆及广文学堂等学校的毕业学生也有去邮局任职的,从而进一步充实了乡村邮政队伍,为山东乡村邮政系统的建立贡献了力量。19世纪90年代,赫士创办了山东最早的报纸《山东时报》,报纸是利用美华印书馆赠送的印刷机印刷发行的,办报初期主要是报道山东各地的教会发展情况,同时宣传宗教思想等,后期由登州文会馆毕业生孙炳文任总编辑。赫士还向清政府建言,参照世界惯例全国星期日休假,清政府采纳了他的意见,通令全国一体遵行,并致书赫士表示嘉奖。

2.柏尔根

柏尔根,登州文会馆第三任馆主,广文学堂第一任监督,被时人尊称为"君子"。他于1901年到登州,接替赫士出任馆主一职,编过一些博物学讲义。1904年,柏尔根随文会馆一起迁潍县。1915年,柏尔根病逝于潍县。

3.路思义

路思义携妻伊丽莎白(Elisabeth Middleton Root Luce,生卒年月不详,时人称路师母)于1897年来华传道兴学。路思义在登州文会馆任物理教习,授圣经、格物诸科,1904年文会馆迁潍县时,一同迁居。路思义认为应在中国建立高等教育机构并培育精英人才,使其有能力担负起引领中国发展的重任。路思义通过多方协调,促成了山东基督教共合大学的成立。更为难得的是,他舍弃教职,于1906年、1912年两次返回美国并募集了数十万美元,为齐鲁大学的发展与壮大提供了稳固的经济基础。路思义在纽约设立了中国大学联合中央办公室(后改为中国基督教大学联合董事会),先后为燕京大学募集了大量办学经费。路思义虽先后被任命齐鲁大学、燕京大学副校长,但他为了给中国高等教育事业筹集发展资金,长期在外奔波,因此并未实际任职。1927年,路思义留在美国任教,教授中国历史和宗教。他对中国文化极其推崇,成为"反向传教士"。路思义在1941年病逝。

路思义的儿子亨利·鲁斯(Henry Robinson Luce,1898—1967)于1898年4月出生在登州,幼年在山东学习读书,1920年毕业于美国耶鲁大学。他创办了《时代》(Time,1923年)周刊、《财富》(Fortune,1930年)杂志和《生活》(Life,1936年)杂志等在国际上有较大影响力的杂志。为了纪念他在中国做传教士的父亲,亨利·鲁斯于1936年成立了鲁斯基金会,对推广文化交流和增进美国理解中国等方面的项目进行资助。①

4.文约翰

1894年,文约翰(John Prescott Irwin,生卒年月不详)来到登州。他在登州文会馆讲授圣经、格物和生理等课程,在1936年前后返回美国。在登州的40多年里,文约翰在登州文会馆旧址上开办了文会中学,并沿袭了登州文会馆的各种规制,后期为了更符合民国政府新学堂的课程要求,文会中学又增添了英文班。1894年,文约翰妻子穆尔莎(Murtha A.lrwin,生卒年月不详)与文约翰同到登州,她在学校教授英文和声乐课程,1935年病故。②

5.卫礼大

卫礼大,1899年从烟台转登州,在登州文会馆教授测绘、博物、化学诸科,后转回烟台。

6.倪维思夫妇

最早在山东开办教会学校的是美国来华传教士之一的倪维思。他于1854年2月抵达上海。不久以后,倪维思前往宁波的布道站传教。他和妻子分别开办了男、女寄宿学校,免费招收穷苦人家的子女入学,教学生识字。倪

---

① 劳泰瑞、方堃杨.齐鲁大学、国学研究和路思义的一生[J].山东高等教育,2015,3(4):60~68.
② 郭大松、杜学霞.中国第一所现代大学:登州文会馆[M].济南:山东人民出版社,2012:261.

第三章 登州文会馆的近代教育本土化实践

维思夫妇于1861年5月经上海、烟台到登州。1862年,他们在登州开办学校,招收了几名穷苦人家的女孩子,开办了"管饭且管衣服等物的寄宿"的女子学堂,这个女童寄宿学校被倪维思称为"教中学房"①,据称其是山东省第一所新式学校,也是山东省第一所女校,具有开教育先河的意义②。倪维思开办"教中学房"得益于其在宁波办学多年所取得的大量经验。

登州女子学堂倡导"女学生放大脚,穿裤子不扎裤腿",这对革除社会陋习、提高妇女社会地位有前驱之功。当然倡行放足是有很大阻力的,在维新变法运动中,维新派便发起组织不缠足会并制订了相关章程,倡导在全国范围内废除缠足陋习;辛亥革命后也对此进行了进一步宣传推广,但直至20世纪二三十年代,也未能完全禁绝妇女缠足的陋习。

倪维思非常重视办学,为入学学生免费供给食宿和衣服等,但入学人数始终不多。1867年该校和梅理士在登州东大寺开办的女子义塾合并,③合并后学校也仅有6名女学生④。1868年,倪维思又将狄考文夫人的姐姐所办的女学并入,后学校迁至登州城东关。1909—1911年,该女子学校18名毕业生全部参加了教会工作。1912年,新建校舍落成,学校改名为女子文会馆,在校学生有92人,一律住宿。1904年,登州文会馆和青州广德书院合并后,登州文会馆的西学教习文约翰又在登州文会馆旧址创办学校——观音堂文会馆,在校生有40余名,1913年增设英文班,由文约翰自己教课,有学生83人。由此登州同时有2所新式学校。1934年,中国籍教徒管方舟任校长并主持2校事务。同年,2校合并后定名为登州文会中学,有学生160余人,分男校(原观音堂文会馆,由美国籍传教士兰宁任校长)和女校(原倪维思办的女

---

① 《民国山东通志》编辑委员会.民国山东通志[M].济南:山东文献杂志社,2002:2092.
② 郑连根.昨夜西风[M].北京:中国华侨出版社,2011.88.
③ 赵承福.山东教育通史:近现代卷[M].济南:山东人民出版社,2001:237.
④ 顾长声.从马礼逊到司徒雷登:来华新教传教士评传[M].上海:上海书店出版社,2005:160.

子义塾,由中国籍张东梅任主任)两部分。1941年,太平洋战争爆发,传教士被集中到潍县,学校停办。① 倪维思除了经常在《教务杂志》上发表文章以外,还出版了 *China and Chinese:A General Description of the Country and its Inhabitants*(《中国和中国人》)、《两教辨正》等著作,对于中外文化交流的研究有很大的学术价值。

此外,倪维思还精于园艺,享誉国内外的"烟台苹果"就是他将美国的苹果引入烟台、嫁接成功后的杰作。倪维思年轻时学习过果树栽培技术,他对登州的地理位置、气候、环境、土壤、物产、人文等进行了考察,认为当地气候与其家乡相差不多,但所产水果的品质却远不如美国,于是产生了引种果树、改良本地果树的想法。② 几经尝试后,他成功地将美国的苹果移植到了烟台,并通过嫁接、育苗等方法悉心培育,使烟台苹果成为具有特殊香味的新品种。

倪维思还引育过其他一些果树品种,他在住处附近购置了十几亩地,称之为南园,他招集若干工人并指导他们学习栽培果树的技术。1887年,倪维思在这里种植了不同品种的葡萄、梨树和李树等,还在回国休假返华路过日本时,带回来二三十种草莓和大量的西红柿种子。他栽培苹果树与其他果树获得成功,附近州县的人竞相登门,他向求取的农民免费提供果树幼苗,种植果树很快就成为附近农民重要的副业。

当然,有些来华传教士们也对挑起侵华战争表现了"狂热"的支持,他们的"立场"使其不可避免地有一种高高在上的"优越感",比如倪维思还曾为侵华势力挑起鸦片战争大声叫好,他认为"不管对不对,这个战争(指鸦片战争)已经在上帝的默佑下,被利用来开辟我们对这广大帝国关系的新纪元了"③,倪

---

① 山东省民族志宗教志编纂工作办公室.山东省宗教志资料选编:第1辑[Z].内部资料,1989:30.
② 刘恩太、张忠臣、季兴禄,等.倪维思与登州果树[J].落叶果树,2021,53(5):9~11.
③ 卿汝楫.美国侵华史 第1卷[M].北京:人民出版社,1952:55.

维思在 1868 年写作《中国和中国人》时曾提道:"中国佬"现在几乎成了"愚蠢"的代名词,①他片面地认为,"中国是一个冷漠迟钝、不思进取、懒散懈怠、缺乏生气的民族"②。倪维思和其他传教士利用背后不平等条约赋予的"特权地位"有时也与当地百姓发生冲突,甚至爆发了因争夺宅基地所有权的"安丘县教案"等冲突③。

需要附带一提的是,传教士梅理士从美国带来的花生品种,曾在山东进行了种植、推广,使山东的花生在产量和质量上都获得了显著提高。④

倪维思夫人(Helen S.C.Nevius,生卒年月不详,被尊称为倪师母),1871年随丈夫一起来到烟台,和郭显德一起打理学校的各项事务。1893 年倪维思去世后,她仍留在烟台、登州等地,1910 年去世。

7.郭显德

郭显德本名享特·考尔贝德,1835 年出生于美国宾夕法尼亚州,毕业于美国遮费森大学,后入普林斯顿神学院学习。1863 年郭显德受教会派遣,从美国启程来到中国。郭显德夫妇先行抵达上海,后辗转来到烟台。夫妇二人克服了语言、生活习俗、居住环境、疾病等方面的种种困难,逐渐适应了在烟台的生活,创建了烟台长老会,郭显德担任首位牧师,直到 1920 年病逝。

郭显德先后在烟台建立了益文和信义两所学校,他与当地的民众有着很好的交往,"我同这里的人民有着亲切感情……我在他们中间找到了许多真正的朋友,他们使生活充满乐趣,使劳苦成为乐事"。由此可见,他与当地人民相处融洽。

---

① 邓庆平编.光明社科文库 中国社会史十讲[M].北京:光明日报出版社,2022:229.
② [美]倪维思著;崔丽芳译.中国和中国人[M].北京:中华书局,2011:217.
③ 李守民主编.山东省安丘县地方史志编纂委员会编.安丘县志[M].济南:山东人民出版社,1992:632.
④ 顾长声.从马礼逊到司徒雷登:来华新教传教士评传[M].上海:上海书店出版社,2005:160.

8.邦玛吉

邦玛吉即哈丕森夫人,结婚前曾用中文名邦玛吉(Maggie Brown,? —1885),故时人称她为邦姑娘。1866年抵达登州,1871年与传教士哈丕森结婚,1885年因病去世。邦玛吉抵达登州后,为了过语言关,刻苦学习。学习之余,还主动帮助狄考文夫妇照管蒙养学堂。当时的蒙养学堂规模较小,狄考文也未完全把工作重心放在办学上,他常常外出旅行布道,学堂事务主要由其夫人和邦玛吉再加上1名中国教师负责。邦玛吉在狄考文的帮助下还翻译了1部心算课本。邦玛吉的丈夫在结婚当年便不幸病故,丈夫去世后,她又在登州工作了14年。1873年,狄考文将工作重心转向办学之后,邦玛吉开始独自经办登州文会女校,为登州女子教育常规化作出了重大贡献。1885年,邦玛吉在去世前把自己的微薄积蓄全部捐献给了女子学校。

9.狄莉莲

狄考文最小的妹妹名叫狄莉莲(Lillian Mateer,生卒年月不详),时人称她为狄姑娘。1881年,她与三哥狄乐播一起来到登州,一边学习汉语,一边协助照管登州文会女校的日常事务。1883年,狄莉莲与美国牧师萨缪尔·沃克(William Samuel Walker,生卒年月不详)结婚,后随丈夫赴上海的教会学校任教。

10.富知弥

富知弥(Mrs. E.G.Ritchie)是狄邦就烈的侄女,1889年与其丈夫富济克(E.G. Ritchie,生卒年月不详)牧师一同到达登州。翌年,富济克病故,她长期留在文会馆女校任教。

第五节　登州文会馆的近代音乐教育

音乐课也是登州文会馆的特色课程,据目前资料分析,狄邦就烈很可能是近代最早把西方现代音乐教育引入中国的人,开启了中国近代音乐教育的先河,音乐课教学成效显著。现代音乐教育在清末新式学堂中还不是必修课,蒙养学堂备斋第二学年的课程表中设有乐法启蒙课,且为每周三次的必修课。

由于语言不通,狄考文夫妇在蒙养学堂开办初期,只能聘请中国的老师开展教学活动,经过汉语学习后他们就开始亲自上课,向学生介绍中国以外的世界,开阔他们的视野。她每周三次的重要教学工作就是教学生唱歌。狄考文的胞弟狄乐播在1912年出版的《狄邦就烈传》中写道:"登州蒙养学堂创办伊始就上音乐课,这很可能与狄邦就烈青年时期就做过数学老师有关,这种情况在早期的教会学校中是很少见的。"①

一、《乐法启蒙》的内容及其特点

狄邦就烈重视音乐实践活动,除教授音乐课外,还不断总结完善在多年学堂和教堂的音乐教学过程中积累的经验,编著了音乐教材《乐法启蒙》,《乐法启蒙》于1872年初版,1879年补编印行,由于这部教材的使用非常广泛,1892年便做较大幅度增补重印,并取新名《圣诗谱》(内附乐法启蒙),该书在1907年、1913年分别重印。

《圣诗谱》包括圣咏歌曲369首(书中称为"调"),讽诵歌17首,且多为二声、四声部歌曲,全部为五线谱印行。全书共929个问答,设18个问答式段落,此外还有杂曲小调25首,其中第22首《六八》采用五线谱与工尺谱对照形式抄录,可以起到类似视唱练习的作用。全书按问答式体例编写,每段都有标题,这种"一问一答"的方式使读者在阅读时如有一位和蔼可亲的音乐老师在旁细致讲解。全书共设总论、高低、长短、杂号、相协、式样、清浊、结

---

① 郑中.山东省高校艺术教育科研论文集[M].济南:山东人民出版社,2015:164.

语等 18 个段落,涉及基本乐理中的音阶、节奏、节拍、音程、记谱法、调式调性、转调、音乐术语、歌唱方法、演唱处理等问题。①全书大体上分为四大纲,每一相同纲下的段都取相同的名字,纲目并不按次序分,因此会出现"高低"段之间不时插有其他内容的段。该书各段落基本信息如表 3.5 所示。

表 3.5 《圣诗谱》(内附乐法启蒙)各段落基本信息一览表

序号	名称	内容
1	总论	共 6 问,概述"乐"在本书中的分类,概述了乐音、乐、腔调等基本概念的定义
2	高低	共 12 问,讲述音阶中七个音的唱名和排列规律
3	高低	共 16 问,讲述五线谱的写法及调式
4	长短	共 16 问,讲述全音符(全号)、二分音符(二分号)等音符(乐号)的长短关系及附点(加点)的用法
5	长短	共 19 问,讲述二拍子、三拍子、四拍子、六拍子的用法和强弱规律,并分附相关谱例
6	长短	共 4 问,讲述各种休止符(歇号)的用法
7	杂类	共 13 问,讲述五线谱中各种记号的名称、标记与用途,并有谱例将之加以综合运用
8	高低	共 12 问,讲述音程的分辨方法,视唱的基础内容和男女声音的区别
9	相协	共 19 问,讲述音程协和(相协)的定义与分类,合唱的四个声部,四声部在五线谱上的写法
10	高低	共 17 问,讲述键盘中五个变化音的名称,以及升记号(刚号)、降记号(柔号)、还原记号(归号)的写法与用途,并列出上行与下行的半音阶(全备级子)
11	高低	共 16 问,讲述音阶的主音(首音)的概念与转调(挪级子)的方法和要领
12	高低	共 41 问,讲述升号调的五度循环规律
13	高低	共 40 问,详述降号调的五度循环规律
14	高低	共 13 问,将腔调分为大调(满调)和三种小调(亏调),讲述其应用方法
15	式样	共 12 问,讲述各种音乐术语的标记、用法,主要是力度标记(即声音的气力),用汉字标示于谱表上
16	式样	共 19 问,讲述声音处理的标记及其用法
17	清浊	共 8 问,讲述音色、音准,处理唱歌中的清声与浊声
18	结语	共 16 问,唱圣诗(即唱歌)时对不同表情和感情的处理,学习音乐的重要性

① 施咏、刘绵绵.《圣诗谱·附乐法启蒙》探源、释义与评价[J].天津音乐学院学报,2006(1):83~87,10.

即使学生一开始对五线谱不熟悉,对应这些符号学生也会立刻唱出准确的唱名,这种"符号五线谱"的谱式使得学生的学习更为便捷。当学生对唱名位置逐渐了解后,便可以过渡到识读五线谱。《圣诗谱》"用官话,不用文理",因此其语言通俗易懂。[①]

二、登州文会馆音乐教育的影响

在近代西方音乐(赞美诗)传入中国的初级阶段,狄邦就烈便提出西方音乐同中国曲调相结合并运用,这无疑具有重要的创意价值。《圣诗谱》中部分歌曲融入了中国曲调,狄邦就烈认为用熟悉旋律(即中国曲调)的赞美诗集,要比任何一本专门旋律(即西方曲调)的赞美诗集都更具有广泛使用全体和传播意义。《乐法启蒙》是目前所见近代第一部介绍西方基本乐理的著作,阐明了声乐原理,附有循序渐进的练习曲目、轮唱歌曲、民歌等,并收集了大量教堂圣诗歌曲。虽然在当时有些教会学校也教授学生或教友唱歌,但目前尚未发现类似蒙养学堂的系统性音乐教育,也未见比《乐法启蒙》更早的且应用于中国学校的西方音乐教材。例如,图3.2所示为20世纪初期,在烟台芝罘的传教士与中国教众之间开展音乐学习与交流活动的场景。

---

① 陈艳.中外音乐简史[M].上海:东方出版中心,2018:148.

图 3.2　传教士进行音乐学习及交流(1900—1915)

《乐法启蒙》开创了我国近代新式音乐教科书之先河,狄邦就烈在我国近代音乐教育中起到了拓荒者的作用。总的来说,《乐法启蒙》是一本简明实用的音乐基础教科书,有极强的逻辑、清晰的脉络和细致的讲解。[①]狄邦就烈开设乐法课即将唱歌(圣诗)作为登州蒙养学堂以及后来的文会馆教学内容的一部分,也系统地讲授乐理、唱歌和填词谱曲知识。狄邦就烈不仅教学生唱歌,还教他们作曲,在中国的学堂乐歌仍处于启蒙时,她教出来的学生(非专业)已经能写出四声部的五线谱合唱曲,这是相当罕见的,[②]这全得益于狄邦就烈和她的音乐教育。

三、文会馆学生编写的乐歌及其影响

由广文学堂教习王元德和刘玉峰编辑的《文会馆志》于1913年在潍县广文学校印刷,其中不仅有关于文会馆的传记、历史、同学录等,还收录了由

---

① 周海宏.音乐学中国新生代[M].北京:中央音乐学院出版社,2014:2,4.
② 周海宏主编;俞人豪点评.音乐学中国新生代 中央音乐学院王森基金获奖论文选2007—2011 本科组[M].北京:中央音乐学院出版社,2014:21.

文会馆学生编写的10首乐歌。

在《文会馆志》的唱歌选抄的"编者按"中写道:"昔者,文会馆同学一堂,每以讴歌相尚,或行赛论会、庆贺毕业生,尤须预事演习,兴高采烈。累年所积计数百篇。兹择词谐调和长幼乐咏者,排印于后。苟吾辈同学邂逅,按谱歌之,不特当年情况宛在目前。"《文会馆志》中收录的10首由文会馆的学生编写的乐歌全部为五线谱印行,绝大部分为二部、四部合唱歌曲,共占24个页码。这10首乐歌多为19世纪90年代的歌曲,少数为20世纪初期作品。《文会馆志》收录的10首歌曲的作者共有7人,除孙象乾和綦鸾翔为登州文会馆的汉文教习外,其余5人都是登州文会馆的学生,其中周书训毕业于1888年,冯志谦和连志舵毕业于1899年,刘玉峰毕业于1900年,王元德毕业于1904年。

狄考文于1872年在备斋第二学年设立乐法课,学生在校9年,周书训1888年毕业。由此推断出周书训的《赏花》的产生年代与学堂乐歌代表人物李叔同(1880—1942)、曾志忞(1879—1929)的出生年代大致相当,《赏花》可能是已发现的我国近代最早的乐歌。①

一个伟大的民族必须保留住具有自己风格的音乐,才能彰显其伟大的精神力量,才能更有力地凝聚起顽强的生命力。狄邦就烈用《乐法启蒙》教出来的学生也可谓相当成功,这10首歌曲就是鲜活的证据,10首歌曲的题材有爱国、抒情、宗教等,内容各异,长短不一。

1898届毕业生冯志谦,在1908年创作了爱国主义精神强烈的歌曲《恢复志》,歌词中有:"阿勒伯颠安大炮,咕咚咕咚震西天。一片血海茫无涯,浩浩荡荡洋洋焉。"在10首歌中,《恢复志》篇幅最长,有7页之多。《恢复志》庄严雄伟,是一部企盼中华民族在苦难中快速觉醒的大型合唱作品,被认为是

---

① 孙继南.我国近代早期"乐歌"的重要发现:山东登州《文会馆志》"文会馆唱歌选抄"的发现经过[J].音乐研究,2006(2):73~77.

10首作品中"写"得最好的作品(见图3.3)。①另外,《爱国歌》篇幅最小,仅有两行乐谱三段歌词。

图3.3 《恢复志》曲谱(部分)

(图片来源:郭大松,杜学霞.中国第一所现代大学:登州文会馆[M].济南:山东人民出版社,2012:359)

一个学校开设的乐法课能够取得如此骄人的成绩,说明狄邦就烈的音乐教育是相当成功的,甚至可以说独步当时的中国音乐界,为中国近代音乐史增添了浓重一笔。"文会馆唱歌选抄"10首歌曲的基本信息如表3.6所示。

---

① 郑中.山东省高校艺术教育科研论文集[M].济南:山东人民出版社,2015:165.

表 3.6 "文会馆唱歌选抄"10 首歌曲基本信息一览表

序号	名称	内容	演唱形式	作者
1	乐赴天城	歌颂天国	合唱	刘玉峰
2	赏花	赞美自然	合唱	周书训
3	夏日领唱	赞美自然	合唱	冯志谦
4	快乐词	修身养性	合唱	孙象乾（汉文教习）
5	逍遥曲	修身养性	合唱	綦鸾翔（汉文教习）
6	恢复志	爱国自强	独、重、合唱	冯志谦
7	仁寿	建校 40 周年颂歌	齐唱、合唱	王元德
8	得胜歌	爱国自强	合唱	连志舵
9	快活之日	教徒信念	合唱	王元德
10	爱国歌	歌颂民国成立	合唱	刘玉峰

狄邦就烈把西方音乐教学方法经由教会学校传入中国，加快了西方古典音乐为基础的西洋音乐体系在中国传播的进程，西方音乐理论与中国传统音乐理论也逐渐开始浸润、融合并发展，蒙养学堂（登州文会馆）在培养中国专业音乐人才、建立中国学校音乐教育体系方面发挥了作用。

第四章
中国近代科学本土化的两种语境

第一节 科学本土化的社会语境

从明清之际的格致之学,初步引入科学知识起,到鸦片战争以后,西方科学技术借传教士之手大量传入中国,伴随着不安、争斗、自卑、自强,近代科学在中国这片古老的土地上,逐渐朝着本土化的方向发展。

一、称谓的变化:从格致之学到西方近代科学

明清之际,西学东渐之风开始缓缓吹来,中国人接触到与传统迥异的外来文化,这就是西方近代科学。徐光启,明代的数学家、农艺师、天文学家,师从意大利传教士利玛窦(Matteo Ricci,1552—1610),是中国最早的会通中西的代表人物,也可以说是"睁眼看世界的第一人"。徐光启接触到西方科学,被深深吸引,与利玛窦合作翻译了欧几里得的《几何原本》,引进番薯种植技术,写出《宜垦令》《农书草稿》《北耕录》等著作,还潜心研究天文历法,基本上完成了《崇祯历书》的编订工作。

第四章 中国近代科学本土化的两种语境

徐光启当时还找不到一个合适的词来翻译西方的科学，他借用儒家传统道德概念"格物穷理"指代科学，以概括"泰西诸君子"的学说体系。① 其实西方科学与中国的"格致"是有相通之处，"格致"是中国传统儒学名词，带有认识论思想"格物致知"，"格"是探究自然世界之理的一种手段。"格致"含有科学之意，是指穷究事物而推展自身知识。王阳明就曾"格"过竹子，试图从竹子中发现真理。因此，在"科学"一词从日本引进并被中国正式接纳之前，以"格致"一词来代表"西方科学"还是比较贴切的。

鸦片战争以后，近代西方科学知识开始大量涌入中国，冲击着传统社会。但当时人们对西方科学的称呼仍沿用徐光启的"格致"一词。1900年以前，"格致之学"多译为"格物学"或"格致学"，故各学校的科学课程尤其是物理学课程大多以"格致"或"格物"相称，"科学"一词在戊戌变法时期由日本传入中国。②

当时，"西学"一词被作为西方文化体系的代名词，大致由西方哲学、社会科学和自然科学组成，林乐知曾将其归结为"一是神理之学，即天地万物本质之谓也；二曰人生当然之理，即诚正修齐治平之谓也；三曰物理之学，即致知格物之谓也"③。

19世纪后半叶，中国面临内忧外患，有识之士逐渐认识到只有大力培养各类人才、积极学习西方科学与文化才能求存图强。其中西方的科学技术最具吸引力，而在西方的科学技术中，物理学尤为关键。尤其是甲午战败之后，国人开始觉悟：日本之所以强大是其善于学习西洋科学所致。因此，包括物理学在内的科学技术教育逐渐得到清政府重视。④ 严复曾在《论今日教育应

---

① 徐光启.泰西水法序[M].北京：中华书局，2014：66.
② 陈世文.从格致到科学：西方科学传入中国对科学教育的启示[J].科学教育，2011，343(10)：2~17.
③ 林乐知.中西关系略论[M].上海：上海格致书室，1892：13.
④ 王广超.中国近代物理教科书初步研究[M].广州：广东人民出版社，2019：3.

以物理科学为当务之急》一文中提出"物理科学一事,不独于吾国为变化士民心习所不可无,抑且为富强本计所必需"[①],又提到"物理科学(但言物理、则兼化学、动植、天文、地质、生理、心理而言)诚此后教育所不可忽,然欲得其增益智慧、变化心习之大果,又宜知其教授之法,与他项学业划然不同"。这里的物理科学泛指以数理化为代表的自然科学,其主旨就是希望清政府加强科学教育,这也体现出西方自然科学在士大夫的心中占据了重要位置。

学者在译述西方物理学著作时还没有采用"物理学"的译法,"格致"一般泛指自然科学,"格物"则一般特指物理。作为传播西方自然科学知识的载体,相关自然科学类期刊及教科书的翻译、编撰与出版在西学东渐过程中起到至关重要的作用。清末思想家王韬曾对1855年上海墨海书馆出版的《博物新编》一书做出评价:"词简意尽,明白晓畅,讲格致之学者,必当由此入门,奉为圭臬。"[②]《博物新编》对近代最早一批知识分子产生过很大的影响,但《博物新编》以启蒙为主,故可认为是一本科普书籍而非科学著作。

1886年,总税务司的司译、英国传教士艾约瑟(Joseph Edkins,1823—1905)执笔翻译了西学启蒙读物——《格致启蒙》,以作为京师同文馆和其他官办学堂讲授科学的教科书。该套书包括《西学述略》《格致总学启蒙》《地志启蒙》《地理质学启蒙》《地学启蒙》《格致质学启蒙》《身理启蒙》《动物学启蒙》《化学启蒙》《植物学启蒙》《天文启蒙》《富国养民策》《辨学启蒙》《希腊志略》《罗马志略》《欧洲史略》16种,是从英国麦克米伦公司(Macmillan & Co. of London)在1880年出版的约翰·爱德华·葛林(John Edward Green)所编 the Series of History and Literature Primers(《历史与文学基本读物系列》)中精选出来的。[③]丛书内容深入浅出、简明扼要,执笔者大多是英国的科学名家,是很

---

① 沈国威.严复与科学[M].南京:凤凰出版社,2017:213.
② 王扬宗.近代科学在中国的传播:下[M].济南:山东教育出版社,2009:456.
③ 邹振环.西方传教士与晚清西史东渐:以1815至1900年西方历史译著的传播与影响为中心[M].上海:上海古籍出版社,2007:225.

好的西方科学入门读本。艾约瑟在《格致启蒙》"西学述略"卷的第七章定义了构成现代科学的 23 个门类。每一门类的开头都有一段通俗易懂的总括性介绍,其目的是向初学者说明现代科学的内容范围和学科分野。①

该套丛书出版后,受到当时学界的一致好评,李鸿章与曾纪泽为其作序。李鸿章认为译成这套书籍有益于中国科学教育事业发展,并称艾约瑟为"儒者",在为丛书题写的序言中写道:"今以浮华无实之文字,汩没后生之性灵。泰西之学,格致为先,自昔已然,于今为盛。学校相望,贤才辈出,故臻于富强。"②曾纪泽也在序中称艾约瑟为"英国儒士",鼓励有志于研习西学的人,可以将此书视为类似《尔雅》的入门工具书,在此基础上继续深造,将来必成大器。1896 年,这套书经过少许修改以《西学启蒙》之名在上海重版,有 1896 年的广学会版、1898 年的上海集成印书局版等。③

二、学术分科:从经世之学到以西学为主体的新体系

我国古代传统的学术分科与学科分类不同于西方的学科分类。在"经世"思潮及"西学东渐"大潮的影响下,传统学术逐步向西方学术转型,学术门类逐步发生了分化,陆续出现了具备现代性质的分科,也初步建立起具有现代意义上的学术门类。

清末,在列强的冲击下,中华民族遭受严重的政治危机、信仰危机和社会危机,引发了有识之士对经史"无用之学"的批判,与此同时也兴起了"经世之学"。成书于 1826 年,并于次年刊行的《皇朝经世文编》集明以来"经世

---

① [美]本杰明·艾尔曼.中国近代科学的文化史[M].王红霞、姚建根、朱莉丽,等译.上海:上海古籍出版社,2009:131.

② 沈寂.中国近代史事论丛[M].合肥:安徽大学出版社,2009:18.

③ 石鸥、吴小鸥.简明中国教科书史[M].北京:知识产权出版社,2015:6.

文编"体之大成，作为其主要编者，魏源按照"审取""广存"的原则，以"道存乎实用""执两以用中""取善之益广"为标准，选辑清初至道光五年各家奏议、文集和方志等文献中"存乎实用"的文章，全书计120卷2236篇，共分八个部分：前6卷为"学术"，是全书的纲领；次8卷是"治体"，说明政治的基本原则；其余106卷按照清朝六部执掌的顺序分为"吏政""户政""礼政""兵政""刑政"与"工政"六个部分，下又分子目，集中反映了清代前期和中期部分学者和官吏的"经世致用"思想和改革图治的愿望。

该书刊行后，"三湘学人，诵习成风，士皆有用世之志"。后人继编有《皇朝经世文编续编》《三编》《四编》《五编》《补编》，后来还有《民国经世文编》。这些书在编辑体例与分类方法上也大多与《皇朝经世文编》类似，奠定了一种新的"经世文编"编辑体例与选文标准，从而被晚清学者竞相效法。①这说明魏源倡导的经世学风及时反映了时代的需要，同时也基本确立了"经世之学"的学术典范。经过改造后的"经世之学"的学术分类仍有自身局限，也注定它必然会被以西学为主体的新学术分科体系所取代。近代意义上的学术分科，是在西方学术传入中国后，国人按照西方的学术分科观念和分科原则，对中国传统学术进行分门别类的结果。

《皇朝经世文三编》中的"六部"变成了"新六部"，即原学、法语、广论、测算、格致、化学，在这六种学术门类中，测算、格致、化学三门是过去没有的，基本上包括了当时从西方传入的数学、天文学、格致学（声、光、电、重等）、化学等学术门类。对传统学术起到"消解"和"分化"作用，在此基础上，也对西学的传播起到了"接引"作用，并集中体现在引发时人对西方学术的向往和引介上。西学的大规模输入，自然带来西方分科的教育观念和实际的分科方法，于是近代意义上的学术分科便随之而起。从"四部之学"（经、史、子、集）

---

① 纪健生.安徽文献研究集刊：第2卷[M].合肥：黄山书社，2006：64.

第四章 中国近代科学本土化的两种语境

向"七科之学"(文、理、法、农、工、商、医)转变,从"通人之学"向"专门之学"转变,这是中国传统学术形态向现代学术形态转变的重要标志之一。①

然而传统的"经世之学"在实际中仍不足以"经世",于是当时的有识之士开始寻找向西方学习"有用之学"的新途径,西方各种知识也由此逐步被引入中国。中国学界在学术分科问题上对西学冲击的回应,最早体现在晚清翻译的科技著作和创办的各类新式学堂的课程上。如梁启超所说,通过这些译著,"自此中国人才知道西人还有藏在船坚炮利背后的学问"。西方学术分科的理念和原则是在西书翻译中逐步传入中国,并为国人所知晓与接受的。也正是在翻译西书、改革科举和兴办新式学堂的过程中,中国学者提出了初步的分科方案。分科方案的日趋成熟,则又是与西学东渐同步的。西书翻译及传播的深入,在很大程度上体现在中国学者的学术分科方案上。②例如,对自然科学的称谓变化也在一定程度上反映出西方科学技术在近代中国的传播历程。在清末的一些文献里,屡有提及"声光化电",多指代自然科学。

1896年10月,梁启超的《科举》一文在论述宋元之遗的科举考试制度时提道:"第三场试天算地舆、声光化电、农矿商兵等专门,听人自择一门,分题试之,各三首。殿试一依汉策贤良故事,专问当世之务,对策者不拘格式,不论楷法……"③文中所述考试内容类似于自选考试题目,主要包括对天文学、数学、地理学、农学、商业、物理、化学、军事等"实学"内容进行考量。

另外,在一些大臣向朝廷上报的奏折中对"声光化电"也屡有提及。如在1898年1月27日的《总理衙门、礼部遵议开设经济特科折》中提道:"昔同治初叶,恭亲王等曾请选编检庶常,并五品以下由进士出身之京外各官,及举

---

① 中国社会科学院近代史研究所.中国社会科学院近代史研究所青年学术论坛2000年卷[M].北京:社会科学文献出版社,2001:266.
② 左玉河.从四部之学到七科之学[M].上海:上海书店出版社,2004:23~199.
③ 陈元晖、汤志钧、陈祖恩,等.中国近代教育史资料汇编:戊戌时期教育[M].上海:上海教育出版社,2007:27.

人恩拔副岁优贡等人同文馆学习西艺,给以廪俸,予以升途。"通过奏折内容可以表明同治初期在同文馆学习"西艺"的人员是有一定俸禄,并且在仕途升迁方面是有一定保障的。奏折还提道:"臣等公同商议,其特科拟略宗宋臣司马光十科、朱子七科之例,以六事合为一科。一曰内政,凡考求方舆险要、郡国利病、民情风俗诸学者隶之。二曰外交,凡考求各国政治条约、公法律例章程诸学者隶之。三曰理财,凡考求税则、矿产、农工商务诸学者隶之。四曰经武,凡考求行军布阵、驾驶测量诸学者隶之。五曰格物,凡考求中西算术、声、光、化、电诸学者隶之。六曰考工,凡考求名物象数、制造工程诸学者隶之。"①在提及分科的同时,也在作为第五科的"格物"中专门提及"声、光、化、电",同时表明"声、光、化、电"是格物学的主要学科。

  1898 年,宋育仁与友人在四川共同创办蜀学会,3 月 22 日在发布的《蜀学会章程》中明确提出:"一,学会原为发扬圣道,讲求实学。圣门分科,听性之所近,今为分门别类,皆以孔子经训为本。约分伦理、政事、格致为三大门。伦理以明伦为主,政事首重群经,参合历代制度、各省政俗利弊、外国史学、公法律例、水陆军学、政教农商各务,格致,统古今中外语言文字、天文地舆、化重光声电气力水火汽、地质全体、动植、算、医、测量、牧畜、机器制造、营建、矿学,皆听人自占,与众讲习,如有新得之学、新得之理,登报表扬。"②以宋育仁为代表的四川维新人士指出学习必须实事求是,提倡格物穷理无分中外,在章程中不仅明确了分科,还详细地列述出分科之后的各个学科具体的研究方向。

---

  ① 朱寿朋.光绪朝东华录:第 4 册[M].北京:中华书局,1958:4025.
  ② 陈元晖.中国近代教育史资料汇编:戊戌时期教育[M].上海:上海教育出版社,2007:207.

第二节 科学本土化的教育语境

一、学校理念：由单纯传教到"以学辅教"

由于清末的基督教传入与西方列强侵略中国的历史进程糅合在一起，传教士的大量来华基本上是与西方列强"船坚炮利"的武装侵华同步的，依靠不平等条约进入中国的基督教在一定程度上加剧了中国近代社会内部的动荡局势，晚清教案频发与传教士的活动密切相关，也是当时社会应对基督教传播的一种复杂反应的表现。

"以学辅教"是传教士从事西学传播和社会文化活动的主要动机之一，其中的"学"即为"西学"。传教士来华的首要目的是传播教义，改造异教徒，实现"中华归主"[①]。来华传教士作为中国近代史上的特殊群体，他们是长期驻留并直接接触中国社会尤其是下层民众的西方人，他们比在华的其他外国人群体更加深入中国普通民众的生活，对下层民众影响甚大。

来华的大部分从事教育和文化活动的传教士多具有较高的文化素质，除宗教信仰外，很多传教士认为"西学"可以成为引导中国社会变革的力量。传教士在华传教过程中认识到与西方基督教文化异质的中国传统文化是在华传教的最大障碍，倾向于用"西学"改造中国文化和社会，传教士在传播宗教教义的同时，强调政治、社会科学和自然科学的"简明真理"，况且中国也需要"更多的科学、更多的报纸和更多的书籍，需要更多的公共演讲和科学

---

① 中华续行委办会调查特委会.中华归主：中国基督教事业统计(1901—1920)[M].北京：中国社会科学出版社,1988:512.

仪器"①。

传教士热衷于传播西方科学知识是利用西方科学的威力来支持并抬高宗教的地位,其中暗含着"科学是发源于基督教国家……只有基督教徒才能够发展出这样的科学"②这样一个逻辑。传教士搜集整理"西学"成果,试图将宗教教义夹杂在"西学"中兜售,并通过诸多方式将之传递给中国民众,让中国民众认识到世界之大,从中了解西方文明的发达,为其树立先进及文明的形象,借用"西学"广泛传播的力量来推进宗教信仰的传播,通过使中国西方化从而最终达到"中华归主"的目的。

在西方的科学向中国单方向传播的过程中,西方传教士无意中起了重要作用。伴随着西方传教士的到来,西方的科学逐渐进入中国社会和传统士人的视野,并引起了有识之士的关注。在初期,传教士在中国传教采取的是一种迂回的手段,即向朝廷介绍西方的科学和新式的玩意,以达到在宫廷立足和传教的目的。利玛窦初到肇庆时,就介绍了数学、地理、天文等方面的知识以引起人们的好奇,然后取得机会结交朋友,转而论证天主教教义,引人入教。③

中国历史悠久,文明传承数千年。对于一般民众而言,基督教义并不具有吸引力与召唤力。西方传教士在华传教的最高目标是"中华归主",他们意识到将宗教传播给中国"这一伟大国家的首要困难,不是帝国物质上和政治上的状况,而是人民自身的冷漠"④。作为一种宗教信仰,若想征服另一民族,首先要做的是与对方的核心文化进行碰撞。山东是孔孟故里,是儒家文化的发源地。这种特殊的文化地位引起了众多传教士的青睐,选择山东的根本目

---

① Alexander Willamson. Records of the General Conference of the Protestant Missionaries of China Held at Shanghai[J]. Shanghai:*Appedix E.*,1890:580.
② 李约瑟.中国科学技术史:第4卷 天学[M].北京:科学出版社,1975:673.
③ 顾长声.传教士与近代中国[M].上海:上海人民出版社,2004:7.
④ 吴义雄. 在宗教与世俗之间[M]. 北京:社会科学文献出版社,2022:291.

第四章　中国近代科学本土化的两种语境

的就是征服儒家文化。与全国其他地方一样，传教士初来山东时也是以直接传道为主，但效果显然是极不理想的。深受儒家文化熏陶的山东部分官吏和绅民对信教民众和教会举办的学校有着强烈的不认可态度和明显的鄙视心理。1896年，山东巡抚李秉衡在奏折中曾写道："自西教传入中国，习其教者率皆无业莠民……不知各国传教虽多，要惟通都大邑建有教堂，其各州县偏僻村镇，由各国教士就教民之稍能识字者使为教师，即因其所住房屋为教学之所，名为教堂，实则破屋数间，室如悬磬。"①

除上述文化心态的原因外，由于山东开埠通商较江南晚了近二十年，加上陆路交通不便，使山东近代化发展较为迟缓。在这种经济状况下对西方科学的需求就不甚强烈，在山东官绅和民众眼里也并不占有多么重要的位置。教会学校所教并非所需也是其发展缓慢的另外一个重要原因。早期来华传教士在登州、烟台等地开展的工商教育活动，多为个别传教士的副业，或为更好开展宗教活动的补充。洋务运动兴起后，诸多的"西学"成果和西方先进的科学文化思想带给当时的中国民众极大的震撼，并在一定程度上促进了他们民族意识的觉醒，推动他们开始主动地了解西方世界，接触西方先进的科技以图自强。中国社会和民众对"西学"表现出的兴趣和热情为传教士教育活动的开展提供了更多的机会和可能。

当时的教会学校主要分为两种：一种是以学校为媒介，纯粹以传播宗教信仰为目的的教会学校。这类学校开设的课程中有很大一部分是宗教课程，也夹杂着中国传统文化和科学的课程。这类学校引起了国人的普遍反感。另外一种是以培养社会需要人才为目的的教会学校，包括从纯粹教会学校转型过来的。这类学校的宗教氛围不像前类学校那么浓，学校不强制要求学生参加宗教仪式，课程体系也不以宗教课程为必修课，而以传播国人急需的世

---

① 王明伦. 反洋教书文揭帖选[M]. 济南：齐鲁书社，1984：65.

俗性知识为主,特别是西方的科学知识。入乡随俗,为了让国人放下戒心,更加贴近中国社会,更容易接受教会学校的教学形式,教会学校多以传统的"书院、学塾"等来命名。

狄考文的眼光超过了同时代的传教士,他较早地主张教会学校应该承担起传播西学的任务;应该以学校的方式传播,传教士个人办学的局面也应结束。相比来看,在近代西方科学传播的热潮中,对中国近代科学的发展起到了巨大影响的教会学校多是以培养社会需要人才为目的的教会学校。其中,以狄考文在山东登州创办的登州文会馆为代表,其开展的科学教育独树一帜,也成为当时最为出色的一所教会学校。

二、科学教育:由排斥到引进

徐光启所处的时代,对西方科学的学习基本还是个人行为,并没有在社会上形成普遍现象。鸦片战争的失败,打击了国人的自尊,传教士创立的教会学校又适时地在教学过程中融入西方自然科学类课程,自此拉开了中国科学教育的帷幕。这些教会学校的课程除了中国传统文化和宗教课程,还开设了诸如数学、物理学、化学、天文学、地理学等课程。典型的如登州文会馆,从正斋课程表可以看出,教学内容涉及数学、物理、化学、机械等方面,还设置了物理、化学实验室、机械厂、发电厂、天文台等,学生在学习科学文化知识的同时,配以相应的操作和实习,这样更有利于科学文化知识的学习,深化学生对知识的理解和掌握。相关课程多由接受过系统的科学教育的传教士亲自教授,1878年3月,狄考文在给北京的丁韪良写信时说:"自然哲学是我的爱好,我对它的讲授可能比中国任何学校都完备。"[①]担任登州文会馆西

---

① 王志民.山东重要历史人物:第4卷[M].济南:山东人民出版社,2009:184.

学教习的赫士、柏尔根等人也亲自教授科学方面的课程。

传教士通过列强与清政府签订的不平等条约的部分条款,获得了在中国开办教会学校的权利。当然,有些学校为了方便传播宗教,在教授宗教课程的同时,积极推行科学教育。为了更好地向缺乏近代科学洗礼的中国民众开展科学教育,来华传教士根据中国学生的情况,编撰了许多介绍西方科学方面的教科书。这些教科书大多采用西方人口译、中国人笔述的编写方式,在传播西方科学过程中发挥出重要作用。当然,也有相当一部分高学术水平的科学著作被译成中文并在中国推广,这些著作对中国近现代科学技术的发展也起到了重要的推动作用,但是当时的中国经过长时间闭关锁国,导致中西科学文化交流非常有限,在国内缺乏真正读懂这些书的人,所以产生的影响也很小。相比之下,那些知识水平较低的科学教科书,由于所载知识较为浅显,采用浅近文理表述,具有更强的可读性,在晚清的科学传播中起了更重要的作用。[1]

至洋务运动时期,中国开始在政府层面对科学教育重视起来。在"师夷长技以制夷""中体西用"等思想的指引下,各地陆续成立官办的新式学堂,包括创办于1862年的京师同文馆、1866年的福州船政学堂、1876年的福州电报学堂、1893年的天津医学堂等。这些公立的新式学堂,不仅有四书五经的经典课程,还自觉地大量增设自然科学与实用技术等方面课程,包括物理、化学、天文、军事、地理、生理、医学、地质学、航海、电磁学等,这些课程内容丰富,远超前期传教士所办的教会学校。

1904年,清政府痛定思痛,不得不修改学制,颁布了《奏定学堂章程》,又称为"癸卯学制"。该章程规定在初等小学堂和高等小学堂中开设格致课,在中学堂中开设博物、物理、化学课程,在高等学堂中开设物理、化学、动物、植

---

[1] 王广超.中国近代物理教科书初步研究[M].广州:广东人民出版社,2019:63.

物、地质、博物课程,在大学堂中开设星学、物理、化学、动物、植物、地质学、电气学、应用化学、土木学、机械学等课程。自此,我国开始了最早的正式科学教育。

　　1924年,中国科学和教育事业的推进者,著名科学家、教育家、学者,中国科学社、《科学》杂志的创办人任鸿隽在《科学教育与科学》一文中首次使用"科学教育"一词。"问今之科学教育,何以大部分皆属失败,岂不曰演讲时间过多,依赖书本过甚,使学生虽习过科学课程,而于科学之精神与意义,仍茫未有得乎?"[①]他对当时科学教育只注重科学知识的传授灌输的弊病做了分析,他主张在进行科学教育时,不要犯英国科学家赫胥黎所说的由单纯科学教育造成的理智扭曲的错误,应该向学校引入完整的科学教育,不只重视科学知识的学习,还要有科学方法和科学思想的培养。

　　随着政府各项"新政"出台,留学与仕途紧密结合起来,赴欧美、日本留学潮逐渐兴起。官费、公费、自费等各种形式的留日学生络绎不绝,出现了"留学日本时代"。1899年留日学生约有200名,1903年达1300人,1906年在8000人左右,远远超出同一时期派赴其他国家留学人员的总数。20世纪初的十年中,留日学生总数超过50000人。面对深重的民族灾难,与以前相比,国人向外国学习的内容有了明显变化,不仅表现在对坚船、利炮、声、光、化、电的学习,还开始了对治国之本、富强之源的更深层次的探索。

---

①　任鸿隽.科学教育与科学[J].科学,1924(9).

第五章
登州文会馆的近代科学本土化实践

中国的近现代科学并不是对中国传统科学的继承,而是西方科学传播的结果。①近现代科学知识在中国大致可视为"援西入中"的产物,西学东渐背景下西方分科的知识体系传入中国后,中国传统的知识体系受到了冲击,直接导致了中国近代知识体系和科学文化土壤的变化,也影响了近代中国进步人士的世界观,现实迫使"经世致用"的士大夫们不得不重新审视中国和"万国"的关系,并开中西文化融合的又一次尝试。西学的传播及教会学校的创办搭建起中西科学文化之间的"转义之门",成为中国民众认识、了解西学和西方科学文化的另外一条途径。从19世纪60年代起,以"声光化电""西政""西艺"为代表的反映西方近代文化基本内容的自然科学知识和社会科学知识,虽然步履蹒跚,却是不可阻挡地进入了当时各类新式学校的大门,并不断地扩大着自己的阵地。②伴随着西方列强在中国的侵略扩张,西方科学文化知识向中国传播成为一股历史潮流。狄考文曾说:"不管它(中国)愿意与否,西方文明与进步的潮流正朝它涌来,这一不可抗拒的势力必将遍及全中国。不仅如此,许多中国人正在探索和渴望学习使西方如此强大的科

---

① 樊洪业、王扬宗.西学东渐:科学在中国的传播[M].长沙:湖南科学技术出版社,2000:195.
② 何晓夏、史静寰.教会学校与中国教育近代化[M].广州:广东教育出版社,1996:9.

学,科学的名声已经传遍了中国,直至最偏远的角落。"[1]研究登州文会馆通过编译自然科学类教科书、开展科学教育实践活动等方式促进西方科学文化传播的这段历史,有助于更加全面地了解近代以来西方科学传入中国的广度与深度。

第一节 登州文会馆编译的数学教科书及其影响

狄考文在办学之初"教习鲜有通才,课本又若无佳者"[2],狄考文、狄邦就烈和赫士等人借鉴其他传教士的办学经验,自编教材供学生上课使用,特别是格致类教材。这些教材内容新颖,且符合当时社会的实际需要,受到学生的普遍欢迎,成为许多教会学校和晚清官立学堂的指定教科书。

几何学和代数学作为现代数学的重要基础分支,在中国传播和普及的进程是曲折和复杂的。几何学的第一次输入,是从利玛窦和徐光启合译的《几何原本》开始的,该书的出版推动了明末中国学者对几何学的研究,也促进了对欧几里得几何学进行系统翻译和介绍的中文著作的陆续出现。明末清初,西方代数学知识第一次传入中国,1723年,梅珏成编译出版《数理精蕴》,书中含有借根方比例及其他一些代数学知识,在对数、幂级数展开式等方面对中国代数学的发展影响很大,随后因清朝禁教,输入出现中断。

第二次鸦片战争后,大量的传教士在各种不平等条约的"加持"下进入中国,在一定程度上促进了西方现代数学的第二次输入,各种翻译的西方几何学和代数学著作逐步增多。但是这些著作的受众群体不是适龄学童,而是成年知识分子。

---

[1] 桑兵.学术江湖:晚清民国的学人与学风[M].桂林:广西师范大学出版社,2017:46.
[2] 王元德、刘玉峰.文会馆志[M].潍县:广文学校印刷所,1913:5.

第五章　登州文会馆的近代科学本土化实践

为了对学龄儿童进行数学基础教育，一些传教士编制了相应的教科书。较早作为初等教育使用的数学课本是《数学启蒙》，该书于 1853 年由墨海书馆出版，为伟烈亚力所撰。该书主要介绍的是初等数学的相关知识，共分两卷，第一卷的主要内容是数目，加法、减法、乘法、除法、通分及约分，小数的加减乘除，循环小数等；第二卷的主要内容是比例、乘方、开立方、开平方、对数、对数表及这些算法的简捷方法。

该书出版后被许多学校用作教科书，后改名为《西算入门》。梁启超曾称赞《数学启蒙》"极便初学"，王韬也称其为"入门阶梯"。但该书的算式仍沿用中国正字，即"一、二、三……"，没有引入阿拉伯数字，也未引入"+、-、×、÷"四则运算符号。

这一时期，教会学校在各地陆续兴建，为了满足教会学校的教育教学需求，编撰反映当时西方数学发展水平以及更加适合适龄学童使用的数学教科书，成为当务之急。由西方传教士牵头组建的学校教科书委员会开展了大量工作，其中登州文会馆的狄考文及其弟子做的工作最为突出。

狄考文编撰的数学教科书是"第二次西学东渐"时期中西文化碰撞和融合的产物，也是狄考文在华数学教育活动最重要的成果之一。深度挖掘其史料价值，能更准确地给狄考文在华数学教育贡献进行定位。

一、《形学备旨》的编译及其影响

图 5.1 《形学备旨》书影
(图片来源李兆华. 中国近代数学教育史稿[M]. 济南:山东教育出版社,2005:05)

《形学备旨》版本流传较多,现以 1903 年上海美华书馆第六次铅印本为例进行考察。

《形学备旨》共十卷,由狄考文选译,邹立文笔述,刘永锡参阅。[①]狄考文采用"口译+笔述"模式编译《形学备旨》,对选取的英美教科书底本编撰后进行口译,他的学生邹立文把其口译的内容加工并使用汉语记录下来,最后由登州文会馆的另一名学生刘永锡对全书进行校对,并结合书稿内容编撰习题和绘制图例。

笔述者邹立文(字宪章)为蓬莱人,是狄考文编写教科书的重要助手,1876 年从登州文会馆毕业后留校任数学教习。参阅者刘永锡(字恩九)为莱

---

① 祝捷.《形学备旨》的特点与影响初探[J].中国科技史杂志,2014,35(01):16~25.

阳人,1881年从登州文会馆毕业,曾在京师大学堂和山东大学堂担任化学教习。《形学备旨》书稿由狄考文于1884年递交到益智书会,次年由美华书馆出版发行,后被多次重印。该书内容涉及平面几何、立体几何和球面几何,共230条定理、160道习题(除卷8和卷9外,其余各卷均附有习题)。

(一)《形学备旨》的内容

《形学备旨》除"凡例""开端"外,共计十卷,分别为:直线及三角形、比例、圆及角之度、多边形之较与度、求作、有法多边形及圆面、平面及体角、棱体、圆体三种、弧角形。书中定义、定理和习题的总数分别为83条、230例和161道。

"凡例"相当于前言或序,主要介绍学习该书应注意的事项及方法。

"开端"部分主要介绍点、线、直线(线段)、曲线、平面、体、角、直角、锐角、钝角、余角、外角、平行线、三角形、等边三角形、等腰三角形、长方形、正方形、平行四边形、梯形等的概念和图示,及全书要用的关系符号、阿拉伯数字和运算符号。"开端"给出"此点至彼点必可作一直线、一直线可任引而长之、两不等线必可由长者截去短者之度、凡直线必可平分、必可使两直线作角与已定之角等、已定之角必可以直线平分之"6种情况。"开端"还明确了"多度各与他度等,即彼此等;等度加等度,合度即等;等度减等度,余度即等;不等度加等度,合度不等;不等度减等度,余度不等;多度各倍于他度,即彼此等;多度各半于他度,即彼此等;全大于其分;全等于其诸分之加;两直线不能作有界之形;两点之间直线为至短者;自此点至彼点,只可作一直线;三二度即处处相合,即必等;相交之两直线,不能各与他直线平行"等14条自理,狄考文认为这14条自理是形学的基础,全书各题各证皆由此诸理推广而得。《形学备旨》各卷具体内容如表5.1所示。

表 5.1 《形学备旨》相关内容一览表

卷	题目	主要内容	定义数	定理数	习题数
卷一	直线及三角形	点与直线的位置关系,三角形内边角关系,平行线的判定定理和性质,三角形内角和定理,多边形内角和定理,线段中垂线的性质,角分线的性质,平行四边形的判定及性质等	0	34	21
卷二	比例	可公度量、不可公度量、同理比例、中外率(同理比例中的内外项)、更理、反理等概念,以及比例的各种运算性质(如合比、分比定理)	17	19	8
卷三	圆及角之度	圆及与圆有关的径弧、弦、圆心角、圆周角、割线、切线、圆心角形(即扇形)等的定义和性质,如不在一条线上的三点确定一个圆、圆周角为圆心角的一半、圆内接四边形定理、直径所对的角为直角、圆内等弦的中点轨迹为圆等	14	22	19
卷四	多边形之较与度	全等形、等面形、相似形、三角形的高、平行四边形的高、梯形的高等的定义,以及三角形、梯形、长方形、平行四边形的面积公式、三角形的内外角分线定理、直角三角形的射影定理、圆内割线定理、相似多边形的相似比等(用面积的方法证明了完全平方公式、平方差公式)	8	37	13
卷五	求作	用尺规作一些简单的图形,如一线段的中垂线、角分线、两圆的公切线、圆的切线、三角形的内切圆、比例线段等	0	35	32
卷六	有法多边形及圆面	有法多边形(正多边形)、正多边形的心角(中心角)、垂辐(边心距)等概念、正多边形的相似、正六边形的边等于外切圆的半径、正多边形面积公式、作圆内正十边形等问题,介绍用圆内接外切正多边形的方法求 X 的值	5	14	18
卷七	平面及体角	平面的垂线、平面的平行线及平行线分线段成比例定理、平行平面的判定和性质、二平面的交线、三垂线定理、相交平面的交角\多面体的二面角大小的比较等	5	19	13
卷八	棱体	棱体、棱体的对角线、相似棱体、正棱柱体、平行棱体、正方体、棱锥体、棱台的基本概念、图示和体积公式;正棱柱体和正棱锥体的表面积公式、"等底等高的平行棱体体积相等" 等性质,介绍五种正多面体的展开图	14	20	0

续表

卷	题目	主要内容	定义数	定理数	习题数
卷九	圆体三种	圆柱、圆柱体的内接体和外切体、圆锥、圆锥体的内接体和外切体、圆台、球、球径、球冠、球带、球的切平面、球心体(半圆以其径为轴旋转一周,则半圆内之圆心角所成的体积)等的基本概念和图示,侧面积公式和体积公式,运用无限分割的思想证明了球体的面积和体积公式	12	11	0
卷十	弧角形	球面几何中的弧三角形、弧多边形、月形(同径两大圆半周所含的球面)、弧尖劈(同径两大圆面所含的体积)、弧棱锥体(以球心为尖的体角,其诸面所含的球分)等的基本概念和图示;介绍球面圆、弧三角形和弧多边形的性质定理	8	19	37

《形学备旨》采用的是通俗易懂的白话文(官话)。因为中国一贯使用的文言文过于精练和委婉含蓄,使用文言文来转译西方现代数学知识不够精确,所以狄考文使用白话文(官话)作为编译该书的书面语,以便让古文功底及水平较低的青少年儿童也能读得懂。狄考文的这一举措是极有远见及成效的,在增加了书籍可读性的同时也使相关科学知识得到了更有效的传递,在精确地转译西方科学的同时也找到了一条能够在更大范围进行科学知识普及的路径。这些见解与新文化运动之后中国语言的发展趋势惊人地相合,其意义已经超出了汉语中的数学语言改进与发展本身。

《形学备旨》设计学生用书和教师教学用书合二为一,使用现代西方数学符号,增设习题且图文并茂,与以往同类教科书相比有鲜明的进步,许多做法也指引和启发后来中文自然科学类教科书的编译。该书出版后在各类学校被广泛采用,登州文会馆正斋第二年也选用该书作为教科书,该书对几何学在中国的普及起到重要的推动作用。

(二)《形学备旨》的特点及价值

《形学备旨》中"形学"对应英文"Geometry"代表的数学分支,表示"专论各形之理,归诸形于一类"的数学学科,并未使用《几何原本》译本中由利玛窦和徐光启所创的"几何"一词;"备旨"中的"备"字指的是数量上的齐全,"旨"字取"要旨之意",特指"几何学原理"。该书的"序"中提及"此书虽较小于几何原本,而几何原本之真有用者无一不载……盖此数卷乃近时所大过乎欧氏,而为彼所未究及者也"[1]。由此可知,狄考文的目的是要把《形学备旨》编写成一本当时所含几何知识最全面、证法最新的教科书。狄考文在"序"中也指明其编译的基础"是书之作大都以美国著名算学之士鲁米斯所撰订者为宗"。据考证,狄考文底本选自欧美当时的畅销数学教科书,对罗密士(Elias Loomis,1811—1899),狄考文称他为鲁米斯的《几何与圆锥曲线》的原本和修订本进行对比参照,并对其所涉定义、定理与章节进行了适当调整。同时,狄考文还参考了罗宾逊(Horatio Nelson Robinson)、派克(William Guy Peck)和沃森(Henry William Watson)的几何教科书,[2]弥补罗密士书中的疏漏之处,然后由"邹生笔述而定其文法,刘生备习题画图参阅全书,余等既屡次删正"[3],最终形成了《形学备旨》一书。

《形学备旨》沿用了较为适用的术语,部分术语直接借用了《几何原本》的原有词汇。在编译过程中,狄考文对于欠妥的词汇则参考以往数学著作做出修改,舍弃了不精准的词汇,并寻找既有著作中合适的词汇进行替代,若寻找不到替代的词汇,则创新适合的新术语。这些创新工作是狄考文在数学术语词汇编译方面做出的巨大贡献之一,比如用"形学"代替"几何"来专论"各形之理";又如,"等腰三角形""顶角"和"圆心角"三个词在之前出版的数学著作中,并不是几何词汇,但在《形学备旨》中定下三个译名之后,则一直沿用至今,这说明狄考文的替换和使用是成功的。

---

[1] 王扬宗.近代科学在中国的传播:上 文献与史料选编[M].济南:山东教育出版社,2009:197.
[2] 祝捷.《形学备旨》底本考[J].自然科学史研究,2019,38(01):76~86.
[3] 王扬宗.近代科学在中国的传播:上 文献与史料选编[M].济南:山东教育出版社,2009:198.

第五章 登州文会馆的近代科学本土化实践

用算筹表示数字是我国古代数学的传统方法，后来变为采用汉字表示数字，历史上阿拉伯数字曾多次传入我国，但始终没有得到推广和使用，19世纪四五十年代翻译的数理方面的著作仍用算筹和汉字表示数字，后期逐步开始采用阿拉伯数字。《形学备旨》之前的数学著作在描述数字时是不使用阿拉伯数字的，而是使用中文传统数字，汉字的"一"与"–"（负号或减号），汉字的"十"与"+"（正号或加号）在印刷与书写过程中极易混淆。为了区分，西方传教士在编译相关译著时做了不同处理。例如，伟烈亚力（Alexander Wylie）把"正号"表示为"⊥"，但这个符号与西方几何学中的垂直符号完全相同；把"负号"表示为"⊤"，但这个符号在西方几何学中不表征任何意义。

另外，一些数学与科学类译著对于分数的书写则采用"分子在分数线左、分母在右"或"分子在分数线下、分母在上"等不同的方式。这些表达标准不一、烦琐不便且不好区分。《形学备旨》使用阿拉伯数字，并系统地引入了当时西方通用的数学符号，如等号"＝"、大于号"＞"，正号"＋"、负号"–"、乘号"×"、除号"÷"、括号"（ ）"、系数、方数（即乘方）、根号"$\sqrt{\quad}$"，并对每个符号进行了解释并举例说明其使用方法。同时，狄考文把分数的表达式统一调整为"分子在右、分母在左"，以符合西算习惯。

当然，对阿拉伯数字的使用、加减号的引入、分数书写方式的改动等这些新的举措并未得到西方传教士的一致认可，曾引起激烈的讨论。在第二次"在华基督教传教士大会"上，傅兰雅呼吁传教士们多用中国人的视角来看待问题，不要随意篡改汉语语言系统，他认为"提倡使用阿拉伯数字的人仅是为了满足自己的喜好，却给保守的天朝之人带来困惑和烦恼，分数书写方式的改变，会扰乱长久以来的惯例，使中国数学家感到混乱。①丁韪良也批评狄考文不懂得迎合中国民众的数字书写习惯。这些不同的声音并未使狄考

---

① 祝捷.《形学备旨》的特点与影响初探[J].中国科技史杂志,2014,35(01):16~25.

文改变主意,他始终认为数学符号的使用是为了体现数学的精确性,要引入"西算"就必须引入相关的数学符号,在中国推广与世界其他国家不一致的数学符号系统会严重阻碍中国科学的发展,①只有采用西方普遍使用的数学体系,中国的近代科学才会有所发展②。狄考文认为不应该改变或歪曲西方的数学符号系统,而应该将其完整地引入中国,③他的这种坚持为西方数学在中国的普及打下了坚实的基础,同时也是"中算西化"进程中的必然之举,在中国数学史上有着重大意义。

《形学备旨》对学生做出规范要求,甚至规定了在教师教授的过程中特定教学内容应配合的动作规范。另外,在书中还可以看到个别位置比正文字号要小很多的小字体注释,这种小注用于对相关知识点进行说明,以免学生产生混淆;还用于授课过程中对师生的提醒。因此,《形学备旨》的设计应既是学生用书也是教师教学用书。

另外,增设"习题"是《形学备旨》具备教科书性质的最直接体现,虽然西文底本中也有部分习题存在,但数量较少。在《几何原本》《几何要法》等既有译作中均无习题,同时代《代数术》《代数书》等数学书中也无习题,《形学备旨》在每章之后都附有习题,因此,除了大部分习题出自英文底本之外,其余占总量四分之一的习题则出处不明,可能是刘永锡等人针对教学需要自编而成的。④这种"定理→定理证明→习题"模式对此后数学类教科书的编写起到了示范作用。⑤

---

① 林益弘、王晓琳.狄考文在华对阿拉伯数字的推广与影响[J].中国科技史杂志,2022,43(04):556~564.

② 祝捷.《形学备旨》的特点与影响初探[J].中国科技史杂志,2014,35(01):16~25.

③ Fisher D. *Calvin Wilson Mateer, A biography*[M]. Philadelphia:The Westminster Press,1911. 163~164.

④ 祝捷.《形学备旨》的特点与影响初探[J].中国科技史杂志,2014,35(01):16~25.

⑤ 祝捷. 狄考文《形学备旨》和《代数备旨》研究[D].中国科学技术大学,2018.29.

(三)《形学备旨》的影响及消亡

《形学备旨》在 26 年间印刷了 24 次,除美华书馆重印外,还有北京同文馆、上海益智书会、长沙求贤书院和登郡文会馆等进行了翻印。《形学备旨》出版发行后,不仅作为数学教科书在登州文会馆、杭州育英义塾(Hangzhou High School)、榕城格致书院(Banyan City College)等教会学校中投入使用,还进入了晚清私塾和新式学堂。例如,杭州求是书院与长沙时务学堂早在 1897 年就将其作为算学课本,扬州仪董学堂与京师大学堂也定其为标准教科书。该书被清末著名的目录学著作《西学书目表》和《东西学书录》共同收录。

除多次再版外,有部分学者还在该书基础上对其中的证明和解题方法做出进一步讨论,并出版了相关论著。王泽沛编撰的八卷本《形学演》(1898 年)、徐树勋编撰的八卷本《形学备旨习题解证》(1902 年)、寿孝天编撰的十卷本《形学备旨全草》(1905 年)、黄乾光编撰的《形学备旨习题演草》(1905 年)等。

尽管《形学备旨》再版次数较多且得到诸多赞誉,但是随着清末民初中国进行了多次教育改革,对各类学校的学制、课程标准和教学大纲做出了不同规定,因此在新的学制颁布后,《形学备旨》已无法更好地适应教学,加之国人自编或译自西文和日文的其他数学教科书的出现,加速了教科书更新换代,《形学备旨》最终逐渐淡出了历史舞台。

另外,欧氏几何借由《形学备旨》的出版和广泛使用而得到更为广泛的普及,这也可以看作西方几何学在中国普及与萌芽的标志。狄考文开创的一些做法在后续西书翻译及中国本土教科书的编撰和教学实践过程中得到延续与发展,在很多地方填补了中国现代数学教育的空白。

二、《代数备旨》的编译及其影响

中国古代在很长时期里一直以算筹为计算工具，形成了具有独特风格的数学体系。元代后期与商业发展相适应的珠算逐步普及，清代的日常计算大多使用珠算，算学家则并用笔算、珠算、纳白尔筹算和尺算，清代同时存在着由西方传入的笔算体系和中国的筹式演算体系两种不同的笔算系统。①

代数作为数学新学科被引入中国且真正开始传播源于李善兰和华蘅芳的译作。1859年编译出版的《代数学》和1873年编译出版的《代数术》是引入和传播西方符号代数的重要著作，他们在与西方传教士协同编译的过程中创造了大量术语，为代数学在中国的传播奠定了良好的基础。

这两本著作理论性强，适合学者研究而不适用于适龄学生学习。狄考文认为，"此二书虽甚工雅，然而学者仍难就绪……况此二书，皆无习问，学者无所推演，欲凭此以习代数，不亦难乎"②。因为狄考文在登州文会馆具有丰富的教学实践，所以他决定"博采名家之著作辑成，并非珠守故辙，拘于一成本也，书中次序规模则以鲁莫氏为宗，而讲解则多以拉本森为宗，其无定方程，则以投地很得为宗，总以取其所长为是"③，并结合自己的实际教学经验及学生学习过程中的具体反馈意见，编译成《代数备旨》一书。

---

① 李迪、冯立升.清代数学家使用笔算略论[J].西北大学学报,1998(6):4~9.
② 《中华大典》工作委员会,《中华大典》编纂委员会.中华大典 数学典 数学概论分典[M].济南:山东教育出版社,2018:503.
③ [美]狄考文译.代数备旨[M].上海:美华书馆,1897:5.

第五章 登州文会馆的近代科学本土化实践

图5.2 代数备旨书影
(图片来源:狄考文译.代数备旨[M].上海:美华书馆,1897)

《代数备旨》前几章由狄考文编译,邹立文笔述,后改请文会馆毕业生生福维(1880年毕业,平度人)笔述,但未待翻译完毕生福维便去世了,笔述工作继续由邹立文接替,1896年《代数备旨》由美华书馆铅印出版。该书底本既包括美国和英国大学和中学的原版数学教科书,也包括汉译英国数学著作,[①]再由狄考文将学生的笔记加以归纳整理而成,成书后用于登州文会馆日常的教学,为正斋第一年所用教科书,因为经过教学实践,所以较为适合学生作为教科书学习使用。该书分别在1897年、1898年和1902年再版,故足见其使用之广,影响之大。[②]

---

① 郭金海.晚清数学教科书《代数备旨》的底本与编译[J].自然科学史研究,2022,41(02):215~233.

② 张伟、代钦.西方代数学在中国的传播与普及(1859—1911)[J].数学通报,2015,54(11):15~18,22.

(一)《代数备旨》的内容

《代数备旨》版本流传较多,现据1897年上海美华书馆二次铅印本进行介绍。

《代数备旨》开篇为"代数凡例",相当于"序",其具体内容共13章,包括:开端、加法、减法、乘法、除法、生倍、命分、一次方程、偏程、方、方根、根几何、二次方程,后附"总答","总答"为全书各章习题的答案。《代数备旨》所涉大致与现今初中所学代数知识相当,分章内容如表5.2所示。

表5.2 《代数备旨》相关内容一览表

章目	题目	主要内容	习题数
序	代数凡例	介绍此书的特点,学习或教授的建议及要求,共8条	0
第一章	开端	介绍全书涉及的基本概念和术语,包括:已知量、未知量、同数(方程的根)、代数符号、方数、指数、系数、项、代数式、同类项、次数、同次式、式之同数(代数式化简)等;11条"自理"(即公理)	55(含应用题9道)
第二章	加法	主要介绍代数式的加、减、乘、除四则运算和主要性质,同类项和非同类项的合并与化简等	44
第三章	减法		74
第四章	乘法		46
第五章	除法		76
第六章	生倍	主要介绍最大公因式与最小公倍式的概念以及各自求解方法	40
第七章	命分	主要介绍整式、杂式(代数式含有分式)等概念;分式的性质、分式的约分、通分;整式与杂式的互化;分式的加、减、乘、除运算及化简等	154
第八章	一次方程	主要介绍方程、同数(方程的根)、数方程(系数为数的方程)、字方程(系数为文字的方程)、方程的次数、方程的变换、移项等概念;方程的列法、一元一次方程、多元一次方程组和一次不定方程的相关解法及其应用;求解方程组的加减消元法和代入法	218(含应用题84道)
第九章	偏程	主要介绍不等式(组)的概念、性质、解法及其应用问题	16(含应用题1道)
第十章	方	主要介绍代数式乘方的性质和运算法则,包括牛顿二项式定理展开式及其应用	88

续表

章目	题目	主要内容	习题数
第十一章	方根	主要介绍方根、无绝根(开方不尽者)、幻根(虚根)的定义、方根符号、多项式开平方、数字开平方和立方的笔算开方法;开方不尽求近似根的方法	80
第十二章	根几何	主要介绍根几何(带根号之几何)、根次、有绝根式、无绝根式的定义;根式的四则运算、化简等;根式方程的求解,负数开平方等	245
第十三章	二次方程	主要介绍二次方程的解法,包括求根公式法和配成完全平方的方法;二次方程根与系数的关系及二次方程的应用问题;依二次方程的根求二次方程;二次方程有实根的判别条件;二元二次方程组的求解方法;代数的基本定理等	233 (含应用题33道)

(二)《代数备旨》的特点

《代数备旨》作为狄考文编译的代数教材,与《形学备旨》既有相似之处,也有相异之处,具体包括:

一是由浅入深,条理清晰,系统性强。《代数备旨》首先从整式的加、减、乘、除开始引入,其次介绍整式的最大公因式和最小公倍式,分式的约分和通分,再次引入一次方程和不等式方程,然后介绍乘方和开方的相关知识,最后是关于二次方程的相关说明。书中对具体知识点采用环环相扣的解题步骤,具体为:先介绍相关知识的基本定义,接着列举例题"法问"并进行详细解答,每一道例题"法问"反映一种解题方法,目的是引出该知识点所使用运算法则("法术"),最后的"问"是为巩固知识点而设置针对性练习题。在排版的设计上,"法术"字号最大且加粗显示,提醒读者这是重要的知识点,其余不同步骤的字号也有所不同,可使师生仅仅从教材中的字号大小就能一目了然地了解知识点的重要程度,从而掌握核心知识点并熟练运用。这种教材中内文字体大小不一的排版方式在当时的同类书籍中较为少见,也为后续相关教材的版面设计提供了示范作用。

二是有大量习题，尤其是设置了一定数量应用题。全书总计习题1289道，在第一章、第八章、第九章和第十三章中有应用题共127道，这些应用题涉及相遇、追及、时钟、年龄、物价、工程、农事、天文、利息、工钱、账目、丈量、鸡兔同笼、水池排放水等方面。素材均来源于实际生活，在解决这些实际问题的过程中学生可以直观感受到代数并非只是枯燥的理论和计算，而是可以用来处理、解决生活中遇到的实际问题。同时期的教科书中较少附有应用题，设置应用题是《代数备旨》最具特色之处。

三是使用现代数学符号、阿拉伯数字。数学符号是数学的语言和表达方式，建立起一套有效实用的符号系统对于代数学来说尤其重要。类似《形学备旨》，狄考文在书中也引入了西方数学符号，如加号（+）、减号（−）、乘号（×）、除号（÷）四则运算符号，等号（=）、不等号（>和<）、比例号（：）和根号（$\sqrt{}$）等与现在表示方法完全相同的符号，书中全面使用阿拉伯数字，但"0"的叫法是"圈"。

四是适应教学所用和学生阅读。狄考文对于《代数备旨》的定位是一本初等数学教科书，既是教师用书也是学生用书。该书结合教学经验，并参考多种国外的教材编撰而成，因此，行文尽可能地做到了简单和浅易，与《代数学》和《代数术》相对应的章节或知识点相比，《代数备旨》虽然浅显但却更为完备，不仅涵盖了《代数学》和《代数术》的全部知识点还包含了它们未涉及的知识点。另外，《代数学》和《代数术》对四则运算的介绍相对简略，甚至没有给出运算公式，但《代数备旨》对四则运算的内容知识点涵盖全面，讲解详细，使用白话文使其更加浅显易懂，并且知识点的安排符合认知规律。四则运算的四个章节中，在"乘除的运算法则"一部分，除了没有涉及"因式分解"以外，其他相关内容跟现行初中代数书中的内容基本一致。

(三)《代数备旨》的传播及影响

从《代数备旨》多版本及多印次数可以推断出其需求度和认可度较高。《代数备旨》最初由益智书会内部推广至全国各地的教会学校供其使用,如登州文会馆、杭州育英义塾和榕城格致书院等均采用《代数备旨》作为教科书。另外,一些新式学堂如南阳公学师范、杭州求是书院、贵阳经世学堂和长沙时务学堂等也选其为代数教科书。1905年,江苏学政唐景崇采辑的《中学堂暂用课本之书目》中,《代数备旨》和《形学备旨》被列入中学算学教科书。

《代数备旨》的影响不仅体现在使用与受众地域广泛,还体现在针对其进行注释的著作数量众多上,如1899年由袁钢维撰的《代数备旨提问细草》(6卷),1903年由徐锡麟编的《代数备旨全草》(8册),1903年出版的《代数备旨补草》(作者不详),1905年出版的《代数备旨详草》(作者不详),1906年由余兆麟编撰的《代数备旨全草》等。

随着新学制对代数课程提出的新要求,一些编排更合理、更完备的新式教科书陆续出现,《代数备旨》作为代数教科书的使命走向终结,该书逐渐淡出历史舞台。

三、《笔算数学》的编译及其影响

图 5.3 《笔算数学》书影(1875 年版本)

《笔算数学》的版本流传较多,现据 1898 年美华书馆第五次铅印本进行介绍。

1892 年,上海美华书馆出版了邹立文与狄考文合译的《笔算数学》,全书共 24 章,在 1892—1902 年期间重印了 32 次。它们不仅被部分教会学校使用,还进入了私塾和新式学堂,如登州文会馆、南洋公学(上海)、邵郡中西学堂(浙江)、瑞安普通学堂(浙江)和时务学堂(湖南长沙)等多所学校。先后有多位学者针对其撰写了注释性著作,如由南洋官书局于 1904 出版的由朱世增编撰的《笔算数学题草图解》,书玉公司于 1906 年出版的由郁赞廷编撰的《笔算数学全草》,上海文明书局于 1906 年出版的由张贡九编撰的《笔算数学全草》,海彪蒙书局于 1906 年出版的由范鸿藻、钱宗翰编撰的《笔算数学全草详解》等。作为当时的一册算术课本,多位学者从不同角度对其开展研究,这在数学教科书发展史上是比较少见的。

《笔算数学》有文言文与白话文(官话)两种版本,狄考文为了将该书介绍给中国的精英阶层,还编写并出版了文言版的《笔算数学》(文理本)。《笔算数学》(官话本)是中国近代最早用白话文编写的数学教科书,随着清末兴学的热潮,官话本流传甚广。1887年,清政府将"算学"列选为科举考试的正式科目后,张丰年、连英煌、朱葆琛还将官话本改编为"浅白文话"本。[①]

(一)《笔算数学》的内容

《笔算数学》分三卷,共24章。上卷包括6章,介绍数、四则运算及混合运算、单位换算方法等基础知识与基本运算;中卷包括6章,介绍数目总论、命分、小数、比例、百分法、利息等内容;下卷包括12章,主要介绍保险、赚赔、粮饷、税饷、乘方、开方、级数、差分、均中比例、推解、量法等。[②]《笔算数学》在知识的编排方面非常注重循序渐进,在每个知识点之前或者在例题的计算过程中都有相应的解说,每个知识点也对应有很多习题,学生每学完一个知识点后便可参照习题进行训练,以达到对知识点熟练掌握的目的。强调算术和笔算的作用,全书所列习题和人们的实际生活密切相关,数量多达2876道,类型均为问答式,并且问法层出不穷。各卷中习题数量分别为:上卷共883道习题、中卷共1165道、下卷共828道习题。各章主要内容如表5.3所示。

表5.3 《笔算数学》相关内容一览表

卷目	章目	题目	主要内容	习题数量
上卷	第一章	开端	数的概念、读写和记法	0
	第二章	加法	关于数的"加"的一些名词术语、符号(+)和运算法则	124

---

① 张学锋.清末《笔算数学》的内容、传播及其影响[J].中国科技史杂志,2013,34(3):316~329.
② 黄萨日娜、代钦.从《笔算数学》看狄考文的数学教育理念[J].内蒙古师范大学学报,2019,32(2):64~68.

续表

卷目	章目	题目	主要内容	习题数量
上卷	第三章	减法	关于数的"减"的一些名词术语、符号(−)和运算法则	134
	第四章	乘法	关于数的"乘"的一些名词术语、符号(×)和运算法则	145
	第五章	除法	关于数的"除"的一些名词术语、符号(÷)和运算法则	205
	第六章	诸等法	重量、度量、时间等不同单位的换算方法	275
中卷	第七章	数目总论	整数、单数(奇数)、双数(偶数)、质数、合数等的基本概念、性质及因数分解,求最大公约数的辗转相除法,求最小公倍数的方法	107
	第八章	命分	分数的概念、命名、性质及写法,分数的约分、通分,分数的四则运算等	440
	第九章	小数	小数(包括无限小数)的概念、命名、性质和写法,分数和小数互化,小数的四则运算等	271
	第十章	比例	比例、率、前后率、繁比例等的概念、性质、写法及运算	108
	第十一章	百分法	百分数的概念,百分数和分数、小数的互化方法	117
	第十二章	利息	利、本、利息、借贷零还、利上加利等概念,给出了本、百分、年月、利息、本利之间的互求方法	122
下卷	第十三章	保险	火险、水险、死险、保率、规银等的定义,求规银、所保之本等的各种算法	25
	第十四章	赚赔	商业中赚、赔、本等概念,求赚、赔、价格等各种问题的解法	73
	第十五章	粮饷	农民纳税中库平、实徵、轻封、兑钱、色数等概念和相关问题的求法	14
	第十六章	税饷	价税、件税、税关等概念和相应问题的求法	12
	第十七章	乘方	方数、乘方、次数等概念和平方、立方等相关问题	20
	第十八章	开方	根数、开方、根号、整方、不整方(开方开不尽)等概念,分数、小数的开平方、开立方的定根数位法(即笔算开方法)	126
	第十九章	级数	等差数列中项、中外项、差级数、公差、升级数、降级数等概念,首项、末项、项数、公差、项数和之间的互求方法	98
	第二十章	差分	等比数列中差分、衰数、总衰、底衰、零衰的定义,以及盈衰差分、缺衰差分、叠衰差分三类差分问题的求法	94
	第二十一章	均中比例	使用混合比例,求物价、物数的相关问题	41
	第二十二章	推解	中国古算书记载的与民间流传的趣味问题的算术解法	118

第五章　登州文会馆的近代科学本土化实践

续表

卷目	章目	题目	主要内容	习题数量
	第二十三章	量法	平行线、角、直角、锐角、钝角、三角形、平行四边形、矩形、正方形、梯形、无法四边形、圆、椭圆、棱柱体、棱台、圆柱体、圆锥体、圆台、球等的定义和图示，以及上述各类几何图形的面积（或表面积）、体积等的公式和相关问题的求法	81
	第二十四章	总杂问	全书的总练习题（应用题）	126

(二)《笔算数学》的特点和价值

《笔算数学》编排大致以定义、定理、例题、习题为序，这也影响了后续相关数学课本的编撰体例，基本制定了中国自编算术课本的样板。《笔算数学》正式采用了阿拉伯数字。书中也提及了采用阿拉伯数字的原因："大概各国有各国的数目字，但于笔算上不能处处都合式，现在天下所行的笔算，大概都是用亚拉伯（阿拉伯）数目字，虽然各国所叫的音不一样，而意思和字迹却都相同，这种字容易写，于笔算也很合用。"[①]这段话对在数学教科书中使用中国数字和阿拉伯数字的缺点和优点进行了对比分析，呼吁使用阿拉伯数字。《笔算数学》中的阿拉伯数字是直行排列的，使数学的运算与表达都变得更加简洁与清晰，客观上推动了算学的学习和传播。到19世纪末，阿拉伯数字的书写方法逐步改用横式排列。

《笔算数学》切合数学教学的实际需求，也注重数学知识的逻辑，所用的术语、符号均与当时西方国家保持一致。例如，用"+"和"-"来表示加、减号，采用子在上、母在下的分数记法方式，相比中国传统数学著作有了较大进步。狄考文还充分考虑了汉语的传统竖写习惯，所以在使用阿拉伯数字做"加减乘除"四则运算时，设计了横式、竖式两种表达形式。《笔算数学》作为登州文

---

① 莫由、许慎.中国现代数学史话[M].南宁：广西教育出版社，1987：14.

会馆备斋阶段的数学教科书，其上、中、下三卷学生一年修一卷，考试合格方可结业。

《笔算数学》注重白话文的实际运用，通俗易懂的白话文使学生可以毫不费力地理解相关知识点。狄考文的数学教学理念和数学知识的学习方法在书中淋漓尽致地呈现出来，直到现在仍具有较强的实用价值和借鉴意义。书中最早使用了阿拉伯数字等现代数学符号和算式，成为近代数学教科书编写的样板，这在中国数学教育史上具有划时代意义。

虽然《笔算数学》在内容编排和术语采用等方面以西方数学表达方式为主，但并非完全摒弃了中国传统算学知识，如第二十章"差分"中关于等比数列的问题，部分习题取自《算法统宗》《数理精蕴》等传统算书，使"中算"内容自然地融入西方数学教科书中。

基于当时中国教育发展的实际和教育教学活动的需求，中学堂和高等小学堂的数学课本先选用的是外文教科书的中文译本，后来逐步改用各书局编辑自编的数学教科书，高等学堂和大学堂的数学课一般直接用相关外文原版数学教科书。《笔算数学》作为为小学阶段准备的教科书，言简意赅、浅显易懂，符合当时环境条件下中国学生的认知规律。[①]《笔算数学》自1892年初版到1917年末版的25年间，被各类教会学校、私立和官办学堂广泛选用作为数学教科书，传播的地域遍及山东、湖南、上海和浙江等地。

《笔算数学》作为教科书亦散见于傅斯年、胡适、陈省身等诸多名人的回忆录之中。[②]傅斯年曾提及："一部书编得能够吸引学生，才算成功；若先加重了排斥性，是要不得的。我记得我在清朝光绪末年，初习笔算，用的是《笔算数学》，其便大有吸引力。"[③]胡适在上海的新式学堂梅溪书院读书时，学校开

---

① 李兆华.中国近代数学教育史稿[M].济南：山东教育出版社，2005：121.
② 张学锋.清末《笔算数学》的内容、传播及其影响[J].中国科技史杂志，2013，34(03)：316~329.
③ 傅斯年.傅斯年自述[M].合肥：安徽文艺出版社，2014：225.

设的课程仅有国文、算学与英文三类,算学课程所用的教材便是《笔算数学》。①陈省身儿时通过自学《笔算数学》得以考入秀州中学高小,"我父亲游宦在外。记得有一次他回家过年,教了我阿拉伯数字及四则算法。家里有一部《笔算数学》,分上、中、下三册,他走后我自己做里边的题目……应付数学考试,自觉裕如,所以就考入了秀州"②。陈省身自此闯进了数学的殿堂。

1912年1月19日,中华民国临时政府颁布了《普通教育暂行办法》和《普通教育暂行课程标准》,要求"各种教科书务必合于共和民国宗旨,禁用清学部颁行的教科书"。1915年7月31日,《国民学校令》中规定:"国民学校之教科图书,须用教育部所编行或经教育部审定者。"《高等小学校令》中规定:"高等小学校之教科图书,须用教育部所审定者。"《笔算数学》因为不符合相关要求,所以退出历史舞台。

《笔算数学》作为清末流传最广的算学教科书,不仅被登州文会馆等教会学校广泛使用,还成为中国近代数学教科书编写的样板,是近代中国传统算学由中算向西算过渡的重要样本。③

狄考文编译教科书的方法很独特,他一般不直接将自己的讲稿编印成课本,而是将学生的笔记进行归纳、整理后再编印成教材使用及发行。④这样经师生协同合作与教学实践验证的教材,相关知识能更好地被学生理解与掌握,这应是狄考文编译出版教科书能够畅销不衰的原因之一。狄考文用这种方法编译了《笔算数学》等数学教材,其继任者赫士编写了《对数表》。在狄考文的影响下登州文会馆的一些学生也自己动手编写数学教材,如张松溪编撰的《勾股题镜》、王锡恩编撰的《勾股演代》《图解三角术》等均公开发行,并在教会学校和公立新式学堂被广泛使用。

---

① 沈永宝、蔡兴水.进化论的影响力 达尔文在中国[M].南昌:江西高校出版社,2009:177.
② 陈省身.陈省身文集[M].上海:华东师范大学出版社,2002:18.
③ 张学锋.清末《笔算数学》的内容、传播及其影响[J].中国科技史杂志,2013,34(3):316~329.
④ 李兆华.中国近代数学教育史稿[M].济南:山东教育出版社,2005:130.

四、狄考文等编纂的《术语辞汇》规范了数学名词术语

由狄考文等人组成的出版委员会编纂了一部综合性英汉科技词典《术语辞汇》(Technical Terms, English and Chinese),该书于 1904 年刊行,[①]对创立科学技术的分支学科术语产生了深远影响。《术语辞汇》共收录了 19 世纪中期至 20 世纪初期 1.2 万余条新词条,涵盖了科学技术各学科分支 50 余类,其中数学名词术语有 637 条。这些名词术语既满足了当时西方数学著作的翻译和中国数学教科书的编译等需要,又为后来相关数学名词术语的修订、整理等工作奠定了坚实基础,对于引进西方现代数学知识、促进中国传统数学向近现代数学转向起到了积极作用。[②]

五、王锡恩出版的数学教材及其影响

《勾股演代》于 1903 年由美华书馆出版,该书是王锡恩经过多年总结、取中西相关书籍之长编辑而成的几何教科书。该书文字采用竖排形式,由五卷及附卷组成,共 105 款。各卷内容分别为:卷一论勾股名义与作勾股开法,卷二论勾股弦和较相求法,卷三论勾股形面积与勾股弦和较相求法,卷四论正勾股三种,卷五论勾股形内容方边圆径勾股测量法。[③]

书中的每一个勾股问题都被列为一条,均设置了"法术",再附以问题及答案。第四卷和第五卷内容,在此前的书中都没有出现过,是王锡恩根据教

[①] 马祖毅.中国翻译通史.现当代部分.第 3 卷[M].武汉:湖北教育出版社,2006:148.
[②] 王全来、曹术存.《笔算数学》内容探析[J].内蒙古师范大学学报,2004(3):327~331.
[③] 《中华大典》工作委员会、《中华大典》编纂委员会.中华大典.数学典.数学概论分典[M].济南:山东教育出版社,2018:648.

学实践自己加入的,用代数的方法解决了勾股定理中的各种运算关系。"用简妙之法,增深奥之理,创设新题以补他书之所未备。"王锡恩加入了自己创新的题目,对于初学和自学相关知识的学生有很大帮助。①

王锡恩编写、傅为方校述的《图解三角术》由齐鲁大学于1925年出版发行。全书共12章92节,分别为:第一章论角,第二章圆函数,第三章函数真数表,第四章对数,第五章直角三角形之解法,第六章各种角之函数,第七章反函数,第八章函数曲线,第九章三角函数之性质,第十章斜三角之解法,第十一章测量,第十二章对数及函数表之构造法。该书一改以往三角学方面的数学教科书中"只有说明,少有图形"的现象,书中每一个定义、定理证明都配合图形说明进行解释和证明,公式表述简单明了,论理过程浅显易懂,学习者很容易通过图形掌握和理解三角学的本质,这也是该书叫作《图解三角术》的原因。此外,每节内容后都设置了习题,对于学习掌握三角函数的定义、相关的定理等有很大的帮助,是当时学生学习、理解三角学的数学入门书籍,对当时数学教育教学的发展发挥了重要的推动作用。

六、登州文会馆编译的数学教科书的影响

《形学备旨》《代数备旨》和《笔算数学》在晚清的一度畅销得益于它们顺应了时代发展对数学教育的新要求,依赖于狄考文基于教学实践进行适时本土化的编写。在这些教科书中,算式中的数字采用了阿拉伯数字。有学者认为,阿拉伯数字在山东登州的"登陆",标志着中国现代化进程的真正开始。②另外,这些教科书中分数记法取"分子在上,分母在下",加、减号用当时

---

① 哈斯塔娜.齐鲁大学王锡恩的科学工作研究[D].内蒙古师范大学,2021:48.
② 孙健三.中国电影,你不知道的那些事儿 中国早期电影高等教育史料文献拾穗[M].世界图书北京出版公司,2010:4.

在西方国家通行的"+""-",相比李善兰、华蘅芳等翻译的西方数学著作有所改进,但代数算式中已知数仍用"甲、乙、丙"等干支字代替,未知数仍用"天、地、人、物"四元代替,①仍有鲜明的中国传统文化印记,这也是西方科学文化本土化进程中必经的阶段。《形学备旨》(1884年)、《代数备旨》(1896年)和《笔算数学》(1892年)作为狄考文编译的数学教科书,出版后重印次数之多,发行量之大,是同时期同类著作难以望其项背的。直到1917年,《代数备旨》(美华书馆印本)和《笔算数学》(青岛林墨书馆铅印本)等版本仍在发行。②这种现象在当时不多见,足以说明这些数学教科书的影响之广。③作为近代科学抽象符号体系重要组成部分的阿拉伯数字被纳入中国近代数学的发展进程之中,西学在中国这个新的土壤中也逐步生根发芽。狄考文在编译相关教材的过程中培养了邹立文、刘永锡、王锡恩、张松溪等第一批掌握和教授西方科学知识的中国教员,登州文会馆师生在中国现代数学教育上开创的风气在后续相关教科书的编译与教学实践中得到延续与发展,使西方现代数学知识在中国得以更大范围的传播和普及。

第二节 登州文会馆编译的声学教科书及其影响

声学是研究声波的性质、产生、传播、接受、量度和应用的一门物理学科,声学在中国古代虽具有一定的研究传统,但现代声学没有在中国本土产生。西方经典声学的基本理论在19世纪中叶就已达到较为完善的地步,至

---

① 钱宝琮.中国数学史[M].北京:商务印书馆,2019:404.
② 林益弘、王晓琳.狄考文在华对阿拉伯数字的推广与影响[J].中国科技史杂志,2022,43(04):556~564.
③ 祝捷.狄考文《形学备旨》和《代数备旨》研究[D].合肥:中国科学技术大学,2018:1.

第五章　登州文会馆的近代科学本土化实践

19世纪末,经典声学发展到了顶峰。英国物理学家瑞利(Rayleigh)于1877和1878年分别出版了两卷本《声学原理》(theory of sound),建立了声学的数学理论,开创了现代声学的先河。[①]声学与现代科学技术的大部分学科发生了交叉,产生了许多"分支"学科,且还有新的分支在不断形成。因此,声学被学界认为是"最古老而又最年轻的学科"[②]。东西方古代声学的很大一部分内容与音乐声学密切相关。中国现代音乐声学出现之前,与声学有关的研究多属于乐律学范畴。[③]中国现代声学并非继承中国乐律学而生,而是移植西方现代声学学科体系并进行本土化融合的结果。中国现代声学是在主动选择和被动接受的交互作用下发展起来的,[④]现代声学知识开始是由西方传教士传播,国人被动接受,后来是国人逐渐主动学习。随着东西方学术交流活动日渐增多,西方声学知识和研究方法被逐步引入中国声学教育和研究之中。

一、西方现代声学知识在中国的早期传播

1855年,由英国传教士合信(Benjamin Hobson)编撰的《博物新编》在上海墨海书馆出版,全书分3集。作为近代西方科技输入中国的第一本著作,该书主要介绍了理化、天文、生物、地理等自然科学知识,包括许多当时西方国家的最新科学发现和研究成果,因此风靡一时,对近代中国的科学普及发挥了一定作用。在第一集中有真空(空虚无气)不能传声的内容,书中提到"尝用一玻璃圆罩罩于桌上,以机筒抽出罩内之气,内以鸟兽,鸟兽立毙,内

---

① [美]莫尔斯英格特.理论声学[M].吕如榆、杨训仁译.北京:科学出版社,1986:4.
② 马大猷、杨训仁.声学漫谈[M].长沙:湖南教育出版社,1998:3.
③ 戴念祖、白欣.中国音乐声学史[M].北京:中国科学技术出版社,2018.129.
④ Joseph Ben-David. The Scientist's Role in Society:A Comparative Study:[M].Englewood Cliffs, New Jersey:Prentice-Hall,1971:21.

以鳞介,鳞介渐死,内以花而花不开,内以火而火熄灭,内以钟鼓,击撞无声"。这说明使用"气机筒"(或称抽风之器)抽气,可以得到真空,在真空中"内以钟鼓,击撞无声"[1],明确了声音不能在真空中传播。

京师同文馆总教习、美国传教士丁韪良编译的《格物入门》由同文馆于1868年出版,共7卷,包括水学、气学、火学、电学、力学、化学和算学等内容。作为一部自然科学入门书,其1~5都是物理学内容,包括运动学、电学、磁学、热学、光学、声学等内容的物理学各分支学科的新近介绍及简单计算。第2卷气学中下章"论音声"介绍了有关声学知识的内容,共39个问答,该书中的声学知识还是比较粗浅、入门级的。例如,对有关声音产生的定义为:"耳内有脆骨,蒙蔽如鼓,外有轮廓,收束接受,外物相触,天气动荡扬至耳内而成声。"

这一时期,与西方声学有关的知识仍是通过传教士传播的,其中具有较高水平的是由上海江南制造局1874年出版发行的《声学八卷》(傅兰雅口译,徐建寅笔述),这是我国最早出版的声学译著,[2]也是晚清翻译的声学著作中影响最大的一本书,流传了20多年,有多种翻刻本,[3] 20世纪初的中国学术界认为:"西人论声音之理日精,此书所载,半属浅说。"[4]英国著名声学家田大里于1869年出版的《声音:英国皇家学院八讲课程》(Sound: A Course of Eight Lectures Delivered at the Royal Institution of Great Britain)是翻译的底本。田大里的声学研究是德国物理学家赫尔曼·冯·亥姆霍兹(Hermann von Helmholtz)声学的延续,同时他又影响了瑞利在声学方面的研究,该书所述的声学知识仍属于经典声学。全书共分八卷,各卷标题分别为:总论发声传声、论成音之理、论弦音、论钟磬之音、论管音、论摩荡生音、论交音浪与较

---

[1] 合信.博物新编[M].上海:墨海书馆藏版,1855(咸丰五年).
[2] 李莉.晚清译著《声学》研究[D].呼和浩特:内蒙古师范大学,2009.
[3] 杜亚雄.中国乐理常识[M].太原:北岳文艺出版社,1999:10.
[4] 马祖毅.中国翻译通史 古代部分[M].武汉:湖北教育出版社,2006:381.

第五章 登州文会馆的近代科学本土化实践

音、论音律相和。由标题可知内容有"声"与"音"之分,声音在现代是一个词,但在我国古代是有一定区别的,东汉学者郑玄在《史记·乐书·集解》中提道:"宫、商、角、徵、羽,杂比曰音,单出曰声。"《诗序》中记载:"声成文谓音,音和乃成乐。"因此,在我国古代"声"为个体概念,数个"声"的集合方为"音"。晚清时期物理学方面的教科书尚没有形成体系,只有《重学》《声学》《光学》《电学》等分支学科的译本,《声学》作为最早系统介绍声学的中文著作,全面、系统且通俗地论述了声学的相关概念、理论与实验,直到20世纪初,传入我国的声学知识大都没有超过该书所涉及的范围,该书对西方声学的传播起到了一定的作用。

《中西闻见录》在近代西学的传入和传播过程中曾发挥过重要作用。1872年8月,在北京的丁韪良和艾约瑟等人成立了"在华实用知识传播会",该组织成立的主要目的是"介绍近代科学和自由思想"。当时在香港、广州、上海、宁波等地都有发行报刊,而北京却没有,于是他们决定在北京创办《中西闻见录》。《中西闻见录》主要工作由丁韪良负责,每月出一号,每号发行一千份,主要在北京发行,偶尔在外省,大部分是免费散发。1874年8月,因"本局主人……避暑外出"而少出一号,1875年8月停刊,总计36期。1876年2月,上海创刊的《格致汇编》(*Chinese Scientific Magazine*)成为《中西闻见录》续刊。

于《中西闻见录》21期和22期连载的《论音学》一文是该刊中最系统、最专业地介绍声学的文章,文章由法国人师克勤撰写,全文共5页,由"发声原理""传声原理"和"声音的传播"三部分构成,在21期中有3页正文,含4幅示意图,22期有2页正文,含1幅示意图。全文用词简练,浅显却极有条理,没有与"音学"无关的语句。在22期《续音学》中专门考察了声音在水、生铁等介质中的传播速度。

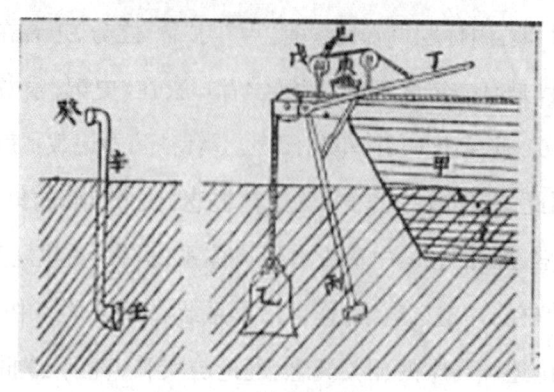

图 5.4　测水中声速

实验与物理学史上著名的实验之一——1827年在日内瓦湖测定声音在水中的传播速度的实验类似。在日内瓦湖上两只船相距14000米,一只船上的实验员在往水里放一个可以通过装置来敲击发声的钟,敲钟的时候,放置在船头的火药同时被点燃发光,另一只船上的实验员在水下放置收音器,该实验员在看到火药发光10秒后,接收到水下响声,可以通过这一实验来计算声音在水中的传播速度。大约为1400米每秒,是声音在空气中传播速度的4倍。

图 5.5　在日内瓦湖做水中声速测量实验的示意图

第五章 登州文会馆的近代科学本土化实践

《论音学》一文中有许多涉及声音与振动有关的描述。比如:"用弦一根系其两端,以手提而放之,其往返上下,先急而后缓,目看似弦宽大,乃颤动速度快,目力所不及之故耳","架悬一钟,用线系小球击钟,球亦动,而目不能视其动,而实颤动也"。[①]这些描述表明当振动频率超过视觉频率阈限后,人眼就看不到相关的振动情况,但是振动仍然存在,振动会产生声音。又如,放置在容器中的自鸣钟被抽成真空后,虽然可以看到自鸣钟振动,但听不到声音,说明声音在真空中是不能传递的。这些图文并茂地描述,形象直观地把声学知识展示给读者,使读者深刻感受和深入理解相关知识。

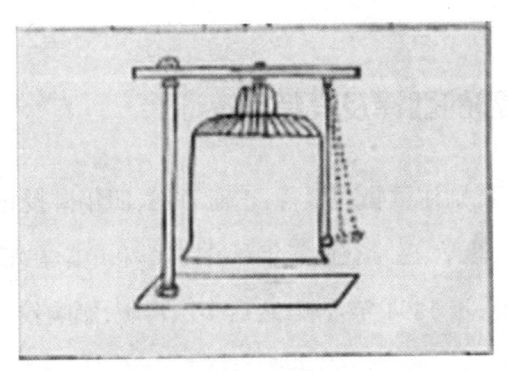

图 5.6 被敲击的悬钟目视不动

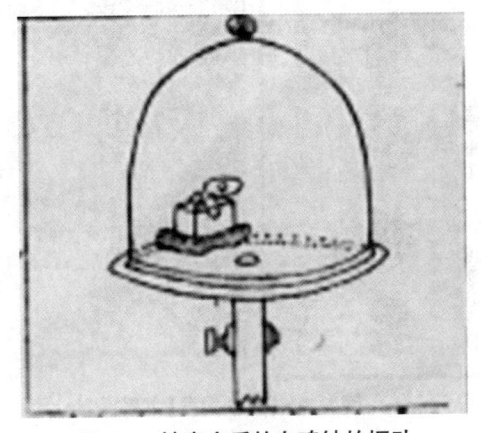

图 5.7 抽真空后的自鸣钟的振动

---

① [美]丁韪良、[英]艾约瑟.中西闻见录[M].北京:文海出版社有限公司,1874:10.

有关声学的文章在《中西闻见录》中仅此一篇,该文是一篇详细而专业的文章。该文用"无论何音,皆由颤动而生"对声音进行定义,比此前《格物入门》中"外物相触,天气动荡扬至耳内而成声"的定义要更为准确些。该文重点介绍了声音传播方面的知识,没有涉及音调、响度、音色等概念,也没有用数学公式来表示各量之间的关系,这也反映出该文在传播科技知识方面的局限性。与《格物入门》不同,师克勤的这篇文章可能是受到由傅兰雅口译、徐建寅笔述的《声学》一书的影响。[1]除了介绍西方声学知识的译著之外,登州文会馆也编译了颇具代表性的声学教科书。

二、《声学揭要》的翻译及其特点

登州文会馆特别注重物理学科,正斋第三、四年讲授物理学相关知识,水学、气学、声学、热学、磁学在第三年开设,光学和电学在第四年开设。赫士编译的《声学揭要》于1894年首版,之后多次再版,影响较大的是1898年出版的《声学揭要》。

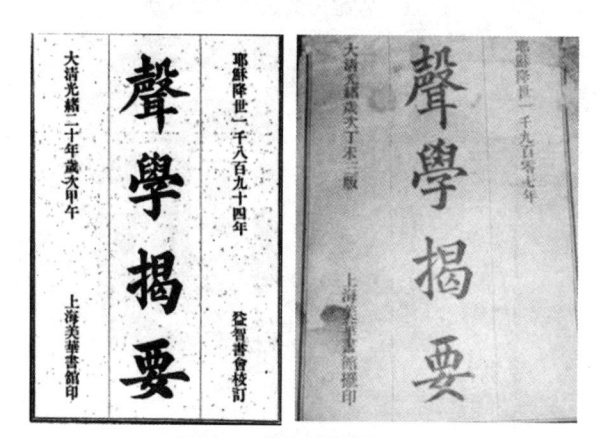

图5.8 《声学揭要》书影

---

[1] 段海龙、冯立昇、齐玉才.《中西闻见录》中的物理学内容分析[J].内蒙古师范大学学报,2011,40(2):191~196,201.

第五章 登州文会馆的近代科学本土化实践

(一)《声学揭要》的主要内容

《声学揭要》的翻译底本主要是法国阿道夫·迦诺(Adolphe Ganot)所著《初等物理学》(*Element de Physique*,也译为《基础物理学》)的英译本(*Elementary Treatise on Physics*),书中的插图汇聚了图片草拟人、雕刻工和印刷工等多方面人员的智慧和力量,精美的插图将实验仪器和各类实验过程的细节生动地呈现给读者,让读者更高效地获取相关知识。阿道夫·迦诺在附录部分还依据相关课程的考题改编并收录了数量丰富的习题,这在当时类似书籍的编撰方法中应属首创,这两方面特点是该书较为"实用"的力证。

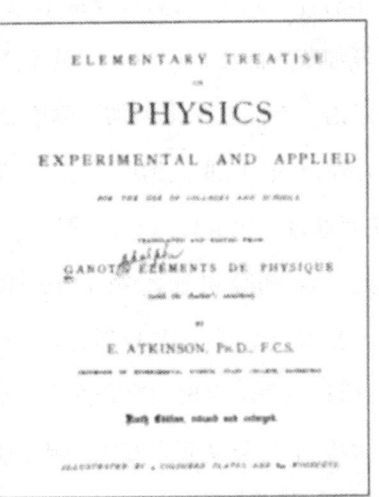

(a)法文原著　　　　　(b)英文译著

图 5.9 《初等物理学》的书名页

《初等物理学》在法国畅销的同时,在国际上也产生了较大影响。据约瑟夫·西蒙(Josep Simon)统计,在 19 世纪后半叶该书有大约 12 种不同语言的译本,按出版时间顺序大致包括:意大利语(1852 年)、西班牙语(1856 年)、荷兰语(1856 年)、德语(1858 年)、瑞典语(1857—1860 年)、英语(1861—1863

年)、波兰语(1865年)、保加利亚语(1869年)、土耳其语(1876年)、斯尔威亚语(1876年)、俄语(1898年)以及汉语(1898年)。①

英译本由英国物理学家阿特金森(Edmund Atkinson)翻译,由于英语在国际上被更广泛地使用,该译本反倒比法语原著更具影响。1863—1914年,英文译本基本上每三年便会更新一次。受过19世纪典型的英国化学教育与比较系统的物理学教育的阿特金森,②在英译本序言中指出,之所以翻译阿道夫·迦诺的《初等物理学》,一个原因是他用此书授课,经过物理教学实践检验,他认为此书为他的教学提供了重要的教学参考,另一个原因是该书在法国、西班牙与德国等国都具有很高的声望和广泛的影响力。阿特金森在后续翻译的各个版本中,基本保留了原书的知识和章节结构,仅在字体及部分序号等细节方面略加改进。阿特金森为了使读者更方便地检索书中出现的相关术语,专门在书末增加了索引,将相关术语和书中的章节对应关联起来。另外,在书中部分使用了英国科学家和仪器制造者制作的仪器来作为插图,从而通过该书宣传这些仪器设备。

英译本《初等物理学》第14版中第5卷共71个条目,分6章,主要内容包括声音的产生、传播和反射,测量声浪振动的数量、音乐的物理理论、弦的曲调,棒和板振动发出的声音图方法研究振动的原理等。《声学揭要》在结构框架、内容上与英文底本基本一致,但汉译本略去了难度较大的章节和较为复杂的知识点,并适当加入了一些有助于知识学习的相关实验。

全书共有6章71小节,书末还有16道问题(杂问)。该书序言中称:"是书之辑,原为本馆诸生肄业及之也。惟限于抄写颇不敷用,因思付诸剞劂,以公同好,则本馆用之而有余,即它馆欲用之亦当无不足。篇中尺寸未明言者

---

① Josep Simon, Pedro Llovera.Between teaching and research:Adolphe Ganot and the definition of electrostatics(1851—1881)[J]. *Journal of Electrostatics*,2009,67(2-3):536-541.

② Josep Simon.Communicating Physics:The Production, Circulation and Appropriation of Ganot's Textbooks in France and England,1851—1887[J].*Victorian Studies*,2012,54(3):531—532.

皆指华尺,即按《谈天》中译改之法,一英尺为华十万分之九万八千五百七十七尺,一英寸为华万分之八千二百一十五寸。所用之名目与前用于天文及光学者同。自他处引用者非甚合式,率稍加改易,然防名目太繁,从同者亦间有之。至寒暑度数则依法伦表。地名皆本地理志,间有难明之处,在初学无妨暂为逾越,其试验处则贵乎及时究之。是书亦属入门。学者玩索有得,引而伸之,将审音以知声,审声以知乐。凡声之与耳谋者,当无不与心通焉。又岂仅拘乎兹编之所闻也。予日望之。"[1]序言提出了编译该书的原因及其用途,明确了相关物理量的标准,也表明了该书是声学的入门教科书。《声学揭要》各章内容表5.4所示。

表 5.4 《声学揭要》内容一览表

序号	章名称	基本内容	章内节数
第一章	论声之来由、速率及被返被折之理	声音的产生(声之来由)、传播(气何以扬声)、声强(声之大小)、扩音方法(助声法)、声音传播的速率大小(求声之速)、声音的反射和折射(回声和折声)、扬声器(扬声筒)以及医用助听器(闻病筒)等	16
第二章	论测诸音之颤数	"撒法特法"计算声的频率、论声学风箱(早期的脚踏风琴模型)、论可听之颤次、"杜哈美法"求音频等	5
第三章	论乐音	乐音之要、论中隔、论乐级、论叶音、论音有刚柔、论匀级、论定音义(仪)、论声浪之宽窄、论副音、论助音筒、论分音器、论和音器、论乐器之音趣为何不同、论声管、论声何以能闻、论声相碍、论拍音等	17
第四章	弦琴风琴	论弦琴大指、论独弦琴、论四例之证、论独弦琴出声之故、论垂线之动静点、论弦之动静点、论弦琴之动静点、论风琴、论嘴琴、论舌琴、论琴筒助声之理、论塞筒之副音、论敞筒、论以气筒求声之速率法、论轻气琴等	15
第五章	论条片颤动之理	论诸条颤之公理、论一端可颤之条、论两端皆可颤之条、论方页之颤、论评方页动静之理、论圆片动静之理、论皮膜之颤动、论孔得求声之速率法、论光出声之理等	9
第六章	论以光显声原之颤动	论以光显定音义之浪、论以光显拍音、论速率同二颤之合力、论相差一级二颤之合力、以光察声浪之式、论写声机、论以煤气灯验声之大小、论声有吸驱、论储声机等	9

---

[1] 王扬宗.近代科学在中国的传播:上[M].济南:山东教育出版社,2009:207.

(二)《声学揭要》的翻译特点及其影响

《声学揭要》尽量使用中国人便于理解的语言,整体表述简练,通俗易懂,适用于教学需求,方便中国学生和教师的使用。如杂问中的第一问:"有人坐井崖,以石下坠,历 4 秒时方闻水音,当时天气之冷热为 107 度 4。试问此井自崖至水面为几何?"这道题现属于高中物理的知识范畴,题目涉及自由落体运动、声音在空气中的传播速度等知识点。

《声学揭要》也并非完全按英译本翻译,比如在翻译"何为声"时,汉译本中提道:"物之颤动,传至耳内,使脑有所觉者为声。而声分二,一曰音,一曰响。盖颤动之有定次者为音。若响,或顷刻即过,无从想象,有如枪炮爆竹等类,又或纷无定次,如波涛之澎湃,风雨之交加,诸错乱声皆是,然音与响之分界,极难指陈,殆有不可言传者矣。"①而在阿道夫·迦诺的《初等物理学》英译本第 14 版中,关于声的定义表述为:"The study of sounds, and that of the vibrations of elastic bodies, form the object of acoustics. Music considers sounds with reference to the pleasurable feelings they are calculated to excite. Acoustics is concerned with the questions of the production, transmission, and comparison of sounds. To which may be added the physiological question of the perception of sounds."②

通过内容对比可以看出,赫士在翻译时做了一些处理,适当参考了该书的其他版本。因为第 14 版《初等物理学》的英译本 1894 年出版,而《声学揭要》的第一版也是于 1894 年翻译完成并出版的,所以推断第一版《声学揭要》参考的应不是第 14 版英译本,而是第 12 版,好在两版的差别并不大,主要内容并没有较多差别。英文底本主要用于英美等英语国家的中学或大学

---

① [法]阿道夫·迦诺.赫士.声学揭要[M].朱保琛,译.上海:益智书会本,1898.

② Atkinson E. Elementary Treatise on Physics(14th).[J]. New York: *Willian Wood*, 1893: 204.

预科,赫士在《声学揭要》的英文序言中指出,该汉译本主要面向"college student",虽然译本在内容上做了简化处理,然而对于当时的大学初级班学生而言,还是比较困难的。

相比《声学》,《声学揭要》的内容更加简明扼要,且收入了当时西方声学的最新进展,《声学揭要》在中国较早地介绍了留声机的相关知识,因为爱迪生在1877年发明留声机,所以1874年出版的《声学》一书中是不可能有关于留声机介绍的。①

由于清政府长期闭关锁国,东西方科技发展差距越来越大。丁韪良曾说:"就科学知识而言,中国的翰林学士还不如西方受过教育的小孩子。"②在渴求科学新知的中国民众看来,西方人皆可为之师。③由于科学技术的落后,中国学生在学习西方自然科学知识特别是物理知识时尤为困难,一些看似很成熟的西方教学用书并不适用于中国师生。只有狄考文、赫士等长期在教学一线工作的传教士,才能准确把握中国学生的学习与理解水平,编译出适合中国学生与中国民众阅读的书籍。

三、现代声学知识在华早期传播对物理学教育的影响

《声学揭要》加入了英语声学词汇和汉译术语表,基本覆盖了当时所有的声学方面专用术语词汇,并沿用了《声学》中翻译而来的声学名词术语,同时为了更适合汉语的教学需求,对部分汉译术语进行了改动和调整,部分术语也被后来出版的物理方面的教科书所采用。《声学揭要》中的部分术语也参考了1904年由狄考文汇集编纂的《术语辞汇》。这部综合性的英汉科技辞

---

① 郭建福.登州文会馆特理实验研究[D].内蒙古师范大学,2018:103.
② Martin WAP. A Cycle of Cathay[M].New York:Fleming H Revell Company,1897:295~300.
③ 郭嵩焘.伦敦与巴黎日记[M].湖南:岳麓书社,1984.

典收录力学、热学、声学、电学、磁学等物理学分支学科中重要的词汇千余条,这些工作不仅为国人学习和吸收近代物理知识提供了便利条件,还为日后物理学名词的审查工作打下了良好基础。1908年,我国第一部专门的物理学名词集《物理学语汇》由清廷学部审定科编纂、上海商务印书馆代印发行。1934年,由国立编译馆编订、上海商务印书馆发行的《物理学名词》是中国物理学会成立以来的第一个审定本。①物理学基本概念和名词术语的变化沿革与逐步规范的过程,也反映了中国在学习和吸收西方近代物理知识方面由浅入深、由表及里的进步历程。

从清政府1904年颁布《奏定学堂章程》(即"癸卯学制")开始,物理学被正式列入了中、高等学校的教学科目中。"癸卯学制"颁布以前,物理课的开设并没有一定的计划及程度的要求,也没有专门的物理教科书。②"癸卯学制"颁布后,物理课程的开设目的、教学时数等有了进一步的明确规定。《奏定高等学堂章程》规定高等学堂学科分为三类:第一类学科(经学科、政法科、文学科、商科等大学),第二类学科(格致科大学、工科大学或农科大学),第三类学科(预备入医科大学),均是三年学制。第二、三类学科均在第二年主课"物理"中讲授课程为力学、物性学、声学和热学。③由此可知,在早期的学校物理学教学中,声学是高年级的学习内容。

这一时期国内借鉴日、美等国出版的教科书,从饭盛挺造编著、藤田丰八译、王季烈重编的大学物理教科书《物理学》的内容和体系可以看出当时的物理教材相对成熟。该书共分3编,其中上编分为总论、固体力学、流体力学和气体力学4卷13章;中编分为浪动通论、声学、光学和热学4卷14章;下编分为磁学、电学和大气物理3卷9章。中编卷二为"声学",分为两章,第

---

① 戴念祖、白欣.戴念祖文集 细润沉思 科学技术史2[M].北京:中国科学技术出版社,2019:277.

② 骆炳贤.中国物理学史大系:物理教育史[M].长沙:湖南教育出版社,2001:136,104.

③ 舒新城.中国近代教育史资料:中册[M].北京:人民出版社,1961:565~568.

一章为声学总论,包括声之本态及发生、传声之理、传声之速率、声之大小、回声、折声六部分内容;第二章为乐音及紧要发音体,包括乐音、音隔、弦音、板面乐音、吹音(即管音)、留声器、摩荡生音、感音及增音、交音等九部分内容。由此可见,当时的教学内容还是以早期的经典声学知识为主。这些译著和教材,将西方声学知识逐步传入中国,经过传播、消化、吸收,与中国传统声学撞击、融合后,最终为国人接受西方现代声学知识做了铺垫。[1]

虽然晚清政府颁布了关于高等教育的政令,但"分科"大学在民国时期才正式开始筹办。1912年10月,民国政府教育部在《大学令》中将大学分为文、理、法、商、医、农和工7科。随后公布的《大学规程》中,将理科学制规定为3年,内容分为数学、星学、理论物理学、实验物理学、化学、动物学、植物学、地质学、矿物学9门,其中的理论物理学门和实验物理学门的学习科目包括了力学、热学、光学和电学等,[2]但未指明包含声学。我国的物理学本科教育是从北京大学开始的,北京大学于1913年设立物理学门,1919年更名为物理系。1915—1916年,南京、武汉、广州诸高等师范设置数理化部或理化部,开始逐步开展物理方面的教学工作。钱临照认为:"物理学的基础在于实验,1920年前,我国大学虽有物理学课程,但只有讲课,自胡刚复、颜任光从美国回来之后,分掌南京高等师范学校和北京大学,开始在两校建立物理实验室,从此我国物理教学走上了正轨。"[3] 1920年南京高等师范在数理化部设置了数学、物理、化学3科课程,由伊利诺伊大学留学归来的熊正理教授"声学"的有关内容,[4]到1930年国立中央大学时期,设置了普通物理、电磁学、光学、近代物理等实验室,但未设置独立的声学实验室,相关的声学实验是在普通物理实验室开展的。随着高等教育的迅速发展,到1932年中国物

---

[1] 李莉.晚清译著《声学》研究[D].呼和浩特:内蒙古师范大学,2009:62.
[2] 舒新城.中国近代教育史资料:中册[M].北京:人民出版社,1961:644~648.
[3] 钱临照.中国物理学会五十年[J].物理,1982(8):449.
[4] 周金蕊.国立中央大学物理系发展之初步研究(1927—1949)[D].北京:首都师范大学,2013:17.

理学会成立时,有30余所大学建立了物理系或数理系。物理学相关的课程设置已趋向成熟。

综上所述,声学在不同学制的施行过程中被始终作为物理学的一部分进行课程设置,早期由西方传入的声学(音学)知识基本上属于经典声学的范畴,相关译著大都属于教科书类型,缺乏对现代声学理论内容的介绍。晚清政府在20世纪初就规定中、高等学校课程设置中必须包含声学方面的内容,一直到新中国成立前,有关声学方面的课程设置仍包含在物理学之中,1930年前后由中国学者编著的部分汉语大学物理教材中就有专门章节用来介绍现代声学的相关知识,为现代声学在中国的普及发挥出重要推动作用。

第三节 登州文会馆开展的天文教育活动及其影响

中国作为世界上天文学起步最早的国家之一,古代的天文学与算学是不"分家"的,在推算编制国家历法与星占预卜等政治需求下,与儒家、佛教和道教思想相依表里,自秦汉以后形成了独有的宇宙理论和观测实践方法。由于明清时期的闭关锁国,我国在天文学领域开始落后于西方国家。随着传教士接踵入华,自第一次西学东渐开始,西方古典天文学在中国传播,并与中国本土天文学结合,成为清代数理天文学发展的主流,[①]但其受众群体仅为皇帝、大臣等封建统治阶级。伴随第二次西学东渐浪潮,来华传教士把西方的天文学新知识再次传播于中国,以学堂、译著、教科书、报刊等为依托多维度、多路径地向中国民众传播,打破传统的知识牢笼,推动天文学逐步从宫廷走向民间,使得中国民众有更多的机会接触西方天文学,对我国天文学

---

① 李瑞鹏.登州文会馆天文教育及其教材《天文揭要》研究[D].上海东华大学,2016.

的发展产生了深远影响。

一、登州文会馆天文学课程设置的基本情况

登州文会馆专门设置了天文学课程,由赫士授课。为了更好地讲授天文学课程,赫士编撰了3本天文教科书,分别为《天文揭要》《天文初阶》《天文新编》,教科书中的教学内容已经非常接近当时的国际天文学知识前沿。在登州文会馆不断与他校合并重组的同时,狄考文从国外带回了反射望远镜等器材,并在校园中建立起用于教学实践的天文观测台,促进了天文教育类课程的开展。齐鲁大学的天文算学系最后与中山大学天文系合并为南京大学天文系,因此登州文会馆是中国近代天文学科发展的基石和根基之一,其开展的天文教育应是中国近代天文教育的开端。

赫士讲授的天文学课程在正馆最后一年(六年级)全年开课。《登郡文会馆典章》第四条专门提及"馆中所学之书,业经诸位先生按先易后难自然之次序……使学者可拾级而登"[①]。由此可见,天文学放到最后一年开设因其为较难的课程。第八条又提到"凡学问素裕而来此馆者,则可专习天文、格物等学,苟天资明敏,更励以殷勤,虽二年之书,亦可并于一年学之",这说明"天文""格物"等课程虽相较其他课程略难,但若"励以殷勤",仍可以压缩学时,然而考试却是异常严格的。登州文会馆规定几何学、代数学、物理学、化学、天文学等学科均需在每学期期末进行考试,其他科目在每学年末或该科目学习结束的学期末进行测试。学生最后考试成绩占总分的三分之一,日常的口问口答占考试总成绩的三分之二,考试总成绩需要达到规定的等级分数,若学生在任意一门科目中达不到相应的等级分数,则必须在下一级重新进

---

① 郭大松、杜学霞.中国第一所现代大学:登州文会馆[M].济南:山东人民出版社,2012:13~25.

行学习,再次考试后若仍达不到规定等级的分数要求,则会被勒令退学。①

赫士教授天文学课程早期采用的是艾利亚斯·路密斯(Elias Loomis)的《天文学论集》(*Treatise on Astronomy*)和查尔斯·杨(Charles Young)的《普通天文学》(*General Astronomy*),教学内容涵盖了两书的全部核心内容。后来赫士自己编撰了天文学教科书并应用到课堂教学过程中。

登州文会馆的天文课具有循序渐进的授课方式、是专业资质的教习、精心编译的教科书和合理的考试模式,此外,登州文会馆为"以试验各学之理,各学之用",还配备有口径为10英寸(约25厘米)的望远镜、经限仪、经纬仪、天球仪等天文学教学实验仪器,学生可以使用望远镜来观测太阳黑子和星云等,获得比从其他任何渠道都更清晰的天象概念。②学校有《谈天》《中西天文算学精蕴》等天文学方面的图书,藏有行星绕日表、章动表、恒星表等辅助材料,天文课的课堂上也教授学生利用经纬仪获取纬度和时间的各种不同方法,因此学生"不至空谈无补"。登州文会馆在该时期所拥有的天文器材和天文观测设备在国内是首屈一指的,天文教育在教学师资、教学方法等方面也达到较高水准。

登州文会馆的天文教育对我国近代天文学的发展有着深远影响,因此对其天文教育及其相关活动的研究至关重要,尤其应对编撰的相关天文教材进行深度剖析,分析其基本内容及其作用影响。

二、登州文会馆编译的天文教科书及其价值

早期中国民众是通过《谈天》一书来了解西方天文学知识的。《谈天》由李善兰与英国传教士伟烈亚力合译,1859年由墨海书局出版,其英文底本是

---

① 郭大松、杜学霞.中国第一所现代大学:登州文会馆[M].济南:山东人民出版社,2012:13.
② 郭大松、杜学霞.中国第一所现代大学:登州文会馆[M].济南:山东人民出版社,2012:11.

第五章 登州文会馆的近代科学本土化实践

赫歇耳（J.Herschel,1792—1871,时译为侯失勒）编撰的天文教材《天文学纲要》(*Outlines of Astronomy*)。《谈天》是近代第一部向中国全面系统介绍西方天文学知识的译著,该书把19世纪西方天文学的全景展现了出来,不仅促进了中国天文学从传统向近代转变,还影响了士人与民众的天学观乃至世界观。① 后来,赫士编撰的系列天文学教材进一步选取了当时西方天文学的最新研究成果,向中国读者展现了西方天文学新的知识体系。

(一)《天文揭要》的基本内容及其特点

《天文揭要》由赫士口译,蓬莱赢桥周文源笔述,该书底本为美国数学家、天文学家路密斯写作的《天文学论集》(*Treatise on Astronomy*)。该书1866年出版是路密斯在耶鲁大学任教时所著,分为20章,每一章都分小节,每一小节又包含多个条目,内容简洁明了,知识点通俗易懂,利于学生接受。每一章大致内容如下:第一章论地球,第二章论主要的天文仪器,第三章论大气的折射-蒙气差,第四章论地球的年运动,第五章论视差,第六章论太阳,第七章论岁差,第八章论月球,第九章论有心力,第十章论月蚀,第十一章论日蚀,第十二章论如何确定一个位置的经度的方法,第十三章论潮汐,第十四章论行星-轨道的基础,第十五章论内行星,第十六章论地外行星,第十七章论宇宙中恒星和行星的数量,第十八章论彗星,第十九章论恒星,第二十章论双星-星团、星气。

《天文揭要》分上下两卷,共有18章。1~10章为上卷,主要内容包括:论地、论天文器、论蒙气差、论日躔、论视差、论日、论诸曜小动、论月、论月蚀、论日蚀;11~18章为下卷,主要内容包括:论各地之经度、论潮汐、论行星、论昆中力与日之地平视差、论彗星、论流星、论恒星、论双星星团星气。后附杂

---

① 樊静.晚清天文学译著《谈天》的研究[D].呼和浩特:内蒙古师范大学,2007:1.

问、附表与星图。

赫士为《天文揭要》所作的英文序中提到,该书是一个风格更清晰、更简洁的新版本,该版本丢弃了对过时方法和设备的描述,同时插入了一些新内容,简要介绍了最近研究的重要成果。赫士在中文序中提到《天文揭要》主要由三部分内容组成:"假诸器以步诸曜之经纬,为天文用学;证诸曜之吸力与行向,为天文力学;论诸曜之形势体质,为天文体学。"由此可知,赫士认为:"天文用学"以实用天文学为主的天体测量学,"天文力学"主要研究天体的运行规律,"天文体学"是以各种天体的形状和物理特性等为研究对象。

书名中的"揭要"一词源自"因取泰西诸天文书,采其粹精,揭其体要,辑成一编"。该书鉴于当时天文诸刊存在"皆载往迹陈辞,而于天文近来事迹,查无所考,且将推算要式大都删除,致使天文之实理,虚而难凭"等种种不足。编撰时尽力做到"条分缕析,补阙拾遗",主要用于"授馆内诸生",即在登州文会馆进行天文教学所用,目的是"使诸生因书而求习题,因题而究书理,由浅入深,庶不泥纸上之空谈也"。书中声明:"天文学与吉凶灾祥之事无涉,学者不可执泥腐儒谬说,妄解天文至理。"赫士也谦虚提及"夫是编本为课诸生而设,非敢问诸世也,因同人之请,不获已而付之梓刊"。

《天文揭要》有多个版本,本书参考的版本为1898年上海美华书馆刻印的版本。

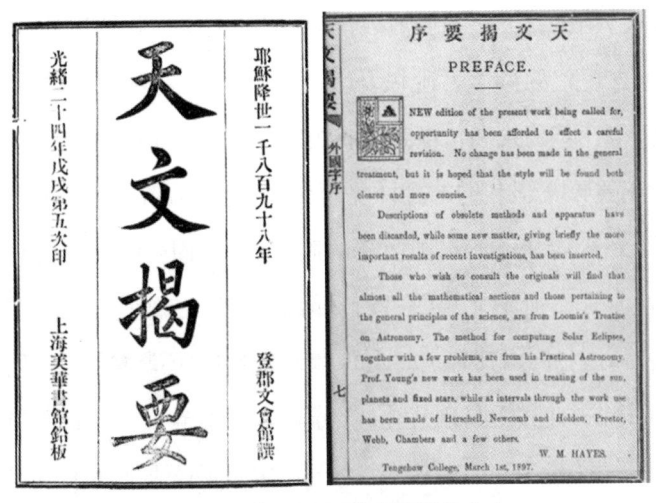

第五章　登州文会馆的近代科学本土化实践 ◇

图 5.10 《天文揭要》书影及英文序

《天文揭要》将英文底本中的第十四、十五和十六章中有关行星的内容合为一章,所以比底本少了 2 章。杂问部分是对《天文揭要》中重要知识点的提问和复习,还附相关附表。该部分是对整本书的一个查缺补漏,相当于现在课本中最后的总复习练习题,目的是使学生通过练习认识到对知识理解的程度,从而进行更为细致扎实的补充学习。赫士把英文底本 50 条练习题中一些相对较难及复杂的进行了删减,缩减至 35 条。由于《天文揭要》的读者为中国人,赫士把底本中涉及美国的地名更换为中国的城市,如将芝加哥、波士顿、纽约等换成了宁波、北京、登州、上海等。赫士在英文底本基础上加工整合,使其成为结构更明晰、内容更新颖、更适合中国学生使用的教材。

《天文揭要》补充了"1882 年之彗""流星之数""恒星与星气之光图"和"十九世纪 90 年代小行星观测的研究成果"等较新的天文成果,提出了"月过午线法"和"太阳地平视差计算"等新的研究测算方法,还更新了"地平降度表""太阳半径"和"各行星质量体积"等数据。①

---

① 李瑞鹏.登州文会馆天文教育及其教材《天文揭要》研究[D].上海东华大学,2016:29~35.

与《谈天》相比,《天文揭要》除提出更多的天文学新知识外,其翻译方式更接近于西方现代的科学表述和表达习惯。例如,在阿拉伯数字的使用、时间单位、数学计算公式和角度弧度等方面的运用多遵循西方表达方式。另外,书中对相关天文学名词的翻译更现代化。例如,《谈天》在日期表达方面将书中的年月日均翻译成中国历律的表达形式,而《天文揭要》则沿用西方通用的表达方式,"所论之年数,皆自耶稣降世时,或前或后算起;而所论之月,则皆按西历之月,因其有定时也"。《天文揭要》还调整了《谈天》中部分天文学名词的译法,使其更具现代化,部分翻译沿用至今。例如将"Aphelion/Apogee"的翻译由"最高点"改为"远日点","Perigee"的翻译由"最卑点"改为"近日点","Meridian"翻译由"午线"改为"子午线",等等。《天文揭要》比《谈天》更符合当时天文学的发展趋势,且语言更为简洁易懂,总体上更易于中国读者阅读学习。

由此可见,《天文揭要》阐述了西方天文学相关著作中新的知识体系,选取了西方天文学领域内最新研究中的精粹,较有针对性地弥补了之前相关天文译著的不足与错漏,当时被视为"多新说,足以校正《谈天》之误者"[1]。

《天文揭要》还介绍了当时欧洲使用的诸多天文仪器,如子午仪和赤道仪。

---

[1] 王韬、顾燮光.近代译书目[M].北京:北京图书馆出版社,2003:216.

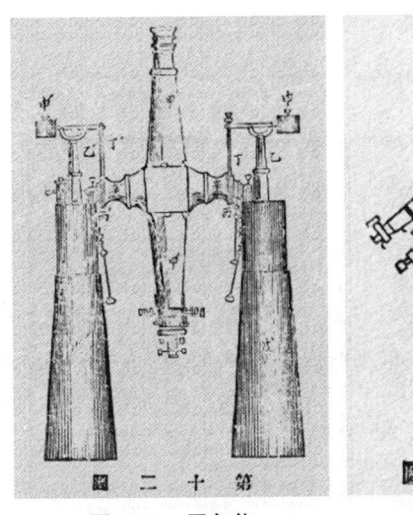

第五章 登州文会馆的近代科学本土化实践

图 5.11 子午仪 　　图 5.12 赤道仪

子午仪是用来观察通过子午线的天体的一种天文仪器，在测诸曜的经度时使用。赤道仪是为了克服地球自转对观星的影响而设计的观测仪器，书中也对其结构及使用方法等做了详细论述。由于缺乏天文观测实践，实际上当时学生学习天文学仍存在"纸上谈兵"[①]的情况，尽管《天文揭要》介绍了当时欧洲使用的各种天文仪器，甚至细到如何通过具体步骤来进行操作，但对于毫无实践经验的学生来说，确实难以理解，在这种情况下，接受天文知识是比较困难的。

---

① 李罗力.中华历史通鉴 第4部[M].北京:国际文化出版公司,1997:3735.

(二)《天文初阶》的基本内容及其特点

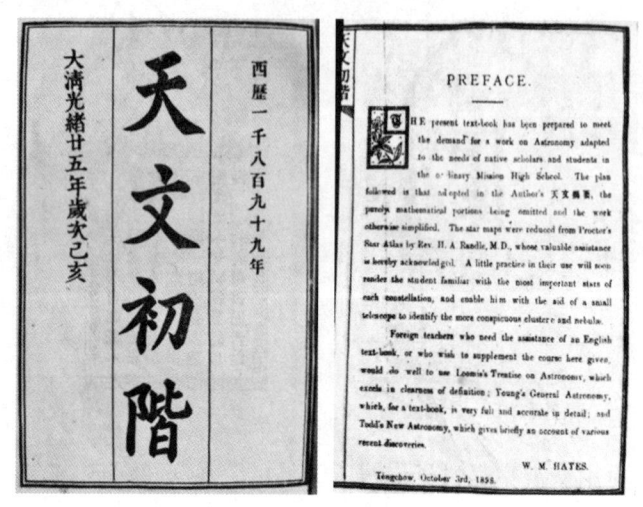

图 5.13 《天文初阶》书影及英文序
(图片来源:登郡文会馆撰.天文初阶[M].上海:上海美华书馆,1898.)

《天文初阶》由赫士口译,刘桂荣(山东莱阳人)笔述,1895 年及 1899 年由上海美华书馆石印,1901 年重刻,全文为一册。赫士在"序"中表明了撰写此书的出发点:"复将《天文揭要》中之关乎算学者一概删去,惟取诸关乎天文者缕析条分,详为斟酌,辑成是书,末复列星图与表,互为核对,名之曰《天文初阶》。"[①]因为《天文揭要》集天文与算学为一体,因此不精通算学的应试之士"未能详解",为了解决这个问题,《天文初阶》便在《天文揭要》基础上遵循删去"关乎算学者",主要留取"关乎天文者"的原则进行简化。《天文初阶》分为 9 章,共 180 节,有一定的选取要求和编排顺序,具体章节分别为:论地球、论天文要器(附论蒙气差)、论日躔(附论视差及求午正法)、论日、论月、论行星、论彗星与流星、论恒星、论诸曜之小动,相关内容全部来自《天文揭要》。《天文初阶》通过对原有章节进行拆分、合并及删除,重新整合后对知识

---
① 登郡文会馆撰.天文初阶[M].上海美华书馆,1898.

点的阐述更简洁与透彻，使得内容的编排不仅符合"初"之本意，又更易于读者阅读。

赫士早期编撰的《天文揭要》与《天文初阶》两本教科书，彰显出其对编排教科书的深入思考与独到设计。《天文揭要》在参照西方现代天文学发展的最新趋势的同时，更新与增补了超出底本所述的诸多内容，在公式、字母、时间及数字等方面的翻译方式更贴合西方国家的通用表述，该书后被列入广学会益智会的"推广实学条例"，是当时中国士子讲求西学的"应读最要之书"。①《天文初阶》在《天文揭要》的基础上删除、拆分和合并成为一本天文学初等教材，由浅入深地对各类天文知识进行整合。中华基督教教育会执行委员皮彻(Pilcher)在关于教会学校用书的纲要性设想中，便将《天文初阶》列入"所需要的教科书"②名目之中。

(三)《天文新编》的基本内容及其特点

图 5.14 《天文新编》书影

---

① 叶璐.晚清天文教育与天文启蒙[D].上海交通大学,2017:68.
② 毕苑.建造常识:教科书与近代中国文化转型[M].福州:福建教育出版社,2010:241.

《天文新编》由上海美华书馆于1911年出版发行,该书封面上标明"山东共合大学堂撰"的字样,内文首页用英文标注赫士为著者,末页标注译述者为登郡文会馆的毕业生周云路,校润者为益都县视学员廪贡生张钦。《天文新编》共有11章,分别为:论地球、论天文要器及蒙气差、论日躔、论日、论月、论潮汐及日月蚀、论日系、论行星、论彗星、论恒星及论日系之天演。

1911年,赫士于青州神道学堂撰写的序言中提及:"将天文之关乎算学者,各成一编,曰天文测算,天文之关乎理说者,曰天文新解。余于课授之余,前三章取路密斯之秩序,后八章采最新之群说,数月而是编告成,曰天文新编。"[1]从该序言可以明晰,赫士在编译出版《天文揭要》《天文初阶》后,鉴于"欧美于近十年来,光图镜出现,天文学较前特有进步"等原因,选取路密斯和"最新之群说"编撰《天文新编》,补充光图镜(即分光镜)发明以来天文学领域的新成果,即录入截至1910年5月西方天体物理学方面的最新知识,并舍去相关著作中与天体数学计算方面的有关内容,不同于之前他编撰出版的两本天文学教科书,《天文新编》未设置习题。总体而言,整书以知识描述为主,数理知识水平要求不高。

叶璐认为,《天文新编》的前3章来自《天文揭要》,删除蒙气差及视差等涉及计算的内容。第4至11章主要译自莫尔顿编撰的《天文学导论》(*An Introduction to Astronomy*),部分章节基本照章翻译。《天文学导论》主要"介绍天文学最新进展,可使未接受过数学或大量科学训练的学生容易理解"[2],该书充分体现赫士既介绍当时西方天文学最新知识,又较少涉及复杂数学计算的初衷。《天文新编》保留了《天文揭要》的部分章节内容或某节中的部分要点,少量引用了查尔斯·杨等西方天文学家的著作内容,使其内容更为接

---

[1] 山东公合大学堂. 天文新编[M]. 上海:上海美华书馆,1911:2.
[2] Forest Ray Moulton. *An Introduction to Astronomy*. New York:The Macmillan Company;London:Macmillan & Co.,Ltd,1906.1.

近西方天文学最新进展。同时，为了使相关知识点更易于被读者阅读和理解，《天文新编》还加入了大量注释、插图和表格等。赫士在对个别知识点进行注释时，增加了具有中国地域特色的表述。例如，在著作中解释潮滞时提及"登郡潮满,约过子午线后,各有十小时,此谓之潮滞"，其中的"登郡"即指赫士入华传教经常活动的登州，反映了他们对山东地方知识的观察和总结。赫士除了引用或者翻译当时西方天文学家的新发现和新理论以外，更为难得的是还引用了中国士人的天文学观点，赫士在《天文新编》第52节中对于"冬至前午前午后长短不均之理"的说明中引用了他的学生王锡恩的相关观点。①

《天文新编》博采众长并对相关知识内容在系统性、简洁性、逻辑性和时效性等方面进行了整合处理，使其不仅承载了西方天文学新知识，还符合和匹配中国读者的阅读习惯及理解水平。《天文新编》被山东基督教共合大学作为高等教科书。一般来说，如《天文新编》这样的教科书，多用于大学低年级课程（如现今的普通天文学课程）教学，高年级的课程则大都采用英文原本，或由任课教授自编讲义。

中国本土高水平的天文学教材主要产生于20世纪二三十年代，由一些留学欧美及日本的天文学家回国之后编撰而成，如国立编译馆于1935年出版的张云写作的《高等天文学》，上海中华书局于1937年出版的卢景贵编的《高等天文学》等。②

另外，登州文会馆为了更好地配合天文课程教学，还建有自己的天文台，学生可以使用反射镜来观测太阳黑子、星云变星等。在当时，登州文会馆的天文器材和天文观测设备已十分先进，包括天球、天文指表、行星绕日表、章动轮、章动表、经纬仪、纪限仪和恒星表，还有狄考文第一次回国时募捐到

---

① 叶璐. 晚清天文教育与天文启蒙[D]. 上海：上海交通大学,2017:76.
② 薄树人. 薄树人文集[M]. 合肥：中国科学技术大学出版社,2003:119.

的反射望远镜。①登州文会馆拥有的诸多天文设备和器材为日后建立齐鲁大学天算系奠定了基础。②

在清末民初开展的天文教育中,比较重视实用天文教育。在当时一些新式的军事及工业技术学堂中,与航海或测量相关的课程教学中均涉及实用天文学,如福建船政学堂的驾驶班、天津水师学堂的驾驶班,唐山路矿学堂、北洋大学堂、山西大学堂等学校的土木工程科,这些课程早期多是聘请外国教习讲授,后期逐步由中国人接替。山东近代天文学教育及相关研究开展得较早。除狄考文在登州文会馆开设天文学方面的课程外,1869 年丁宝桢创办的尚志书院(原"金线书院")招收各府州县儒生来院讲习,兼收愿学天文、地理、算术者。③另外,在其他书院也有与天文学有关的课程。

京师同文馆始建于 1862 年,一受洋务派与顽固派间的"斗争"影响,招生时断时续,"因思洋人制造机器、火器等件,以及行船、行军,无一不自天文、算学中来"④,因此陆续增设地理及数理化等自然科学类课程,讲授自然科学知识。1866 年天文算学馆正式成立,学制 8 年,最后 2 年设置天文测算课程。1868 年,李善兰出任同文馆天文算学馆总教习,延聘欧礼斐(C.H.Oliver,1857—1937)、海灵敦(Mark W.Harrington,生卒年月不详)、骆三畏(Samuel Marcus Russell,生卒年月不详)等外国天文算学教习,开设几何学、代数学、微积分、天文测算等科目,教学内容均侧重于基础天文及与航海、测量等相关的实用天文知识,这应与洋务派主张的"师夷长技以制夷"密切相关。同文馆内还建有配合教学用的观星台,师生利用其对各种天象进行观测。骆三畏与学生编译了《星学发轫》《星学发轫引说》《荧惑新解》3 本天文著作,因为

---

① 李瑞鹏.登州文会馆天文教育及其教材"天文揭要"研究[D].上海:东华大学,2016:21.
② 郭大松.中国第一所现代大学:登州文会馆[M].济南:山东人民出版社,2012:85.
③ 傅海伦.山东天算史[M].济南:山东人民出版社,2018:267.
④ 高时良、黄仁贤.中国近代教育史资料汇编:洋务运动时期教育[M].上海:上海教育出版社,2007:43.

《星学发轫》涉及天文仪器的操作使用、天文测量的计算等天文实用知识,该书被作为同文馆的教科书使用。但该书的内容过于深,与其他学科之间也没有形成系统关联性,加之其售价较高,不如同时期赫士编译的《天文揭要》传播广泛。

三、天文算学在天文教育方面的作用

天文算学馆虽是洋务派"师夷长技以制夷"的产物,但无法改变封建传统文化的根深蒂固,因此天文算学馆的天文教学对中国近代天文学发展的影响较小。上海广方言馆也开设有天文科,内设天文馆,有观测仪器,由贾步纬和一名英国人担任天文教习。此外,上海的格致书院等学堂也讲授天文学相关知识。[①]齐鲁大学天文算学系在中国近现代天文学教育史上具有重要地位,为当时的天文教育做出了重要贡献。而登州文会馆的天文教育为齐鲁大学天文算学系的建立与发展奠定了良好基础。

清政府于1904年颁布的《奏定学堂章程》中规定,格致科大学分算学、星学、物理学、化学、动植物学、地质学六门。民国政府于1913年公布的大学规程中也明确规定了大学理科要设星学门。由于当时天文教育的师资和必要的天文观测设备的缺乏,至1920年全国仍未有学校单独开设天文系,北京大学、南京高等师范学校、北京高等师范学校等院校也只是在数学系、数理部或物化部内开设天文课,[②]仅齐鲁大学于1917年设立了由天文与数学整合的天算系,该系是中国最早的天文算学系之一。还有一所较早设置天文专业的大学为中山大学,1926年,广东大学改为第一中山大学并在理学院数

---

① 龚书铎.中国通史:第11卷 近代前编 1840—1919 下册[M].上海:上海人民出版社,2015:1792.

② 陈遵妫.中国天文学史 下[M].上海:上海人民出版社,2016:1417.

学系内添设了天文课程,随后数学系改称为数学天文系,并于 1929 年建成了一个小规模的天文台。①1952 年全国高校院系调整,齐鲁大学和中山大学的天文专业合并到南京大学天文系,其设备器材与师生也一起迁到了南京,至此,我国的天文教育中心便移至南京大学。

1934 年,为了解决青岛观象台的人才需求,山东大学和青岛观象台合作,在物理系设置天文气象组,开设普通天文、天体物理和《天体力学》等课程,抗战时期,山东大学内迁四川后天文气象组停办。②此外,东北大学、厦门大学、国立中央大学、国立清华大学等大学,以及浙江陆地测量局、湖北陆地测量局等培养测绘人才的教育机构也开设了天文学方面的课程。③京师陆地测量学校培养的曹谟、刘述文等人后来成为中国近代天文大地测量工作的骨干。④

齐鲁大学在教育教学方面,实行校院系三级管理,理学院下设生物、化学、物理、天文算学 4 个系。⑤齐鲁大学的天文算学系学制为 4 年,学生除学习算学相关科目外,还要学习气象学、测绘学、普通天文学、实用天文学等课程,齐鲁大学自 1935 年开始逐步添置了赤道仪等新的观象仪器,并增设小型天文台。天文台配备的基础天文观测设备和仪器是从广文大学迁过来的,而广文大学的大部分天文仪器设备又是来自登州文会馆的。齐鲁大学天文台原有的来自登州文会馆的 10 英寸反射望远镜,后期由于微动控制设备不灵敏,仅供学生实习时使用,后续又添置了一架 4 英寸望远镜,⑥主要应用于太阳黑子和变星观测。齐鲁大学中有 2 座天文台,小的天文台称为"寿龄",大

---

① 陈遵妫.中国天文学史 下[M].上海:上海人民出版社,2016:1417.
② 杜升云.中国古代天文学的转轨与近代天文学[M].北京:中国科学技术出版社,2013:343.
③ 陈遵妫.中国天文学史 下[M].上海:上海人民出版社,2016:1418.
④ 周远廉、龚书铎.中国通史 20 第 11 卷 近代前编 1840—1919 下[M].上海:上海人民出版社,2015:1467.
⑤ 赵承福.山东教育通史 近现代卷[M].济南:山东人民出版社,2001:290.
⑥ 傅海伦.山东科学技术史[M].济南:山东人民出版社,2011:463.

的天文台为纪念王锡恩而命名为"泽普"。1937年,七七事变爆发,齐鲁大学被迫迁往四川成都,天文算学系停办,但相关天文仪器未随校搬迁,由毕业留校任教的程庭芳留驻维护。程庭芳使用齐鲁大学天文台的仪器进行了太阳黑子和变星的观测工作。①

四、王锡恩的天文研究及其影响

登州文会馆除了提供大量的仪器设备从而助力齐鲁大学天文算学系的发展以外,也为近代中国培养了一批天文学人才,其中最为著名的人是王锡恩。天文算学系最初只有2位教员:一位是系主任王锡恩,另一位是田冠五。田冠五是山东临淄毕家庄人,名羲经,字冠五,1910年于广文学堂毕业后留校任教,1916年随广文大学并入齐鲁大学,田冠五仍旧留校工作。

王锡恩,字泽溥(又作泽普),山东益都县(今青州市)东王车村人,1893年毕业于登州文会馆,作为优秀毕业生留校任教。1901年,应山东巡抚袁世凯邀请,赫士带领毕业于登州文会馆的6名西学教习前往济南创办山东大学堂,王锡恩为6名西学教习之一,任物理学教习。1917年,王锡恩任齐鲁大学天文算学系教授、系主任兼任天文台台长,致力于天文学和数学研究,是当时在该校任系主任的唯一一位中国人。王锡恩编撰出版《实用天文学》《普通天文学》等著作,晚年创立了绘图日食新算法,他在天文学方面的研究得到国内外天文学界的广泛认可与赞誉,被称为中国近代从事天文教育的第一人,②法国世界天文学会接纳他为会员,并授予其数理硕士学位。他不仅精通天文学,在数学及物理学领域也进行了较为深入的研究,编撰出版《勾股

---

① 中国科学技术协会.中国科学技术专家传略 理学编 天文卷1[M].北京:中国科学技术出版社,2005:150.

② 杜升云.科技史文库中国天文学史大系 中国古代天文学的转轨与近代天文学[M].北京:中国科学技术出版社,2013:350.

演代》《最新图解三角术》等数学著作,以及《力学测算》《电学测算》《无线电学》和《无线电原理》等物理学著作。

19世纪上半叶,国际上无线电理论与技术迅猛发展,但是国内相关技术人才极为稀缺,齐鲁大学文理学院应国家社会之需,开设无线电专修科以培养专业技术人才。为了更好地开展教学,王锡恩编撰《无线电原理》并于1925年由商务印书馆出版,书中介绍了无线电的理论与应用。该书深入浅出、言简意赅,后被纳入《万有文库》出版发行,同其他被收录的小开本图书一样,具有装帧简洁、体积轻巧、价格低廉等特点,[①]因此市场销路较好。《无线电原理》收录了当时最新及最尖端的无线电知识与技术,书中的许多插图清晰地反映了当时先进无线电仪器的基本构造,为时人了解西方最新的无线电仪器构造及使用方法,掌握和应用先进的无线电技术拓宽了渠道。

在《无线电原理》出版之前,1916年商务印书馆出版了由王锡恩与刘永恩编译、宋逵升校阅的《无线电学》一书。该书包括"无线电报""无线得律风""飞行机上之无线电报"三部分,后附"证电浪之公式",其中第一部分"无线电报"又分为五章,分别为:论昔时之各式、论电浪、射发电报之展发、论射发电报之仪器、射发电报之各式。[②]王锡恩在《无线电学》的序言中提到他将翻译的西方近年来的无线电成果编撰成书的原因是与刘永恩讨论无线电报。因为无线电在航海、通讯等民用、军用领域的广泛应用,可以有力推动经济发展及社会进步,所以王锡恩以德国人赫兹(Heinrich Rudolf Hertz)及意大利人马可尼(Guglielmo Marconi)的相关著作为底本,参考其他相关著作,并结合自身已有的知识进行翻译,翻稿用词严谨,逻辑清晰,行文中规中矩。后期出版的《无线电原理》对于无线电学的学科史和涉及的仪器演变方面的内容较少,重点介绍无线电的原理及其应用,因此《无线电原理》和《无线电学》

---

① 柳和城.挑战和机遇 新文化运动中的商务印书馆[M].上海:商务印书馆,2019:142.
② 王锡恩、刘永恩编译;宋逵升校阅.无线电学[M].上海:商务印书馆,1916:1.

第五章　登州文会馆的近代科学本土化实践

应属同一系列。

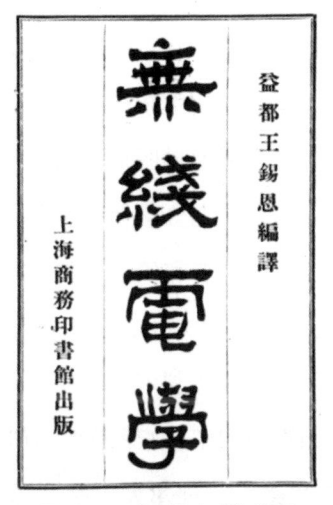

图 5.15　《无线电学》书影

图 5.16　王锡恩在试验无线电报

王锡恩作为登州文会馆培养出来的中国本土学者，一直工作在教育教学一线，在天文与数理等方面有很深造诣，从而推动齐鲁大学天文算学系快速成长与发展。王锡恩编撰的《实用天文学》涉及天文学方面的系列论文，为当时的天文爱好者和研究者提供了一本内容丰富、知识全面的参考书，为中国近代天文学的学科发展作出了不可磨灭的贡献。王锡恩在其编撰的《勾股演代》一书中用代数的方法解决了勾股定理中的各种运算关系,并增加了自己创新的练习题,以便于强化初学者和自学者对相关知识的理解。王锡恩编撰的《图解三角术》中的公式及其应用均用作图加以证明,论理浅显易懂,公式表述简单明了,初学者和自学者通过图形可以轻松掌握三角学的本质。王锡恩编译的《无线电学》助力时人充分了解西方科学技术的最新发展,他编撰的《无线电原理》为无线电学习者和研究者提供了可用教材和参考资料,不仅为近代中国培养了许多无线电人才,还为中国天文学科的发展奠定了一定的理论基础。[①]

齐鲁大学天文算学系还为中国天文学教育与研究领域培养了一大批高水平人才,如南京大学天文系主要创建人程庭芳、赵却民,曾担任南京大学天文系主任的苗永宽,中国科学院院士苗永瑞、秦馨菱(王锡恩的外孙),这些天文学界和科学界知名人士均出自王锡恩门下或其弟子门下,天文算学系直接或间接地为中国早期天文工作者的培养做出重要贡献。

第四节 登州文会馆博物学课程的开设与博物馆的设立

"博物"一词由来已久,它与中国古代的"通识"(广博的知识结构)教育联系密切,却在中国传统学术与教育体系中没有专门位置,在儒家的追求之中也处于边缘地位。[②]在中国传统的四部之学的分类体系之中从未取得过独立的类目,博物一科多被归入子部中的谱录类、小说家类、农书类或杂家类

[①] 哈斯塔娜.齐鲁大学王锡恩的科学工作研究[D].呼和浩特:内蒙古师范大学,2021:67.
[②] 芦笛."博物"观念在晚清时期的变迁[J].清史论丛,2019(2):170.

中。《史记》中便有"博物"的记载,早期意为通晓众物、博学多识。中国古代以"博物"为题的著作中有晋代张华撰写的《博物志》,该书作为志怪小说,内容包括历史人物的传说、山川地理的知识、奇异的草木虫鱼以及飞禽走兽,也有怪诞不经的神仙方术故事,还收录了许多古代神话。①从文本书写角度,《博物志》应为中国历史上首部以博物为主题的著作。②后人续编之作有李石的《继博物志》(宋)、游潜的《博物志补》(明)、董斯张的《广博物志》(明)、谷泰的《博物要览》(清)、徐寿基的《续广博物志》(清)等以"博物"为题的专书或类书。各朝代还有大量不以"博物"为题但以"博物"眼光去看待相关事物及现象的古代著述,如沈括的《梦溪笔谈》(北宋)、李时珍的《本草纲目》(明)、王象晋的《群芳谱》(明)、方以智的《物理小识》(明)、吴其濬《植物名实图考》(清)等。因此,中国本土社会发展进程中有大量文人士子对博物产生兴趣,也形成了深厚的博物知识传统。

中国传统中有博物观念,但是没有一门学科、一个知识体系,甚至缺乏一个连续的学术传统与西方的"博物学"相对应,仅散见于传统文献之中,博物学一直未能以纯西方科学的形式在近代中国出现过。③

博物学是对大千世界丰富多样的自然现象进行收集、分类、整理的知识,其在早期发展阶段差不多涵盖了除数理科学之外的所有自然科学。④从知识论的角度看,博物学是指与数理科学、还原论科学相对立的对大自然事物的分类、宏观描述,以及对系统内在关联的研究,包括思想观念也包含实用技术,⑤也可以说博物学是一种观看和研究的方式,以及重新认识世界万

---

① 范宁.范宁古典文学研究文集[M].重庆:重庆出版社,2006:609.
② 芦笛."博物"观念在晚清时期的变迁[J].清史论丛,2019(2):167.
③ 王楠.帝国之术与地方知识——近代博物学研究在中国[J].江苏社会科学,2015(6):244.
④ 吴国盛.反思科学 名人演讲录[M].北京:新世界出版社,2004:20.
⑤ 刘华杰.博物学论纲[J].广西民族大学学报(哲学社会科学版),2011,33(6):2~11.

物的志趣。①

西方许多基督徒兼科学研究者多以宗教视角去观察自然,试图通过研究自然去发现上帝创造自然界的威力、智慧和善行,从而达到认识上帝的目的,②伴随着帝国主义的扩张和海洋贸易的发展,博物学成为19世纪西方人在国外殖民地或居留地最广泛开展的科学活动。③

一、博物学在近代中国的早期传播

受西学东渐影响,至晚清时期,"博物之学"与"格致"较清代之前联系更加密切。源出《大学》的"格致"一词是中国古代认识论中的一个重要概念,是对人与自身以外物的世界之间复杂关系的理解。宋代程朱理学的"格物穷理"在一定程度上促进了后世学者对事物性质、成因、规律的观察或思考,也为第一次西学东渐提供了有利的概念框架。④意大利艾儒略(Giulio Aleni)在《西学凡》中把欧洲的哲学称为"理学",他认为"理学者,义理之大学也,人以义理超于万物,而为万物之灵,格物穷理,则于人全而于天近"⑤;利玛窦在《译几何原本引》中提及"吾西陬国虽褊小,而其庠校所业格物穷理之法,视诸列邦为独备焉"⑥;徐光启曾称赞利玛窦所研之学为"大者修身事天,小者格物穷理"⑦;"格致"一度成为中西方学术互动的一个话语平台。

---

① 施錡.宋元画史中的博物学文化[M].上海世纪出版有限公司;上海书店出版社,2018:8.
② 祝青山.中世纪宗教文化与近代科学精神[J].河南师范大学学报,1999(2):32~35.
③ [美]范发迪.清代在华的英国博物学家:科学、帝国与文化遭遇 袁剑,译[M].北京:中国人民大学出版社,2011:3.
④ 乐爱国、高令印.朱熹格物致知论的科学精神及其历史作用[J].厦门大学学报,1997(1):54~58,64.
⑤ 张西平.游走于中西之间[M].郑州:大象出版社,2019:115.
⑥ 《中华大典》工作委员会、《中华大典》编纂委员会.中华大典 理化典 中西会通分典 1[M].济南:山东教育出版社,2018:258.
⑦ 朱维铮.利玛窦中文著译集[M].上海:复旦大学出版社,2001:303.

第五章 登州文会馆的近代科学本土化实践

中国有博物之学,也有许多关于博物的著作,但没有博物学,①"博物学"一词是晚清以来受西学影响而出现的,由传教士充当其在华研究与传播的先驱,该词的内涵与中国的博物之学不相一致。②18世纪法国的博物学家布丰(Buffon)的44卷本《博物学》中包括动植物、矿物、天文知识和物理学知识,这种百科全书式的风格也正是博物学特有的风格。鸦片战争之前,西方传教士大致将"博物"与"Natural History"相联系。③以"博物学"对译natural history始自清季民初,是近世中西学术会通之一环,两者既有交涉,更有区别。④由于跨文化思维与语言表述问题,二者之间并非简单的对等,在翻译和概念阐释方面也有不同观点,这和中国的博物之学在学理上是有较大区别的。

19世纪中叶,在华传教士在使用"博物"一词的过程中赋予了其新的含义。1855年,英国传教士合信在上海墨海书馆出版了《博物新编》,全面介绍了西方物理、化学、天文、动物等内容,从这些内容看,书名中的"博物"一词泛指自然科学,"新"字是指书中所述的为中国本土知识体系中没有的新知识。该书将中国民众作为目标读者,同时因其知识新奇而不断激起中国士人的兴趣,对当时一些关心西学的如徐寿、华蘅芳等知识分子都曾产生过重大的影响。⑤

19世纪中叶至20世纪初,从中外联合编纂的汉外字典中也能看出时人对"博物"及其相关概念的理解。1866—1869年,德国传教士罗存德(Wilhelm Lobscheid)在香港出版多卷本《英华字典》,书中将"natural philosophy"释义为博物、性理之学、博物理学、博物之理,将"natural history"释义为博物论,将

---

① 吴国盛.反思科学[M].上海:新世界出版社,2004:20.

② 周远方.中国传统博物学的变迁及其特征[J].科学技术哲学研究,2011,28(5):79-84.

③ Robert Morrison, *A Dictionary of the Chinese language, in three parts: Part III*[M].Macao:Printed at the Honorable East India Company's Press,1822:290.

④ 余欣、周金泰.博物学与Natural History:东西方知识传统的构造[J].历史研究,2023(01):167—188,224.

⑤ 林煌天.中国翻译词典[M].武汉:湖北教育出版社,1997:54.

"natural science"释义为格物、博物之学、博物。① 1908年,颜惠庆等人在上海商务印书馆编辑出版了一部中国人自编的名为《英华大辞典》的英汉双语辞典,其中将"natural history"释义为博物志、博物学、博物论,对"博物"一词的使用逐步开始与"学""志"或"论"字组合。在近代西学、新学、征实之学的冲击下,"博物"在一定范围内逐步成为"自然科学"的代称。②清末教育改革过程中的相关制度里也频现"博物",相关教育活动在清末兴起的同时,也激发了国人理解、观察和尝试自然世界的理念。

清末民初,基于从日本转译而来的西方知识分类概念,在以矿物、植物、动物和生理学4科组成中国近代博物学的同时,也以此为基准重构了中国传统的博物学。中国近代博物学以进化论为内在主线,"学者言博物,往往道进化。其验小物,推而大之。至谓人之鼻祖,始于原始动物。因以为天地万物,有进无退。语及政教,遂起优胜劣败,后胜于前"③。在具有西方学科分类意义的博物学引进之后,新式学校设立了博物课程,博物学方面的启蒙读物和传授博物知识的教科书随之诞生。

在华出版机构推出相关博物学的知识启蒙读物和教会学校设置博物学类课程,是晚清博物学知识普及的两种主要方式。较早介绍博物学知识的内容有墨海书馆出版的《植物学》等图书和《格致汇编》等报刊,部分教会学校还专门设置了博物学方面的课程。1877年,教科书委员会任命韦廉臣、傅兰雅、狄考文等人筹备编写中文教材,所列科目中就有博物学类课程,④包括自然史(自然志)、植物学、动物学、生理学等方向。益智书会陆续推出了《植物

---

① William Lobscheid, *English and Chinese Dictionary* (Part 3), Hong Kong: Printed and Published at the "Daily Press" Office, 1868: 1212, 1213.
② 孔令伟.博物学与博物馆在中国的源起[J].新美术,2008,29(1):67.
③ 姚明辉.生物进化论[J].博物学杂志,1914,(2):125~162.
④ 朱有瓛、戚名琇、钱曼倩.中国近代教育史资料汇编 教育行政机构及教育团体[M].上海:上海教育出版社,2007:622.

学启蒙》《动物学新编》等多种书籍，虽然这些书在当时影响有限，但却是博物知识在中国传播的起点。

  清末学制改革后，博物学正式进入教育体系，如《奏定中学堂章程》规定："其植物当讲形体构造，生理分类功用；其动物当讲形体构造，生理习性特质，分类功用；其人身生理当讲身体内外之部位，知觉运动之机关及卫生之重要事宜；其矿物当讲重要矿物之形象、性质、功用，现出法、鉴识法之要略。"《奏定中学堂章程》规定中学课程分为5年，每星期为36个钟点（课时），第一年：博物（植物、动物）每星期2个课时，地理（地理总论及亚洲总论、中国地理）2个课时，算学（算术）4个课时；第二年：博物（植物、动物）每星期2个课时，地理（中国地理）2个课时，算学（算术、代数、几何、簿记）4个课时；第三年：博物（生理、卫生、矿物）每星期2个课时，地理（外国地理）2个课时，算学（代数、几何）4个课时；第四年：博物（生理、卫生、矿物）每星期2个课时，地理（外国地理）2个课时，算学（代数、几何）4个课时，理化（物理）4个课时；第五年：地理（地文学）2个课时，算学（几何、三角）4个课时，理化（化学）4个课时。

  上述各种科目，都在一个星期内轮流授课，并不是在一天内遍习所有科目，第五年如果缺法制理财教习，则每星期的课时可加入外国语、历史、地理科中。①对于授课提出要求："凡教博物者，在据实物标本得真确之知识，使适用于日用生计及各项实业之用，尤当细审植物、动物相互之关系，及植物、动物与人生之关系。"②由此可见，博物课教学目的有明显的实用性。清末新式教育体系对博物学的重视，为博物学人才在本土的培养和博物学知识在本土的传播提供了空间与制度保障。

---

① 舒新城.中国近代教育史资料[M].北京：人民教育出版社，1981：508.
② 叶佩珉、刘恕.生物学课程论[M].南宁：广西教育出版社，2001：24.

二、登州文会馆博物学课程的创设

狄考文、郭显德等出于传教目的,在教会学校内设置博物馆学课程,为吸引中国百姓进入教堂而建立教会博物馆。

《文会馆·历史三:学科》中提及"文会馆章程,原定为正备两斋,正斋六年毕业,分道学、经学、国文、算术、历史、理化、博物暨性理、天文诸科"[①]。正斋第四年开设地石学,第五年开设动植物学(1902 年添授),第六年开设心灵学。该课程设置自 1891 年便开始施行,因为当时还是八股取士,所以部分课程会根据科举考试进行随时调整。后来西学日渐昌盛,相关课程设计改良。

学堂建立了小型图书馆,购置书籍供学生阅读。"本馆则竭力采购,储存一室,任诸生借阅,正课之余,各视所嗜,恣意诵读,获益殊多。"[②]图书包括经学、道学、文学、史鉴、政治、法律、格致、博物、算学、天文、性理、子书。其中博物方面的图书包括地学、动物学、植物学、广博物志、观物博异、百兽图说。[③]图书馆藏书种类繁多,既有传统儒家经典,也有益智书会等教会及机构出版的介绍西方自然实用知识的书籍。图书中的《广博物志》应为明朝董斯张撰写,该书共 50 卷,分天道、时序、地形、职官、形体、艺苑、居处、服饰、器用、饮食、草木、鸟兽、虫鱼等 22 门。《观物博异》由法国普谢(Pouchet)撰写,英国季理斐(MacGillivray)翻译,李鼎星述稿,于 1904 年出版,共 8 卷,内容包括微生物、昆虫类、飞禽类、植物类、地质类和天文类。[④]著者和译者在书中使用了"据说"等传闻性词汇介绍某些生物现象,多用宗教性的语言介绍自然常识,

---

① 郭大松、杜学霞.中国第一所现代大学:登州文会馆[M].济南:山东人民出版社,2012:71.
② 郭大松、杜学霞.中国第一所现代大学:登州文会馆[M].济南:山东人民出版社,2012:79.
③ 郭大松、杜学霞.中国第一所现代大学:登州文会馆[M].济南:山东人民出版社,2012:81.
④ 李昂、付雷、徐丁丁.中国生物学史 近现代卷[M].南宁:广西教育出版社,2018:22.

第五章 登州文会馆的近代科学本土化实践

书中有 200 余幅插图,并穿插了大量的植物学实验。①《百兽图说》为韦廉臣的夫人撰,主要介绍动物学的相关内容,②在登州文会馆内属于科普读物,谈不上学校正规使用的教科书。③

1899 年 1 月,鲁迅考入南京矿路学堂读书。据载他抵达南京后从南京发函,寄矿路学堂"功课单一纸"回绍兴老家,同时寄回画报一本,以及广学会出售的《百鸟图说》《百兽图说》各一本。他在《呐喊·自序》中说道:"在这学堂里,我才知道世上还有所谓格致、算学、地理、历史、绘图和体操……"④由此可见,当时西方的这些带有插图的绘图书籍已经在城市里面传播开来,也使接受新式教育的学子增长了见识。这一时期,由丁韪良、韦廉臣、狄考文、林乐知、傅兰雅、黎力基等人组成的益智书会编译、刊印了大量科学普及类书籍。据傅兰雅 1894 年所编《益智书会书目》记载,到 1894 年该会编译、刊印图书 66 种。益智书会和教会编译、刊印的图书主要为教科书,其中重要的有:傅兰雅翻译的"格物图说"系列,包括《光学图说》《电学图说》《重学图说》《矿石图说》《体性图说》《水学图说》《天文图说》《植物图说》《汽机图说》等,该图说系列还包括韦门道氏撰写的《百鸟图说》《百兽图说》等。⑤

从梁启超在 1896 年列举的《西学书目表》可见,当时带有插图的动植物学书籍有上述韦门道氏的《百鸟图说》和《百兽图说》,以及韦廉臣的《植物形性附图》和《动物形性附图》。⑥也有一些学校将一些图说类书籍作为教科书使用,如 1884 开设的镇江女塾,在其相当于小学至中学 12 年的课程中都开设了科学类课程,博物学方面开设的课程有:第三年是植物浅说、动物浅说

---

① 李昂、付雷、徐丁丁.中国生物学史 近现代卷[M].南宁:广西教育出版社,2018:22.
② 南京师范学院中文系资料室、南京师范学院附属中学语文教研组.鲁迅在南京[D].聊城:山东师范学院聊城分院图书馆,1979.
③ 汪家熔.民族魂 教科书变迁[M].北京:商务印书馆,2008:10.
④ 周川.中国近现代高等教育人物辞典[M].福州:福建教育出版社,2018:719.
⑤ 邹小站.西学东渐 迎拒与选择[M].成都:四川人民出版社,2008:249.
⑥ 梁启超.《饮冰室合集》集外文:下[M].北京:北京大学出版社,2005:1127.

(第一本),第四年是植物口传及动物浅说(第二本),第五年和第六年是植物图说和动物新编,第七年是植物学课程,动物学使用的《百兽图说》作为课本,第八年是植物学,动物学使用的是《百鸟图说》。①

文会馆第三任馆主柏尔根在任内扩展了校园,主持兴建了钟楼、礼堂、餐厅、图书馆、天文台、运动场、木工厂、铁工厂、理化仪器制造所等,并长期教授教门汇参、圣经入门、博物学课程。1904年文会馆迁潍县,柏尔根担任广文学堂第一任监督,完成其他学堂并入事宜,设文、理、神、医各学院。1906年他辞去监督一职,专职讲授博物、化学等课程。他在授课中特别注重生物标本制作与教学,广泛搜求草木、昆虫、矿石数千件,罗列一室,作为物标本,教学及研究均受其益。②

《广文学堂简章》中提到:"本堂购置有大学堂一所,足资考课。格物楼一所,以备试(实)验。其中理化器械、博物标本,无不分类布置,以供各科学之用。又有天文台一所,置大千里镜于中,俾学天文者,可按时觇天。"③广文学堂学制5年,每年分为首季和次季,对应现在的上、下学期,第一年首季开设英文或寻常理化,每周5课时,次季英文或博物初阶,每周5课时;第二年次季英文或格物实验,每周5课时,还增加了植物学,每周5课时;第三年首季及次季均开设了每周3课时的动物学;第四年首季及次季均开设了每周2课时的地质学,首季开设每周3课时的心理学;第四年或第五年终考试及格者,各给一毕业凭照。领第四年毕业凭照生,既可出学就业者,也可留堂补习第五年学科或入专门大学堂。④

《山东试办大学堂暂行章程折稿》规定:"俟建造学堂规模大备后,应添

---

① 李昂、付雷、徐丁丁.中国生物学史:近现代卷[M].南宁:广西教育出版社,2018:18.
② 郭大松、杜学霞.中国第一所现代大学:登州文会馆[M].济南:山东人民出版社,2012:247.
③ 郭大松、杜学霞.中国第一所现代大学:登州文会馆[M].济南:山东人民出版社,2012:97.
④ 郭大松、杜学霞.中国第一所现代大学:登州文会馆[M].济南:山东人民出版社,2012:102.

设藏书楼、博物院各一所,以资考证而广见闻。"①

登州文会馆师生也为博物学的发展贡献了力量。例如,美国人卫礼大,1899年从烟台转登州,在登州文会馆教授测绘、博物、化学等课程,后转回烟台。②登州文会馆培养的学生张延祥(字和斋),昌乐乡学教读,继任上海明强学堂算学教习,上海英浸会大学堂博物、理化教习,后任上海广学会主笔。③

近代中小学堂的"博物"教育,多是教学生一些"花鸟虫鱼"方面的知识,相当于今天中小学校的"自然"课。但在100多年前,这些知识是被排除在科举体系之外的,是不能登大雅之堂的,直到清末《钦定学堂章程》和《奏定学堂章程》规定中小学堂应设"博物科",教授动植物和矿物等内容。"博物科"的确立与博物方面的教科书与普及读物的出现,为国人带来科学启蒙,为他们揭开认识世界的新画卷,也推动中国自然科学教育迈出了第一步。

三、博物馆在近代中国的建立与发展

博物学研究、博物知识的传播与近代博物馆的诞生之间存在密切联系。让深受封建文化思想浸染的国人接触、理解接受博物馆一定会经历很多文化上的不适应,甚至内心的震动,也一定需要一个曲折漫长的过程。19世纪末至20世纪初期,屡有国人深怀着对世界的好奇和对社会的忧虑,更带着救亡与图强的抱负赴海外游历和学习,为国家和民族寻求新的希望,这些知识分子为国人带回了博物馆方面的信息,拓宽了"开启民智"的渠道。站在东方瞭望西方,中国的知识分子和实业家把建设博物馆当成一种社会理想,并借助

---

① 山东大学图书馆.山东大学图书馆古籍善本书目[M].济南:齐鲁书社,2007:746.
② 郭大松、杜学霞.中国第一所现代大学:登州文会馆[M].济南:山东人民出版社,2012:261.
③ 郭大松、杜学霞.中国第一所现代大学:登州文会馆[M].济南:山东人民出版社,2012:283.

西方传教士的力量亲力亲为地将其转化为现实。①以期重建文化上的自信,在他们的努力推动下博物馆和相关制度终于在近代中国生根发芽并开枝散叶。

一些美国来华传教士、外交官员和美国政府中的少数"中国通",觉察到进入20世纪后的中国,将发生剧变,"哪一个国家能够做到教育这一代的青年中国人,哪一个国家就将由于这方面所付出的努力,而在精神的和商业的影响上,取回最大可能的收获,进而控制未来中国的发展"②。

(一)博物馆的起源与发展

私有制产生以后出现收藏文化珍品的现象,当私藏规模达到一定程度后,藏主就需要建立专门保存珍品的场所,产生了原始意义上的"博物馆行为"。博物馆作为收藏、保护、研究、展示和传播人类生存及其环境物证的场所与机构,是征集、保护、研究、传播、展示人类及人类生存环境的见证物,并向大众开放的为社会及其发展服务的非营利机构。博物馆的英文名为"museum",该词源自希腊文"museion",意思是"缪斯神庙",即祭祀执掌艺术与科学之神缪斯的地方,当时的希腊人把积累或收集的珍品放置在缪斯神庙中,从而赋予这些文化珍品以最崇高的地位。古希腊文化对欧洲国家影响深远,所以该词就成为艺术的表征,并逐步演化出"博物馆"的概念。

据说,马其顿的亚历山大大帝(前356—前323)建立了地跨欧亚非三洲的大帝国,他在征讨过程中掠夺、搜集了许多艺术珍品和稀有之物,并将它们交给他的老师亚里士多德来进行整理和研究。亚历山大早亡后,其创立的帝国也随之分崩离析,其下属在埃及建立了新的托勒密王朝。公元前290年前后,托勒密王朝统治者在亚历山大里亚城创办了亚历山大博学园,这个当

---

① 李万万.博物馆的历史:从欧洲原型到本土化发展的中国博物馆[M].北京:人民美术出版社,2019:184.

② 王奇生.中国留学生的历史轨迹1872—1949[M].武汉:湖北教育出版社,1992:14.

第五章 登州文会馆的近代科学本土化实践

时世界上最大的学术和艺术研究中心包括图书馆、动物植物园、研究所等机构,再加上专门收藏文化艺术珍品的缪斯神庙,构成了2000多年前全球的知识宝库,这也是目前博物馆学界公认的世界上最早的博物馆。[①]

此后的一千多年里,世界上很多地方都建立了类似亚历山大博学园的机构,为近代博物馆的诞生提供了条件,虽然近代博物馆的多种职能也在古代博物馆的收藏传统中萌芽,但它们多是王公贵族、富商等群体的私有奇珍异宝收藏馆,一般不对外开放。14—16世纪,文艺复兴运动改变了整个欧洲的文化氛围,社会公众对于研究古典文化和探索科学的兴趣愈趋浓厚,大航海和地理大发现也为在更广泛地域搜集奇珍异宝提供了便利条件,使收藏品类在相对短时期内大幅增加,由此创建近代博物馆的思想和物质条件逐渐完善,这一切为真正的博物馆时代的来临奠定了基础。

西方近代博物馆的成立标志是私人收藏公诸于世,向社会开放,其产生的过程也是古物私有私藏向公有公藏转化的过程。[②]17世纪80年代,英国"阿什莫林艺术和考古博物馆"(Ashmolean Museum)开创了将私人收藏公之于世并建立近代博物馆的先河,是世界上第一座具有近代博物馆特征的博物馆。[③]英国贵族阿什莫林于1682年将其个人收藏的美术品、考古出土器物、货币徽章、武器、服饰、各种动植矿物标本等捐献给牛津大学,并在牛津大学成立阿什莫林艺术和考古博物馆。阿什莫林艺术和考古博物馆在进行藏品展示的同时还增加了开展实验及教学展示等新功能。

随着工业革命的进程,欧洲资本主义民主文化运动逐步兴起,各国相继建立起了各具特色的博物馆,但其主要功能仍然是收藏,也可以视之为以"国家名义创办公共收藏",如爱尔兰国家博物馆、维也纳自然历史博物馆、

[①] 李慧竹.博物馆学体系初探[M].济南:山东大学出版社,2016:6.
[②] 徐玲.西方博物馆观念在中国的早期传播[J].中国博物馆,2011(21):97~102.
[③] 万媛媛,裴书研.当代博物馆五讲[M].沈阳:辽宁人民出版社,2020.

伦敦大不列颠博物馆、西班牙国立博物馆等。1789年,法国大革命爆发,革命政府将收缴的君主、教会"珍宝"视为公共财产统一处置,并将从前的皇家植物园、动物园、博物馆等整合起来,由此推动了被视为现代博物馆模型的法国卢浮宫的建立与开放。1792年,法国内政部长对卢浮宫的期许是"这座博物馆,必须展示国家的巨大的财富……博物馆将包容具有多重之美的知识,成为全世界最美的地方,……将变成法兰西共和国的一种最佳例证"[①]。1793年,法国国民议会将卢浮宫建成为属于全民所有的、具有"公众启蒙工具资源"的国家博物馆,并在特定时间内对所有人开放。在卢浮宫的带动下,许多国家的大博物馆也陆续开放。虽然以卢浮宫为代表的博物馆不可避免地成为宣扬国威的公共设施,与所谓"启蒙大众"的主张仍有很大差距,但是它们的建立与象征性地开放将一向由国王和贵族垄断的艺术市场解放出来,标志着博物馆社会化时代的到来。

进入19世纪,部分欧美国家大型博物馆的藏品也从艺术珍稀品逐步扩展到自然历史、技术和工业史、地方文化历史等各方面。博物馆事业迈入全面发展的历史时期的标志是美国史密森学院附属国立博物馆群和纽约大都会艺术博物馆等大型博物馆(群)的兴建。

(二)博物馆在中国的早期发展

上至皇帝和贵族官员,下至士大夫文人和富商多有收藏"前朝文物"的爱好,因此也建立了一些收藏场所,但这些场所至多是一种萌芽状态的博物馆。早在商朝,王室和贵族就有将珍稀器物保存在宗庙之中的做法;周朝时设有天府、玉府来负责珍品典藏的保管,并设有专职官员负责管理;宋朝则大兴古物收藏之风,除皇室外,士大夫阶层中也出现了一大批拥有众多藏品

---

① [美]大卫·卡里尔.博物馆怀疑论[M].丁宁泽,南京:江苏美术出版社,2009:28.

第五章 登州文会馆的近代科学本土化实践

的收藏家;乾嘉考据学派使金石学研究趋于极盛,其"证经补史"的功能在清朝发挥到了一个新的高度。虽然我国古代没有出现过正式的博物馆,但这种对藏品的珍视及保管与研究为博物馆的出现以及西方博物馆理念的传播提供了可能。①

现代博物馆理念是在19世纪中叶随着第二次西学东渐被引入中国来的,具有现代属性的博物馆是由西方传教士在中国建立的,后来国人才陆续建立起自办博物馆。由西方传教士创立的新式博物馆大多面向公众开放,它们建立在西方世界知识谱系和现代科学分类方法的基础之上,糅合了生物学、地理学、历史学、考古学的重要成果,是西学东传的前哨。有学者认为,西方国家在中国与世界上其他殖民地国家或者第三世界国家建立博物馆的目的一样,是希望"通过资本主义的物品优势以及基于此的国力优势,强迫他国从根本上改变对自身和世界关系的看法"②,西方传教士借助博物馆内域外藏品的展示来打破中国传统的封闭视界,使中国民众得以窥见更大的世界图景。

维新士人将博物馆与诸多具备现代性色彩的国家机构并置,暗含着"取法西方"的意图和效仿欧美建国模式的愿望,建立博物馆被视为"师夷长技"的核心举措之一,其重要性不亚于建铁路、造轮船、开矿产。郑观应在《盛世危言》中就将"博物院""赛珍会"与"机器、商务、纺织、银行、格致、政事、农学、医学、钱法、钞法、测量、测候、地理、地舆、息兵会、派员游历、使臣出洋"相提并论,在他看来,它们都是强国的渠道。③这与清末主张维新变法者希望"效法西方"以开启民智,并改变中国人看待世界的想法不谋而合。鸦片战争

---

① 刘勇.新文化运动与世界文明[M].合肥:安徽大学出版社,2016:95.
② [美]简·杰弗里,余丁.向艺术致敬:中美视觉艺术管理,徐佳译.[M].北京:知识产权出版社,2008:81.
③ 安琪.博物馆民族志 中国西南地区的物象叙事与族群历史[M].北京:民族出版社,2014:39.

以后,在较早对外开放的中国沿海城市,国外传教团体和殖民势力建立了诸多西式博物馆,旨在通过陈列器物来开展公民教育,启迪科学精神,这为中国"博物"传统的现代转型提供了可资借鉴的样板。

博物馆是近代外来的文化形态之一。据考证"博物馆"一词最早出现在《海国图志》(1844年)50卷本中。①依据相关史料,以梁进德领衔的林则徐翻译班子有可能是最早将英文"museum"一词翻译成"博物馆"②,该翻译团队的主要成员都曾追随传教士或在传教士开办的教育机构中接受过语言翻译方面的训练。由此推断,来华外国人影响了"博物馆"的汉译过程。

西方传教士对"博物馆"一词的翻译尝试主要表现在19世纪出版的外汉字典中。1844年,传教士卫三畏(Samuel Wells Williams)在澳门出版的《英华韵府历阶》中收录了"museum"一词,汉译文为"博物院",这可能是该词最早的出处。③有学者认为王韬是第一个将英文"museum"翻译成"博物院"的人,其依据是:1867—1870年,王韬随理雅各(James Legge)游历欧洲英法等国,在王韬撰写的《漫游随录》中多次出现"博物院"一词。也有部分西方传教士如罗存德采用"百物院",英国驻华使馆汉文正使梅辉立(William Frederick Mayers)采用"万物之院"作为译名。这些人认为"博物"并不只是简单地对应"博物学"(natural history),他们将该词的内涵扩大为博、物、院三个字的集合,用于泛指世间"百物"。通过对前人日记、游记的考察,发现这一时期对博物馆名称的翻译并不一致,如刘锡鸿等人,仍然使用母席庵、妙西因、米由自亚米等"Museum"的音译名,有人称博古院、博览院、军工厂,也有人称万兽

---

① 陈建明.汉语"博物馆"一词的产生与流传[C]//回顾与展望:中国博物馆发展百年:2005年中国博物馆学会学术研讨会文集,2005:231~238.

② 李军.汉语"博物馆"、"博物院"的产生及使用:以19世纪外汉字典、中文报刊为中心[J].东南文化,2016(03):96–102.

③ Samuel Wells Williams,*An English and Chinese Vocabulary,in The Court Dialect*[M],Macao:printed at The Office of the Chinese Repository,1844:185.

第五章 登州文会馆的近代科学本土化实践

园、生灵苑。后续被广泛采用的"博物馆""博物院"两种汉译名在构词上均是由"博物"和表示场所概念的"馆"或"院"构成。当时一些报刊中有关博物学及博物馆的新闻报道间接地推动了相关知识的传播,影响了以康有为为代表的一批中国先进知识分子的思想形成,为中国近代博物馆运动奠定了坚实的思想和舆论基础。①

作为中国近代文化变革的产物,中国近代博物馆是在中国社会逐步近代化的过程中产生的,②当时中国民众了解博物馆主要通过付梓刊印的出洋游记(笔记)、西人在中国办的报纸杂志、西人在中国建立的博物馆三种途径。③

近代中国的博物馆大致分为自然史博物馆与科学技术博物馆两类。自然史博物馆与西方人在华研究博物学密切相关,以广泛收集自然标本,加以整理、研究并在欧洲发表为工作重心,目的侧重于增进西方人对于中国生物的系统性认识,以填补相关知识空白。④有学者认为,中国最早的博物馆是1829年创办于澳门的"驻华大英博物馆"⑤。而中国博物馆学界普遍认为,中国第一个博物馆,也是中国最早的自然博物馆,应为1868年由法国传教士韩伯禄(Pierre Marie Heude)在上海创办的徐家汇博物院。在博物院的草创阶段,由韩伯禄个人收集并保存在徐家汇博物院的标本数量被誉为"东亚第一"。徐家汇博物院在1930年以后划归震旦大学,并改名为震旦博物院。徐家汇博物院及后续成立的上海亚洲文会博物院(也称上海自然历史博物院,1874年创办)等单纯以自然史收藏和研究为主的博物馆以研究为重点,并不

---

① 李军.汉语"博物馆"、"博物院"的产生及使用——以19世纪外汉字典、中文报刊为中心[J].东南文化,2016(03):96~102.
② 王宏钧.中国博物馆学基础[M].上海:上海古籍出版社,2001:72.
③ 梁吉生.论旧中国博物馆事业的历史意义[J].中国博物馆,1988(2):23.
④ 方豪.中国天主教史人物传 下[M].北京:中华书局,1988:281.
⑤ 李军.19世纪西人在华博物馆的两种类型——兼论中国最早的博物馆[J].东南文化,2015(04):98.

注重对外展示,由于当时中国在科学技术方面的全面落后,博物馆基本很少与中国学界进行知识交流。

除自然史博物馆外,科学技术博物馆是西方人在华创办的第二类博物馆。科学技术博物馆主要由基督教新教传教士创办,其主要目的在于以博物馆辅助学校科学教育,[①]这与基督教新教的传教策略变化关联密切。[②]这类博物馆以登州文会馆、烟台博物院、青州博古堂、济南广智院等的博物馆为代表。需要强调的是,在山东的这些博物馆与登州文会馆有着千丝万缕的联系。

四、登州文会馆博物馆的兴建

狄考文除了为登州文会馆精心设计了博物学方面的教学内容之外,还建有博物陈列所。《文会馆志》中关于"场屋"部分的介绍为:"1886 年,始建西式楼一座,一切讲堂课室、物理仪器、动植物标本悉列其中。惟藏书室、阅报所、电机房、沐浴室、化学实验处及观星台,另建于重楼之后。同时亦改建斋室十数间,并旧存者,足容百余人。此外,尚有西洋教员住宅一所,建于学堂东北院,博物陈列所建于学堂之前,此馆内之大概情形也。"由此可见,登州文会馆非常重视科学实验教学,狄考文为学校添设了力、热、光、电、磁、天文、化学等多个学科的大量仪器设备。他在专门建的一座西式楼房中设立博物陈列所,将物理仪器、动植物标本都放置其中。出于科学教育和传教的双重目的,狄考文在登州文会馆建立的博物陈列所,具有一定规模,因此也可以称之为博物馆,它是一个"向中国学生和参观者展示外国科学和机器设备的综合性科技实验室"。

---

① 李军.19 世纪西人在华博物馆的两种类型——兼论中国最早的博物馆[J].东南文化,2015(04):102.

② 王恒.科学技术博物馆发展简史[J].中国博物馆,1990(02):48~54.

第五章　登州文会馆的近代科学本土化实践

丹尼尔·W.费舍在《狄考文传：一位在中国山东生活了四十五年的传教士》一书中提到，该博物馆规模很大，使用狄考文《官话类编》全部的出版收益建造而成。博物馆设计考究，博物馆之前有一个用于布道的讲堂，目的是让来参观博物馆的人先听牧师布道。博物馆有大概一半的空间是礼堂，可以使用幻灯机或电影放映机。这个礼堂也被经常用作报告厅，观众可以坐在席间聆听牧师布道或者观看演示。丹尼尔·W.费舍还描述了博物馆内部分活动的场景：狄考文指派助手在里屋进行演示，一个男人用一只手推动一个小小的曲柄就可以碾碎玉米，和一个妇女或一头毛驴花很大力气在石磨上做同样工作的速度一样快。一个男人转动一个很大的曲柄，竟然不可思议地让头顶的一台小机车发出一些火花，并接着在一个圆形的轨道上绕着屋子开动起来。虽然这要依靠一台燃油发动机，但对于观众们而言，毫无疑问是一个奇迹，因为一个成年男子拖着一台机车绕着屋子跑并非易事，但通过轻松转动曲柄就可以实现，确实让观众为之震惊。除此之外，还有其他类似这样的日常生活中难以见到的"奇观"。另外，博物馆内陈列着多个装在笼子里被制成标本的鸟，墙上挂着很多珍奇动物的图片，在展厅里可以看到正在工作的蒸汽机和电动设备，有可取代人力的磨面机，有在轨道上行驶的火车和铁路模型，还有电话和电报。参观结束后，观众从另外一个门出去，参观完后都称"大开眼界"，无不啧啧称奇。

参观者中有当地普通的民众，也有在登州参加府试的学子，偶尔还会有上流社会的高级官员专程来一睹奇观。吴长庆帮办山东军务屯驻登州时，他麾下的袁世凯和幕僚张謇就曾参观过狄考文的登州文会馆并与其交好。[①]

在中国宣教大会上，用狄考文设计的仪器设备做了几次公开展览，受到

---

① 仲大军.从登州文会馆到北京大学：蓬莱在中国近代教育史上的地位[J].走向世界,1996(3):6.

了好评。①1908年,狄考文去世后,他创建的这个博物馆仍然向人们开放,并继续发挥着作用。据统计,仅1909年一年就有1.2万人来此参观过。②作为与其他人交往的一种媒介,本身不断地向学生们和更多的人展示了自然科学的规律及其在实际生活中的价值。然而它们绝不只是为更好地教授自然科学知识提供教学方便,还被狄考文视为同其他人交往的一种手段,以期为传教服务。③

五、其他主要博物馆的创办与发展

(一)烟台博物院

郭显德和狄考文同时受派遣赴山东传教,④郭显德夫妇在抵达登州8个月后到烟台芝罘开展传教活动,几度辗转迁址,最终落脚在毓璜顶。郭显德在烟台传道期间,为了更好地传教,也为了让烟台百姓开启民智,了解西方文化,于是便有了创建博物馆的想法。博物馆就设立在他的小教堂里面,他宣称"在教堂和博物馆中都能感受到上帝的存在"。

1875年,郭显德利用回国休假时募集的小部分经费,以及旅居烟台的广东富商李载之的资助,把位于烟台三马路云龙街与同乐街之间的两进四合院大宅(有平房27间、楼房10间)买下,1876年博物院建成,取名为"博物院福音堂",首任院长为伊维廉(Elterieh)。1902年,基督教烟台奇山会成立,博

---

① [美]丹尼尔·W. 费舍. 狄考文传:一位在中国山东生活了四十五年的传教士[M]. 关志远,译. 桂林:广西师范大学出版社,2009:158.

② Irwin T, Hyatt. *Our Ordered Lives Confess:Three Nineteenth-Century American Missionaries in East Shantung*[M]. Boston:Harvard University Press,1978:193.

③ [美]丹尼尔·W. 费舍. 狄考文传:一位在中国山东生活了四十五年的传教士[M]. 关志远,译. 桂林:广西师范大学出版社,2009:157.

④ 李军.19世纪西人在华博物馆的两种类型:兼论中国最早的博物馆[J].东南文化,2015(4):98~106,127~128.

第五章 登州文会馆的近代科学本土化实践

院福音堂转由该会主管,并改称"烟台博物院"。

烟台博物院由四进房屋组成,第一进为讲道室,采取类似登州文会馆的博物馆的结构,凡欲参观博物院者必先听牧师布道,展品分布在其余三进房屋之中;第二进陈列来自太平洋的各种珊瑚及矿石;第三进陈列为鸟兽及植物标本;第四进陈列物理、化学仪器及各种图书。部分医学标本由当时的毓璜顶医院供给,藏品及陈列品除从各方购买得来外,郭显德等人还在烟台各地及附近海岛广泛搜集各种昆虫、鱼类、贝类等并做成标本来展示,且随时增加新奇物件、表册图书等。郭显德为招徕观众,特意从胶州寻来一个名为姜太宏的矮人,让他看守大门,并收其为义子。奇物异人使得烟台博物院轰动一时,吸引了众多观众前来争睹"西洋光景"。

图 5.17 烟台博物院的标本室
(图片来源:刘惠琴,陈海涛.近代化进程中的微澜:传教士与开埠烟台[M].济南:山东人民出版社,2017:79.)

连警斋撰写的《郭显德牧师行传全集》(1937年)中记载:"郭牧师之博物院,乃如无声之电影……使参观者一日间即可游遍全球,动植各从其类,有条不紊。"实践证明,这是非常有效且成功地吸引民众前来教堂听讲传教的方式。郭显德的这一举动也有可能是受17世纪传教士们为吸引中国皇帝关注而大量展示西方科学仪器这一成功经验的启发。①

---

① 刘惠琴、陈海涛.近代化进程中的微澜:传教士与开埠烟台[M].济南:山东人民出版社,2017:79.

烟台博物院每季度还专门面向妇女开放一日,开放日当天不许男性进馆,面向妇女的宣讲除教义外,主要是宣传男女平等,提倡革除陈规陋习,经常涉及"女人放足"的话题。①博物院大门安装有旋轴计数器,可以用它记录进馆参观的人数。教会报告记载,自烟台博物院建院至1937年期间,接纳观众达300多万人次,②其社会教育及科学普及的作用可以想见。

这所博物院规模不大,却是烟台最早具有社会教育性质的机构,也是山东境内第一座博物馆,中国最早的博物馆之一。③烟台博物院也是规定先听道后参观,④其首要目标虽是借传播科学知识的方式传教布道,从而扩大基督教的势力及影响,但博物院向社会开放的举动无疑对普及自然科学知识发挥出积极作用,这在当时具有开创意义。

自"博物院福音堂"创建(1876年)至齐鲁大学成立"成章博物馆"(1933年),山东境内出现约7处兼具学术和教育内涵的博物馆,分布在胶东、青州和省会济南等地。这些早期博物馆均以受教会支持的传教士作为创办人,倾向于在中国收藏和展示动植物标本,因地制宜地开展了大量的博物学活动,这些创办人同时兼具博物学传播者的身份。包括登州文会馆博物馆在内的这些教会博物馆的立馆宗旨均是扩大教会的影响,扮演着殖民帝国科学知识生产中心的附属机构角色,⑤但在办馆实践过程中充分地体现并宣传了博物馆开放、公开的核心理念。这些博物馆的修建不仅让中国人看到了西方人是如何进行藏品的收集和保管的,还促使中国人摒弃了珍品秘不示人的观念。⑥这些博物馆在传播近代科学文化与启迪中国自办博物馆方面发挥了积

---

① 周霞、祁山.芝罘历史文化丛书 历史卷 古城春秋[M].济南:齐鲁书社,2016:94.
② 刘惠琴、陈海涛.近代化进程中的微澜:传教士与开埠烟台[M].济南:山东人民出版社,2017:78.
③ 山东省地方史志编纂委员会.山东省志·文物志[M].济南:山东人民出版社,1996:764.
④ 黄光域.1807—1949 基督教传行中国纪年[M].桂林:广西师范大学出版社,2017:57.
⑤ 肯维尹.中国早期自然博物馆中的两个方向"学究式博物馆"与"公共教育博物馆"[J].自然科学博物馆研究,2021(5):85~91.
⑥ 刘勇.新文化运动与世界文明[M].合肥:安徽大学出版社,2016:95.

极作用。①除基督教新教传教士外也有其他外国人倡议或参与设立格致书院博物馆和京师同文馆博物馆等科学技术博物馆,其目的在于以博物馆辅助新式学校的教学工作。

(二)南通博物苑

中国最早倡导并实现博物馆理念是实业家张謇。1903年,张謇东渡日本,日本博物馆和代表西方工业文明的博览会使其深受触动与启发。1905年,张謇开始在通州师范学校的植物园基础上改造建设南通博物苑,从而"为本校师范生备物理实验,为地方人民广农业上之知识"。

张謇在登州的经历也对其兴办南通博物苑产生一定影响。1876年夏,张謇以秀才身份投身淮军名将吴长庆军中并担任幕僚。后于1880年冬随吴长庆移军登州。在登州期间,张謇喜欢的去处之一就是狄考文创建的登州文会馆。登州文会馆中陈列的各种动物标本、发电机、电灯和各种电力设施令他惊奇,也对学校教授的博物学课程有所了解,这些开拓了他的视野,激发了他的求知欲望,为以后他兴办南通博物苑打下牢固的思想认识基础。②

张謇以一己之力创建南通博物苑的主要目的是辅助学校教育,同时向社会开放。南通博物苑是中国第一座公共博物馆,有了近5万件的藏品,设立自然、历史、美术、教育四馆,历史文物与自然标本并重,自然标本中既有南通地区动植物等自然资源藏品,也有国内外其他地区的珍稀动植物和珍贵的岩矿石、化石标本。

张謇认为要办好教育就必须办好博物馆,他把办博物馆提到教育救国的高度来认识,为之呐喊、提倡、规划及实践,这些从其博物馆著述乃至陈列

---

① 山东省地方史志编纂委员会.山东省志·文物志[M].济南:山东人民出版社,1996:764.
② 袁晓春、张爱敏.从登州文会馆博物馆到南通博物苑——传教士狄考文与中国早期博物馆的发展[J].中国博物馆,2012(03):61~65.

情况、教育举措均可窥见。①在他撰拟的《上南皮相国请京师建设帝室博览馆议》《上学部设博览馆议》《国家博物院、图书馆规画条议》和《博物苑观览简章》等中对博物馆的性质、任务、职能、作用、机构设置和规章制度等都有详尽的论述,初步形成了中国博物馆的理论研究体系,为中国博物馆学的发展打下了基础。②然而在张謇关于博物馆的系列论述中,少有提及受到西方传教士在中国建立的博物馆的影响,在当时环境下,他不提及这些影响和启发的原因,有可能也是民族自尊的一种体现吧。

"实业"与"教育"是张謇的救国核心理念,而南通博物苑恰好是其具体表现。近代中国的维新人士、实业家、官吏、科研学者等不同社会阶层的先进士人认为,中国建立博物馆的社会任务是救亡图存,因此博物馆也被视作推广科学技术、辅助科学教育、开启民智、救亡图存的重要工具。维新运动、清末新政和民主革命的开展使博物馆观念在社会上得到了进一步传播。

第五节 登州文会馆对摄影与电影技术早期传播的影响

1839年8月19日,法国科学院与艺术院联合会议宣告摄影术诞生,这一天是世界公认的摄影术诞生日。法国政府买下发明家路易·雅克·曼德·达盖尔(Louis Jacques Mand Daguerre)的银版摄影术发明专利权并"无偿赠送给全世界",摄影术诞生后,很快风靡整个世界,并在19世纪由来华的外国摄影师传入中国。

---

① 黄维尹.中国早期自然博物馆中的两个方向——"学究式博物馆"与"公共教育博物馆"[J].自然科学博物馆研究,2021,6(05):85~91,96.

② 吕济民.张謇开创博物馆理论与实践的重大意义——纪念张謇先生诞辰140周年[J].中国博物馆,1993(03):2.

第五章 登州文会馆的近代科学本土化实践

在《南京条约》签订前后,便有部分西方国家的随团摄影师携带照相机进行拍摄。1844年,法国人于勒·阿方斯·尤金·埃及尔(Jules Alphonse Eugène Itier)拍摄了《黄埔条约》的签字仪式,还拍摄了耆英的照片以及一些澳门的风景照。随着外国摄影师不断来华,摄影这一舶来品在中国迅速传播开来,使中国人对摄影有了初步的认识和了解。之后,国内涌现出一些士人及摄影爱好者,他们或著书立说或拍摄肖像,并开始了拍摄纪实照片的初步尝试,他们对摄影术在中国的传播与发展起到了重要的推动作用。①

一、摄影知识在中国的早期传播与应用

1844年,邹伯奇制成中国第一台照相机,并在《摄影之器记》与另外一些散存文章中论述了光学原理、暗箱制作、感光版制造以及拍摄、冲洗等方法,邹伯奇对暗箱等相关摄影器件的研究,完全是参照中国古代的光学成果并结合自己的研究独创完成的。邹伯奇是中国系统、全面论述摄影术的第一人,他提出的"摄影"一词一直沿用至今,因为当他的研究成果公布于世时,摄影技术已经有了进一步发展,国内开始出现介绍最新摄影方法的书籍,所以他的成果没有起到应有的作用,也未产生广泛的影响,但是其理论和实践仍然为中国早期摄影术的普及和传播做出了贡献。②

邹伯奇利用自制的照相机和调配的感光化合物拍摄了许多照片,其中一块人像玻璃底版仍珍藏在广州市博物馆,后人还用此底版冲印了极为清晰的邹伯奇相片,③虽然该照片是否为自拍以及拍摄的具体时间不可考,但是根据其生卒(邹伯奇生于1818年,卒于1869年)推断,该照片的拍摄时间

---

① 夏雨、勋南.摄影史话[M].福州:福建教育出版社,2003:51.
② 夏征农、陈至立.大辞海编辑委员会.大辞海(美术卷)[M].上海:上海辞书出版社,2012:470.
③ 陈申、徐希景.中国摄影艺术史 中国艺术科学总论[M].北京:生活·读书·新知三联书店,2011:19.

应该在19世纪中叶。

图 5.18 邹伯奇像

（图片来源：夏勋南.时代的肖像：世界人像摄影解读1[M].长沙：湖南美术出版社，2011：53）

摄影术被中国百姓称为"摄魂术"，当时的民众乃至一些官吏、士人都认为照相机在拍摄时，会慢慢地吸走人的精气，若精气全部都被吸走，人就会逐渐地枯竭而死。因此，民众都很害怕照相机，认为这是洋人残害中国人的一种巫术，能"摄人魂魄"，觉得面对这个机器会有性命之忧。

1872年8月，《中西闻见录》发行后，英国医生德贞（Dudgeon John Hephurn）先后在《中西闻见录》上发表了《镜影灯说》和其他一些摄影方面的译文，这些文章颇受读者的欢迎。1873年，德贞编译出版了《脱影奇观》，全书分为上、中、下三卷，分装四册。书中介绍了银版法、卡罗式摄影法、湿版摄影法等早期使用的摄影方法，并且配备了一些关于照相器材的插图，相关化学药品的名称也一律采用中英文对照，以便于读者理解和使用。

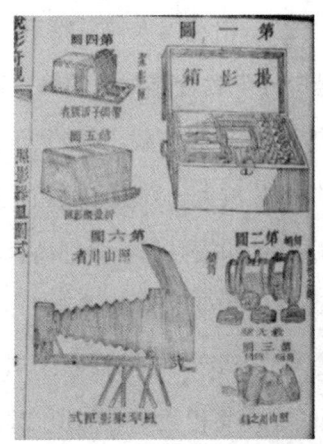

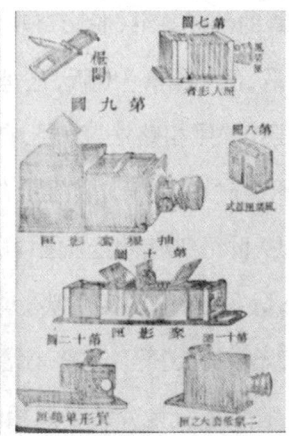

第五章 登州文会馆的近代科学本土化实践

图 5.19 《脱影奇观》中的插图

随着国际上照相材料和摄影方法的不断改进和更新,德贞还补充刊印了"续编"一册。《脱影奇观》作为最早传入中国的介绍西洋摄影术的专业书。[①]为适应中国读者需要,在讲授摄影术时力求实用、全面。它为中国人揭示了摄影术的奥秘,破除了当时中国民众认为照相是"异端邪术""非目睛之水,即人心之血"等缺乏科学常识的奇谈怪论。它使人能够通过自学来掌握摄影技术,证明摄影术绝非玄技,而是人人都能掌握的,为中国民众理解或学习摄影术打开了一扇窗口。[②]这些举动,对在国内普及科学知识、破除封建迷信发挥了良好作用,在端正人们对照相的看法上是有帮助的。[③]通过介绍摄影术原理与使用方法,它让中国民众了解这是一种可被掌握的技术知识,从而将西方光学知识传入中国,对中国民众进行"祛魅"。

晚清文人葛元煦在撰写的介绍上海开埠初期历史变迁的《沪游杂记》中讲到,《脱影奇观》出版后"华人得其法,购药水器具开设照相楼,延及各省"。由此可见,《脱影奇观》促进了照相行业在中国的发展,同时也带动了对其他

---

① 吴书芳.外来译者:中国近代科学翻译史上一支不可忽视的翻译力量[J].中国出版,2013(07):53~56.
② 祁小龙.《脱影奇观》所述摄影化学药品考[J].自然科学史研究,2022,41(3):353~363.
③ 上海人民美术出版社.摄影丛刊 第4辑[M].上海:上海人民美术出版社,1980:81.

摄影相关书籍的翻译。继《脱影奇观》之后,由英国人傅兰雅口授、徐寿笔录摄影专业书籍《色相留真》出版,这是中外学者合作编译的第一部照相专业书籍。该书还以"照相略法"为题,自1880年起连载于《格致汇编》第9~12卷。1887年再版时,书中又增加了介绍照片放大的方法和照相石版印刷技术等内容。从19世纪70年代起,国内陆续编印或翻译了多部内容涉及摄影知识的书籍,如《照相新编》《实用映相学》《照相器》《照相干片法》《光学须知》《光学图说》《光学揭要》等。这些书籍大多采取外国人口授、中国人笔录整理的方式完成,它们系统地介绍了照相的原理与相关专业知识,对照相术的普及以及相关光学知识的传播均起到了积极的促进作用,中国的知识界也逐步群体性地接受了照相术,真正自觉地努力学习和使用照相术。

二、《光学揭要》的内容及特点

登州文会馆的学子们也开始把照相术和自身的"学业修养、学术精进与学养追求"[①]相融发展。登州文会馆将照相术(包括镜影灯、映画的相关教学内容列入"格致"当中。

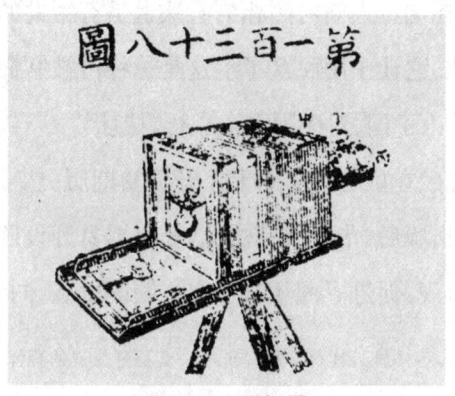

图 5.20 照相器

---

① 孙健三、孙宇静.中国百年影像档案1937万里猎影记[M].杭州:浙江摄影出版社,2016:271.

(一)《光学揭要》的内容

《光学揭要》所据底本为阿道夫·迦诺的《初等物理学》(也译为《基础物理学》)的第 14 版的第 7 章,赫士结合自己多年教学经验对原著做了删减而成中文译本。《光学揭要》有多个版本,这里依据的是上海美华书馆 1898 年刊印的第二版。《光学揭要》分上下两卷,共 7 章 189 节,包括 211 个知识点,每章章末均有光学仪器的介绍,全书共计 32 种,书中还有 188 幅插图。

赫士在《光学揭要》的序言中提道:"首数章皆加习问,俾学者演习精熟,便于利用。窃谓二三章算式,不宜脱略。因此理不熟,难洞悉诸光学器。反鉴与透光镜,须背画其图,后则易于从事。公余著述,谫陋难免。望学者善通其意,不泥其辞,庶几渣滓去尽,清光大来矣。未开凡例,聊弁数语于简端。"①由序言可知,该书是赫士基于多年的讲稿编译而来,他删减了"不属揭要"的一些内容,"稍加补苴"增加了新内容。具体内容如表 5.5 所示。

表5.5 《光学揭要》内容一览表

卷数	章数	章名	基本内容	备注
上卷	第一章	论光之速率与光表	相关概念、光的直线传播、影子的形成和小孔成像的知识、光速的三种测量方法以及常用的几种光表,包括:何为光、论光线与光笔、论影、论像、求光之速率诸法、论光之浓淡、论光表(光学观测设备)、论傅得光表、本孙光表、惠司盾光表等	11 幅插图、8 道杂问
	第二章	论反光与反光镜	反射定律及其实验证明与常见的反光镜,包括:论反光、论不平之反光面、论反光镜、论平镜反光成像之理、论像有实幻、论像之方向、论双像、论正交镜、论万花筒、论平行镜、论反光之浓、论测微角法、论光报、论曲镜、论光心、论联光心与虚幻光心、论凸镜光心、论寻凸凹镜光心、论凹镜成像之理、论凸镜成像之理、论凹镜成像之公式、论推远法、论平行光、论凸差、论抛物线镜等	31 幅插图、6 道杂问

---

① [美]赫士口译 朱保琛笔述 周文源校阅. 光学揭要[M].上海:益智会本,1898:序.

续表

卷数	章数	章名	基本内容	备注
下卷	第三章	论折光与透光镜	光的折射定律和透镜成像原理,包括:论折光理、论射角折角、论单折线、论折光指、论折角状、论水中有物俯视显近之理、论限角、论海市、论三棱、论差角、论直角三棱、论棱顶角、论最小之差角、论透光镜、论透光镜聚光散光之理、论透光镜之光心、论凹镜之光心、论大光心法、论光中、论凸镜成像、论凹镜成像、论凸差、论透光镜成像之公式、论二镜相配法、论物与像之比等	40幅插图、12道杂问
	第四章	论光分色及无色镜	光的色散、单色光以及物体的颜色形成的原因,包括:白光分色、精光图、论光图各色为纯色、光图复原、论物何以有色、论间色、论余色、论纯光、论光图各色之浓淡冷热及感化之能、论发郎互发线、光图镜、论无折差光图镜、融光图之黑线何解、日与星之光图、以光图测星行向、光图之用、奇光图、论色差、论解色差法等	19幅图片
	第五章	论光器	常见的光学仪器有望远镜、显微镜、投影仪、照相机的原理和使用方法,包括:何为光器(单显微镜、瓦拉斯顿显微镜、磕定盾显微镜)、论视径、论叠显微镜之作法、论双显微镜、论远镜、论千里眼、论反光远镜、牛顿远镜、侯失勒远镜、透光镜与反光镜之利弊、正目件、页目件、求目力法、映画镜、映画幕、绘画镜、论射影灯(投影仪)、论日显微镜、论电显微镜、论照相法、论照相理、诸水之作法(显像水、定像水、金绿水)等	37幅图片
	第六章	论眼（附论光源）	眼睛的结构及成像原理、眼睛常见的问题、色盲、眼镜等,包括:论眼之形具、论正副轴、论眼成像之理、论清界、论目力、论眼自制之能、论视物成体之理、论成体画、论成体镜、论脑网觉光之迟速、论光减脑网不能立觉、论余像、光荣差、睛珠色差、论目视远视近之别、论眼睛、论眼球曲率差、双像差、乱色目、察眼镜、论光源、冷光、论日感冷光、冷光机等	16幅插图
	第七章	论光相碍（附论奇折光）	光的衍射、干涉以及偏振光的相关知识,包括:论光浪之顺逆、论牛顿镜、论棱弯光、论窄缝所成之棱弯光、棱弯光窗、各色光浪之长短	26幅插图

第五章　登州文会馆的近代科学本土化实践

续表

卷数	章数	章名	基本内容	备注
			附论奇折光：透光物分两类、光过第一类被折如何、光入第二类被折如何、颗粒轴、论正负颗粒、双视轴颗粒、论爱斯阑片石、像分常奇、变颗粒、奇折线之故、附论平极光：原光与极光之系、论原光动荡如何、求极光角法、论极光面、论极光表、奴林伯极光表、论折光表、极光入单轴颗粒被折如何、土码琳极光表、尼可镜、论复奇片、论复奇光之理、论复奇片分色之故、论显色环之复奇片、论极光面被转	
		光学附	简介然根光的相关知识，包括：何为然根光、然根光与他光不同、何以知然根光之有无、虚无筒、然根光之用等	8幅插图

第三章《论折光与透光镜》中除了表中的知识点外，还有求定质折光指（值）法、求流质折光指（值）法、求气质折光指（值）法等求解相关知识的方法，也包括定质折光指（值）表、流质折光指（值）表、气质折光指（值）表等相关表格，以供读者查阅核对，类似情况还存在于第一章、第五章、第七章等章节之中。《光学揭要》专门论述了"照相器"，较为系统地对照相机的原理与使用制作等方面的知识进行了讲解，特别是对显像水、定像水、金绿水的制作与使用流程做了说明，还提供了使用各种化学物质的详细配比数据，这些内容是在国内物理类专门书籍中的首次出现。另外，最后一部分《光学附》在英文底本中是没有的，第一版《光学揭要》中也没有介绍，第二版才加入了然根光（X光）的内容，距伦琴发现然根光仅两年多时间，是第一次在国内介绍X光的知识，一年之内就增加新知识出版第二版，可见赫士对这部分内容的重视程度。

（二）《光学揭要》的编译特点

较之前的物理学书籍而言《光学揭要》对相关概念的表述精确度更高；

内容编排条理清晰,由浅入深、层层递进;其中的各类实验或证明多附带精美插图;对多个光学仪器介绍详尽。赫士具有多年的教学实践经验,使得这本书具有了不同于当时其他一些物理学译作的特点。

一是编排合理,更加适用于教学。各章节知识点基本上是因循"给出定义(定律)→进行理论证明(实验证明)→举例应用"的体例,与现行教科书的体例较为一致。例如,赫士在讲述光的反射定律时使用"设问加实验"的导入新课的方法,这种方法至今仍被众多物理教师在讲授新课时采用。《光学揭要》前三章的章末都有一定数量的杂问(课后题),这三章内杂问数量的分布也与重点难点的分布相一致,这些课后题紧扣教材中的知识点与实验,每道杂问后面有相应的答案。《光学揭要》中"导入新课(实验)→新课教学(概念、定理)→教师演示实验(学生实验)→得出结论→课后练习"的模式与现代物理学的教学模式近乎是一致的。在此之前西方人翻译的教材基本上是没有课后习题的,狄考文的《形学备旨》作为数学教材也较早地引入课后习题,由此可以推断:这种新体例及编排模式应源于登州文会馆,狄考文、赫士等人在教学实践基础上提出的教材创新模式开启了一个新的教科书时代。

二是实验先行,更加注重学生动手能力的培养。作为光学方向的专业教科书,《光学揭要》结合知识点设计了大量实验,实验包括学生实验和教师演示实验两类,书中有"明确的实验目的、实验仪器、实验过程和实验结论"的实验50余个。在一本光学教科书中设计数量如此多的实验,在当时是极为少见的,在此之前,因为相关实验仪器的缺乏,新式学校没有专用的实验室和仪器开展西方现代光学方面的教学和研究工作,所以在学校内也很少做实验。由于登州文会馆各类自然科学类的实验条件较为完备,仅光学实验仪器就有60多种,这些实验仪器、实验室还与教材相配套,使用这些实验仪器可以重复教材中设计的多个实验,更直观地促进了学生对相关知识的理解,切实地提高学生的动手实践能力,从而极大地提升教学质量。

第五章 登州文会馆的近代科学本土化实践

赫士等人还自己动手制作一些光学仪器,并设计相关实验,如验证漫反射的铂绒灯实验,这个实验在英文底本中是没有的,应是登州文会馆师生在教学中自创的实验。

另外,《光学揭要》还较为详尽地介绍了显微镜、映画镜、射影灯(投影仪)和照相机等实用性很强的光学仪器。射影灯至今仍是物理课堂上必不可少的教学设备,书中介绍了一种双射影灯,在英文底本和同时期的其他光学书籍中都没有介绍。而映画镜作为电影的原始形式,也较早地出现在《光学揭要》中。从这些实验内容的选择上可以看出,编译者在重视光学原理的基础上,更加突出光学知识的应用性与实用性,非常符合中国"以实用为主"的传统科技思想。

三是精选插图,更加注重教学实效。《光学揭要》中的大部分插图用于展现光学实验仪器的构造,以及描摹、呈现光学实验的过程,共有 188 幅。包括望远镜、显微镜、照相机等光学仪器的构造图,眼睛的结构及成像原理图、凸透镜成像原理图等。实验配上插图,使读者可以一目了然地理解和掌握相关原理与实验。有些用于解释生活中的光学现象的插图,在现代中学物理课本中仍有使用。

《光学揭要》在实际使用过程中,对于中学物理教学而言内容略难,但若作为理工科大学堂教材,则难度又相对偏低。随着后期译自日本的物理教科书大量涌现,尤其是饭盛挺造的《物理学》一书的出版及使用,这些教科书的内容综合性更强,术语更为规范,更加适合清廷新制定的学制标准,加上赫士在协助建立山东大学堂后,把更多的精力放在了基督教信仰研究和翻译、著述传教著作上,因此《光学揭要》在 1899 年版后渐渐淡出了人们的视野。然而作为中国光学教育实验的开山之作,《光学揭要》是不应该被后人忽略的。

登州文会馆毕业生孙熹圣的孙子孙健三先生曾高度评价《光学揭要》对我国电影事业的影响和作用,他认为日语中表示电影的"映画"一词源于登州文会馆和京师同文馆,借鉴了《光学揭要》和《格物入门》中的称谓,①《光学揭要》不仅囊括了映画镜、映画幕、射影灯、照像器、日显微镜(运用日光进行显微放映)、电显微镜(运用电光源进行显微放映)等成影与放映相关的教学内容,还把"放映术"的学理从使用燃烧生物光源进入电光源时代,并初步构建了"电影前学"领域的学科体系,为电影学在我国高等教育领域中的顺利出现,在学理、师资、教学器材、教育界及文化界的心理接受层面做出了铺垫,也为电影和光学在我国高校里的进一步发展打下理论基础。②

三、孙熹圣夫妇与中国近代第一张自拍照

登州文会馆的外国教习讲授的自然科学类课程中,不乏出现照相术、映画、影戏、记录影像等新鲜的名词,外国教习用照相机演示光学成像,用照片演示化学成影的原理。在其他课程中用照片做教具,帮助学生了解欧美各国的物产、地理、人文和风情。狄考文、狄邦就烈等西方教习对中国传统文化中"破万卷书,行万里路"的思想极为赞赏。狄邦就烈倡导学生参与"远足"活动,安排"周远足""月远足""学期远足""学年远足"四种远足课程,让学生"放开双足让远方留下足迹,丰富见闻,增长阅历才智",这极大地促进了学生身心的健康成长。在登州文会馆上学期间,自然科学类课程令孙熹圣对照片和照相术产生了极大兴趣,开始接触并学习使用照相机。当时大量的照片和幻灯(当时称为镜影灯)作为教学辅助工具进入课堂,学生们身在山东小城,却可通过照片和幻灯片了解教室以外乃至大洋彼岸不同地域的奇妙景象。

载入中国摄影史册的第一幅有翔实的史料文献记载,且完全由本人控

---

① 孙健三. 中国早期电化教育探源:上[J]. 中国教育信息化,2013(5):8.
② 孙健三. 中国早期电化教育探源:下[J]. 中国教育信息化,2013(6):6.

第五章 登州文会馆的近代科学本土化实践

制完成的纯粹意义上的自拍照,是孙熹圣的妻子隋心慈(婚后改名为"孙隋心慈")用土法实现的。

1901年1月1日,隋心慈用没有自拍功能且连快门都没有的照相机,为自己和丈夫拍了一张自拍照。2005年,这张照片在我国百年一次的摄影作品评选活动中,获评为"20世纪华人经典摄影作品"第002号,被收入《二十世纪中国摄影经典》。

图 5.21　我家第一张自拍照

(图片来源:孙健三.中国百年影像档案 孙明经纪实摄影研究 1 1938:从重庆到自贡[M].杭州:浙江摄影出版社,2018:2)

隋心慈的"艺术简历"是这样表述的:中国先驱女摄影家隋心慈,是一位杰出的倡导视觉教育的学者。据孙熹圣的孙子孙健三描述:隋心慈在校期间特别喜爱文学、天文学、化学、测量学等课程,尤其对光学课中的照相部分格外痴迷。此后她不但坚持深入研习摄影技术,而且创造了适合各种不同照相机的自拍方法,并自拍了许多与他人的合影照片。隋心慈在济南、南京担任小学和中学校长期间,鼓励教师在课堂教学中将照片作为教学辅助工具,她是我国早期视觉教育的倡导者和实践者。①

---

① 林茨、王瑞.摄影艺术论[M].北京:生活·读书·新知三联书店,2011:426.

孙熹圣的孙子孙健三曾描述了"我家第一张自拍照"的诞生过程。当时孙熹圣拿回家一架照相机,要给妻子拍一张照片。隋心慈觉得1901年1月1日是一个值得纪念的日子,于是提议拍一张合影,孙熹圣本准备请一个人帮他们拍照,因为隋心慈深入研习过摄影技术,所以她动了自拍的念头。她从上午9点至下午4点经过反复思考和试验,终于成功自拍,因为她使用的是法国制无快门固定焦距照相机,原底片为玻璃干板,底片感光低,所以她增加了曝光时间(长达5秒)。她把照相机置于树下,用细绳挂一洋线轴于镜头上方,将一块黑长毛绒一头固定在相机上,另一头用细绳连接,挂两个铜铃为坠,细绳的另一头通过挂在树上的线轴连接在他们坐的凳子腿上,剪下一块同镜头盖一样大小的黑长毛绒缝成的圆圈,放下黑长毛绒,在铜铃的重力作用下圆圈正好套在镜头上,把镜头盖好。拍摄时,隋心慈用脚向下踩绳,绳通过线轴把黑长毛绒上拉,镜头开启,开始曝光,数5秒后脚放开绳,铜铃下坠,把黑长毛绒下拉,将镜头盖好,完成拍摄。①

照片中这对身着清代服装的夫妻,神情安然,虽然他们仍然是普通民众的装束打扮,但是他们的思想观念已经不同于传统的中国文人。这张家庭自拍照片本来不值一提,但在20世纪刚开始,在"照相摄魂"的迷信弥漫时,在"女子无才便是德"的晚清中国,却是非常传奇且难能可贵的,具有划时代的意义。这张自拍照也可以认为是中国最早的女性知识分子的摄影作品。隋心慈作为一名未裹脚的、接受过西方现代教育、能独立使用当时先进的西方摄影设备的女性,无疑是以妇女解放为标志的中国社会走向现代的第一道曙光。②由此可见,拍摄和被拍摄、观看和被观看,这些日常活动在人类社会中已经成为一种文化行为,被赋予了社会意义和符号意义。

---

① 山东大学医学院院史馆:院史展览.http://www.jcyxysg.sdu.edu.cn/ziliao/1-5-28.htm.
② 邓启耀.视觉人类学导论[M].广州:中山大学出版社,2013:22.

这张自拍照是一种纯记录的表征,从此,自拍成为孙家的传统,在其后的岁月中他们留下了很多有趣且很有价值的自拍照。①从孙家这条摄影血脉上传承下去的摄影表现形式,自觉地秉承了西方纪实摄影的理念,并没有进入流行的"美术照相"的摄影道路。

随着摄影技术的发展,狄考文在"破万卷书,行万里路"基础上添加了"看万幅照片",在1898年以后,又添加了"看万卷电影"。②孙熹圣和他的同学是在中国大学课堂上较早学会照相术、放映术并从中领悟其精要的我国第一代大学毕业生,是照相术与放映术开始走进我国学校课堂并参与教学的亲历者和受益者。

四、中文"电影"一词的诞生及传播

1895年,"Cinema"一词在法国巴黎诞生。③来自法国里昂的奥古斯特·卢米埃尔和路易·卢米埃尔兄弟在爱迪生等人的工作基础上制造出活动电影机。12月28日,卢米埃尔兄弟在巴黎卡普辛大街14号"大咖啡馆"内利用活动电影机放映了十部纪录短片。于是这一天被公认为电影诞生日。④

当时的电影机一机三用,既可以拍摄、洗片,也可以放映,由于其影像来自"菲林"胶片,起初的"Cinema"也称为"film",1896年8月,在距卢米埃尔兄弟巴黎首映不到8个月的时间里,活动电影机便传入中国。卢米埃尔兄弟公司派出电影摄影师在上海城隍庙为公众放映了一些动画片。当时的一些上海民众将它与中国传统的"皮影戏"和舶来的"西洋镜"合成了一下,称之为

---

① 孙健三.中国百年影像档案:孙明经纪实摄影研究2 1938:从峨眉到乐山[M].杭州:浙江摄影出版社,2018:29.
② 孙健三、孙宇静.中国百年影像档案 1937:万里猎影记[M].杭州:浙江摄影出版社,2016:272.
③ 何林军.美学十六讲[M].长沙:湖南师范大学出版社,2018:413.
④ 田勇.视觉的艺术:电影[M].长春:吉林人民出版社,2014:11.

"影戏""影剧""电光影戏"或"西洋影戏"等,并没有确切的中文名字。上海地区的一些报刊多以"影戏"称之,还成立了亚细亚影戏公司、上海影戏公司等电影公司来拍摄、制作电影。

1898年,美国的基督教会往我国运送了5台电影机,其中的一架被送到登州文会馆。洋教习安排返校弟子孙熹圣帮助自己开箱安装、尝试操作放映和拍摄。按照洋教师的发音,"cinema"一开始被中国学生称为"西里马",但"西里马"究竟是什么"马",这真难说得清。因此,洋教习与孙熹圣商量给"cinema"起一个一听就懂的中国名字。当时国人对舶来品命名的方法一般是在前面加个"洋"字,如洋火、洋钉、洋油等。洋教习向孙熹圣解释:"这些机器的工作原理是机械运动,而光源的产生依靠电能,电影机是把机械能转变成电能再转变成光能,然后,再把菲林胶片上的像通过镜头变成影像,投射到墙上。"①由于在墙上看到的是电能造成的活动影像,孙熹圣提出可以称之为"电能造活动影",该名称基本准确地描述了其本质,但不简洁。因此,从"电能造活动影"减成"电活动影""电造活影",再减成"电造影""电活影",最后减到不能再减的时候,"电影"一词于是在登州文会馆诞生。这些也反映出国人对西方"奇技淫巧"从新鲜到好奇、从一旁观望到以我为主、据为己有的心理变化。

1903年,孙熹圣受邀到南京的汇文书院任教。当时的汇文书院不仅有一套电影机,还有很多配套的电影胶片可以放映,他在教学过程中将电影机搬进教室并放映电影,首开我国"教室电影"的先河。他还利用周末晚上的时间,组织放映电影以丰富校园生活,再次首开我国"校园电影"和"周末电影"的先河。② 1910年,孙熹圣受邀至金陵大学(由汇文书院等南京的三家教会

---

① 邓启耀.视觉人类学导论[M].广州:中山大学出版社,2013:23.
② 孙健三.中国百年影像档案:孙明经纪实摄影研究1 1938:从重庆到自贡[M].杭州:浙江摄影出版社,2018:268.

第五章　登州文会馆的近代科学本土化实践

学校合并成立)长期工作。由于登州文会馆在烟台一隅,虽然登州文会馆师生认可"电影"一词,但对外传播的影响力不大。随着孙熹圣在登州文会馆的同窗北上参与创办京师大学堂,孙熹圣南下南京赴汇文书院和金陵大学工作,"电影"一词以北京的京师大学堂和南京的汇文书院为基地得到传播。另外,登州文会馆的毕业生、肄业生群体,参加参与创建了多所"省立大学堂","电影"一词在上海以外地区得到广泛传播。

1910年,金陵大学成立,急需数学教习,于是邀请在京师大学堂任教的裴义礼到金陵大学任教。1911—1912年北方天灾频发,多地遭遇饥荒,裴义礼(Joseph Bailie)积极投身于我国募捐集资、赈济灾民的活动中,此举受到各界广泛好评,裴义礼主张"减灾之本在改良农作与植树造林,赈灾之本在以工代赈使灾民种树"。为向政府当局说明植树之利与失树之害,1913年,他利用金陵大学的电影机为黄兴等放映砍伐森林、洪水和种树等方面的纪录影片。看完影片后,黄兴问:"'film'的中文叫什么?"在场有人回答:"上海、北京、南京的许多新闻纸(报纸)上叫影戏,南京有位学者叫孙熹圣把它叫'电影'。"黄兴听后说:"'film'应该有一个中国名字,'电影'两个字是中国人自己叫的,我觉得合适,我建议从今以后再别叫'film',就叫'电影'。"[①]

通过电影这种直观方式收到了极好的宣传效果,引起政府当局的重视,这是中国早期较有影响力的电化教育活动,扩大了电化教育在社会教育中的影响。[②]得益于政府官员的支持和知识分子的响应,"电影"一词得以正式确立,同时也推动了垦荒植树活动的开展。

为了更好地在全国推动植树造林活动,1915年,裴义礼致信农商总长张謇,建议定清明节为全国植树节,此举得到当时政府的支持并以政令形式颁

---

① 《老照片》编辑部. 我们的节日[M]. 济南:山东画报出版社,2018:146.
② 黄立志、孟昭宽. 创新与借鉴:中国教育技术路径研究[M]. 北京:中国财富出版社,2012:106.

布,这也是中国"植树节"的由来。①

1915年3月,张謇等人在南京紫金山麓参加植树节活动,①拍下活动照片的人便是孙熹圣(图5.21)。

图5.22 裴义礼等人植树留影

(图片来源:冯克力. 老照片:第45辑[M]. 济南:山东画报出版社,2006:133)

孙熹圣、隋心慈夫妇接受了良好的教育,尤其是照相术、放映术等先进技术手段令二人获益匪浅,在他们成为教师后,不仅自觉地在教学实践中对其加以运用,还将其应用于教养子女的过程中。

五、孙明经夫妇与中国电影与摄影事业的早期发展

1911年10月,孙熹圣的儿子孙明经在南京出生。远足、摄影、幻灯片放映等成为孙明经儿时成长中的主要内容与记忆。与孙家同住一所大院子的一位邻居,也钟爱照相,经常教孙明经使用各种相机,这使孙明经自小就有机会使用多种相机拍照。②

---

① 杨绍陇、黄红. 近代中国植树节倡设者之考证[J]. 南京林业大学学报(人文社会科学版),2022,22(03):37~48.

② 宋靖. 中国纪实摄影家成长实录(中)[M]. 北京:中国摄影出版社,2017:194.

第五章 登州文会馆的近代科学本土化实践

1927年，孙明经考入金陵大学物理系，1934年毕业后在金陵大学附属中学担任理化教员。1933年，金陵大学和金陵女子文理学院共同举办物理及化学联合年会，孙明经在会上做《光电管在电影电视中的应用》的报告时，引起金陵女子文理学院化学系吕锦瑷的极大兴趣与关注，二人由此相识，并于1937年9月结婚。

1934年，孙明经在其学术论文《光电管及其应用》中首次把电影与电视相提并论，论文详细地论述光电管的原理，不仅对光电管在电视中的用途、电视的基本原理、接收装置、同步放大等都做出细致论述，还介绍了光电管在各领域的广泛应用，该论文荣获当时中国物理类论文最高奖——中山文化馆物理类论文甲等奖，[1]该论文为已知的我国第一篇关于电视的论文。[2]

1934年，孙明经曾在中央大学物理实验室作为杨简初的助手，参与研制出我国第一套电视摄、输、显系统的原理样机。当时的电视分像是机械分像，孙明经在研究分像圆盘同步驱动时遇到电机同步方面的难题，在求教电机专家顾毓琇后顺利完成机械分像部分的原理样机研制工作。杨简初在教学中用中文"电视"一词对应英文"television"，[3]"电视"这一学术名称自此正式确立。

20世纪二三十年代，教育救国思想在中国知识分子阶层中占据重要地位，并直接促成了教育电影的兴起。蔡元培主张利用教育电影，来"救治"中国的穷、弱、病、私、愚，倡导"教育电影化"和"电影教育化"，这成为教育电影的理论源头和指导思想。蔡元培力促并协助郭有守等人成立、发展中国教育电影协会。

金陵大学理学院是较早从事电影教育活动的机构。《金陵大学理学院教育电影部概况》中记载："自民国十几年起，本院即开始设置放映机件，购置

---

[1] 陆花. 时光留影：北京电影学院教师访谈录 第2辑[M]. 北京：中国电影出版社，2006：51.
[2] 艾红红、庞亮. 广播电视学学科建设：历史、现状与未来[M]. 北京：中国广播影视出版社，2018：240.
[3] 孙健三. 中国电影，你不知道的那些事儿：中国早期电影高等教育史料文献拾穗[M]. 北京：世界图书北京出版公司，2010：8.

科学教育片,以为辅助本院教学之用,渐而秉及本京各中小学。其后因观众激增,影片之供给不足,应实际需要,乃于民国二十三年起试行自制影片,以求适合国情,由本院教授潘澄侯先生主持其事,购置柯达 K 型摄影机,专摄十六毫米小型影片。"①这一时期,在政府各级部门的经费大力支持下,自制教育电影事业开始迅速发展。1935 年,中国教育电影协会拨定专款,与理学院合作摄制科学教育方面的影片,以潘澄侯负责,聘孙明经为专任技师,同年秋,孙明经成为中国教育电影协会唯一的摄影师。②从此,他正式走上了教育电影之路。

国民政府教育部推行电化教育,除委托金陵大学开展教育电影制片工作外,还举办了电化教育人员训练班。1936 年 7 月,教育部设立电影教育委员会和播音教育委员会。1936 年 9 月,金陵大学理学院成立教育电影部,③以潘澄侯为主任,下设总务、编译、摄制、流通四组,由潘澄侯、裘家奎、孙明经、段天煜等分别主持。摄影和剪辑场所也在这一时期也得到扩充,1937 年"新建应用科学实验馆一所,乃开该馆三楼及四楼大屋各数间,专作摄制影片及研究之用"④。理学院与中国教育电影协会的合作,使其成为中国教育电影运动的核心阵地。1938 年,在西迁的金陵大学创建电化教育专修科,后改为影音部,这是中国现代高等院校开设的第一个电影专业。

在"中国教育电影运动"和"电化教育运动"中,年轻的孙明经得到泰斗们的悉心培养,不仅成为 20 世纪上半叶拍摄电影和照片数量最多、内容最广的大学教师,还被今天的电影学界尊称为"中国电影高等教育的开山宗师"⑤。

---

① 金陵大学理学院.金陵大学理学院教育电影部概况[M].金陵大学理学院,1937:2.
② 史兴庆.民国教育电影研究:以孙明经为个案[M].北京:中国传媒大学出版社,2014:4.
③ 宫浩宇.1927—1937 电影政策与中国早期电影的历史进程:中国电影史工程[M].北京:中国电影出版社,2017:148.
④ 金陵大学理学院.金陵大学理学院教育电影部概况[M].金陵大学理学院,1937:5.
⑤ 赵迎新.中国摄影大师[M].北京:中国摄影出版社,2017:282.

第五章 登州文会馆的近代科学本土化实践

另外,"电化教育运动"同当时推行的"识字运动""国语运动"一样,都是围绕着教育展开的。当然,电影是重要的电化工具,但不是唯一的,除电影外,还有播音(广播)、幻灯片(静片)等。

1936 年,吕锦瑷于南京金陵女子文理学院化学系毕业后在中学任教。1937 年 11 月,吕锦瑷随金陵大学迁重庆。1939 年,她研制出用玻璃板做基片的可以感光的散页底片,1940 年,她研制出可以装在照相机上实际拍摄的散页底片,以及试制成功用牛皮感光乳剂明胶,填补了国内空白。①

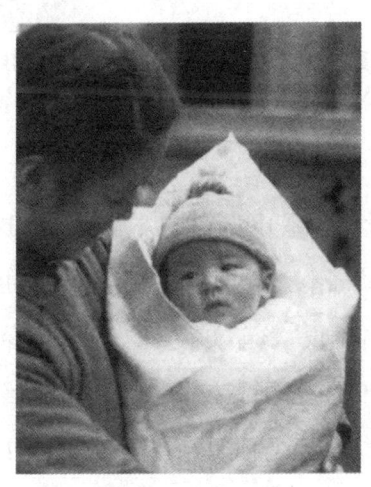

图 5.23 母与子

(注:孙明经在 1941 年 2 月 2 日用吕锦瑷研制出的第一批中国造、可装到相机上实际拍摄的照相底片,拍摄了这幅《母与子》。照片中的婴儿是出生 81 天的孙健三。)

(图片来源:孙健三,孙宇静.中国百年影像档案:1937 万里猎影记[M].杭州:浙江摄影出版社,2016:292)

1941 年,由于日军物资封锁,成都的医用 X 光片供应断档,华西医院拨专款请她为医院制作可供 X 光诊断用的感光片,华西医院用中国人制造的第一批医用 X 光片制成的第一幅"中国造"X 光片拍摄的人体骨骼照片,今天

---

① 丁天顺、许冰.山西近现代人物辞典[M].太原:山西古籍出版社,1999:126.

存放在美国耶鲁大学神学院图书馆中。

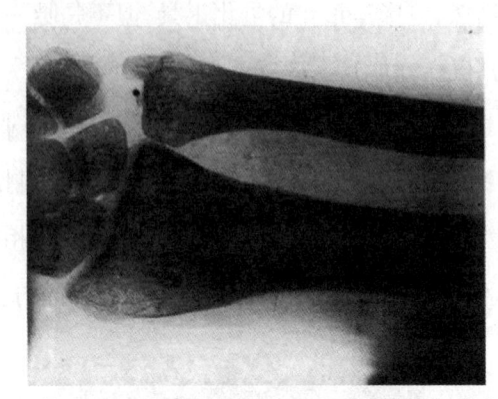

图 5.24　用吕锦瑗 1941 年制成的 X 光医用感光片拍摄的人体骨骼照片
（图片来源:孙健三,孙宇静.中国百年影像档案:1937 万里猎影记[M].杭州:浙江摄影出版社,2016:292）

1942 年,华西大学化学系开设了"摄影化学"课,这是我国高等院校开设此课的先例。1944 年春,金陵大学理学院聘请孙明经担任电化教育专修科讲师,讲授"摄影化学",并开设"影音文献"课。1946 年春,孙明经一家随金陵大学返回南京。1952 年 9 月,全国高校院系调整,孙明经夫妇携带金陵大学电影与播音部全部器材（主要是孙明经在 1940—1941 年底赴美国明尼苏达州大学考察和研究教育电影时个人购置的电影、播音设备和资料。）并带领部分教师与部分尚未毕业的学生北上,和另外四个机构合并创建了中央电影学校,以及筹建北京电影学院,[①]为国家培养了一大批电影、电视、广播、摄影领域的大学教师和高级人才。

孙明经一生共摄制了 119 部纪录片,主题涵盖旅游、科学、教育、工业、农业、公务、民族民俗文化以及宗教活动等,[②]拍摄了中国第一部彩色影片

---

① 孙健三,孙宇静.中国百年影像档案:1937 万里猎影记[M].杭州:浙江摄影出版社,2016:294.

② [美]李可柔,[美]毕乐思.光与盐(第 2 卷)[M].刘红、单传航、王文宗译.北京:团结出版社,2014:248.

《日食》(1936年)和第一部彩色有声电影《民主先锋》(1947年),早期中国各地教育机构流通的科教影片一半以上出自他手。孙明经还创办并主编了《电影与播音》(1942年创刊,1948年停刊)。

身为中国第一代受西式教育的大学生的后代,孙明经在接受中国现代高等教育之后,成为最早一批将西方影像科技纳入中国高等教育体系的新一代教师,[①]为中国培养了一大批专业人才。他留下的影像,创造了若干个中国摄影史和电影史上的第一。

---

① 林茨、王瑞.摄影艺术论——中国艺术科学总论[M].北京:生活·读书·新知三联书店,2011:426.

第六章
登州文会馆的实验室建设及其影响

中国的传统教育主要通过教师的言传身教来实现教学目标，教学内容局限于儒家经典，多采用一对一或一对多的"师传身受"的教学方式，培养出的学生熟知四书五经等儒家知识，读书的目的都是为了科举考试，对农、工、商等需求涉及较少或通过其他方式涉及。其实中国古代很早就有了实验方面的研究，也做过各种各样的"实验"，如中药药方、炼丹术，便有着相当久远的历史，但是出于保密等原因，这些"实验"的详细操作步骤以及数据的采集、验证方法等，较少留下详细记录。这就导致对中国古代实验的讨论与研究变得相当困难。科学史学家李约瑟晚年曾对中国的古代科技下过很大工夫，由于受各种资料局限，也较少从实验的角度对其展开研究。明末，民族资本主义出现萌芽，另外随着国门的松动，对外交流越来越频繁。特别是在西学东渐的过程中，西方科学实验的思想开始在中国得到一定程度的传播，但由西方传入的科学实验的数量还是较少，这些实验以物理实验居多。随着晚清第二次西学东渐的"春潮涌动"，《重学》《光学》《声学》等一批科技书籍陆续编译出版，这些书籍中含有较多的科学实验，并有着比较详细的操作步骤，国人在研读和学习时，必须对实验有所了解，甚至需要亲自操作才能完全理解相关知识点，这也让国人在学习和研读这些译著时对实验有了越来越多的了解。在此背景下,科学实验及相关仪器才慢慢被人们认知和重视,[①]科学实验作为西学东渐的舶来品,在晚清时期的发展和传播促进了相关自然科学理论在中国的本土化实践和应用。[②]

第一节 登州文会馆实验室的发展概况

登州文会馆作为较早强调讲授西方自然科学知识的教会学校,[③]蒙养学堂设学在之初即"以理化天算为主科",大量引入西方的自然科学类课程,并在教学中重视实验演习和操作。[④]登州文会馆自创立伊始就特别注重自然科学知识在教育教学活动中的作用,狄考文很早就建立了实验室、制造所、天文台、电气房,配备了大量的科学实验仪器。

一、登州文会馆实验教学的发展阶段

登州文会馆在办学过程中特别注重实验与教学的紧密结合,并不断完善实验设备,切实提高了学生的动手操作能力。以狄考文为代表的洋教习一边着手建立实验室,一边在几乎没有任何借鉴的情况下,探索着实验教学的方式方法,这个过程大致分为初创阶段、规范化发展阶段、标准化发展阶段三个阶段。[⑤]

[①] 郭建福作、郭世荣总.登州文会馆物理实验研究[M].北京:中国科学技术出版社,2020:12.
[②] 郭建福、咏梅、邵雯.《重学》中的实验应用及其在晚清的影响[J].内蒙古师范大学学报,2017,46(4):588~592.
[③] 何晓夏、史静寰.教会学校与中国教育近代化[M].广州:广东教育出版社,1996:303.
[④] [美]杰西·格·卢茨.中国教会大学史,曾矩生,译[M].浙江:浙江教育出版社,1987:57.
[⑤] 郭建福、郭世荣.登州文会馆物理实验初步研究[J].自然辩证法通讯,2018,40(8):79~84.

(一)初创阶段

1864—1882年是登州文会馆实验室的初创阶段,这个阶段的代表人物是登州文会馆的重要创始人狄考文。这一阶段也是登州文会馆的草创时期,各方面的条件都比较简陋,生源也相当困难。狄考文几乎是白手起家创建了蒙养学堂的实验室,他通过使用紧张的办学经费购买、回美国进行各种方式的募捐、自己动手仿制等办法逐渐将仪器添置齐全。《文会馆志》用了5页的篇幅,详细列举了力学、声学、光学、气学、磁学、热学、电学和天文学等学科共360余种物理实验器具,另有大量的化学仪器,因数量过多而未详细载入,化学实验室还有供教学实验使用的各种化学药品与药水。在讲授热学、光学和声学等课程时,这些设备仪器发挥出生动直观的演示作用。事实上,在登州文会馆初建阶段,由于种种原因,其办学经费严重不足,根本不可能有足够资金购买先进的实验仪器,除一小部分是购买和他人捐赠的外,大部分实验仪器由狄考文亲手制作而成。狄考文发挥其"多面手"的才能,尤其是在手工制作方面的才能,自制实验仪器设备。狄考文将这些都写在了日记中,比如,他在1874年2月的日记中这样描述:"实际上我的全部时间都用在了教学、实验和制作仪器上,我准备了大部分需要用来演示力学的器物,准备了一些演示光学的器物,也装配了一台摩擦生电设备,并为我的电机制作了大量小物件。"[①]

(二)规范化发展阶段

1882—1901年是登州文会馆实验室的规范化发展阶段,这一阶段的代表人物是赫士。经过狄考文的努力,实验室的雏形基本建立。1882年,赫士来

---

① [美]费丹尼.一位在中国山东45年的传教士:狄考文[M].郭大松、崔华杰,译.北京:中国文史出版社,2009.114.

第六章 登州文会馆的实验室建设及其影响

华,为实验室带来一架较大口径的望远镜,进一步丰富了天文台的观测设备,他还带来其他一些实验仪器设备,这些设备的到来,令学校实验室初具规模。虽然经费拮据,但狄考文仍挤出1000美元建起一个相当完善的制作所,以便自行制作和准备教学实验仪器。至1886年,狄考文就建成一个"很完整的两层工场"。工场的第一层被设计为实验室和设备修理厂,狄考文配备了冶铁、电镀、锻造、车削、测量等一系列仪器设备,第二层工场被狄考文设计成绘图室和储藏室。工场并不是个空壳子,狄考文使出浑身解数,尽可能地添置完备实验相关的设施设备,主要有电动机、铣床、磨光机、发电机、锅炉、柴油机、蒸汽机、螺丝机、电镀设备、以及木工和锻工等工具。狄考文尽力为学生提供更多的动手机会,学生通过操作设备设施,他们的动手、理解和创新创造能力获得极大提高。1897年,狄考文在给美国同学的一封信中表达了这种自豪。信的大意是:在中国的登州文会馆虽然起步晚,经费少,到目前为止,却拥有与美国普通大学一样好的仪器设备,甚至比当年毕业时的杰斐逊学院的两倍还要多。[①]被认为是后来的齐鲁大学四大设备的实验室、电机房、天文台、印刷厂在这一时期也已形成。[②]

图 6.1 登州文会馆的多功能楼房

---

① [美]费丹尼. 一位在中国山东45年的传教士:狄考文[M]. 郭大松、崔华杰,译. 北京:中国文史出版社,2009:114.

② 何晓夏、史静寰.教会学校与中国教育近代化[M]. 广州:广东教育出版社,1996:304.

(三)标准化发展阶段

1901—1917年是登州文会馆实验室的标准化发展阶段,代表人物为路思义。这一阶段从1897年路思义来到登州文会馆负责学校物理课程的教学工作开始,直到1906年回国述职为止。1901年,因为登州文会馆的搬迁已不可逆转,路思义、狄考文等人着手筹建登州文会馆新校区等相关事宜。1904年夏季学期结束后,登州文会馆正式迁往潍县,大量的家具、教学物资和实验设备等由水路运往潍县。之后,登州文会馆与青州的广德书院合并,易名"广文学堂"(后称广文大学)。在新校址上,建有康伟楼,物理、化学、生物方面的实验室、仪器室和预备室分布在该楼的一、二层,图书资料室、陈列室与阅览室分布在三、四层,同时还建有一座先进的天文台,原登州文会馆的那些教学仪器设备也随即"移至广文学堂,藏于康伟楼中",这就使实验室的管理比以往更加规范。1907年,学校利用路思义从美国募集的近3万美元,根据教学需要分批添置了大量先进的教学仪器和设备。由于有了比以往更充足的设备,学生也可以两三个人一组同时进行实验了。

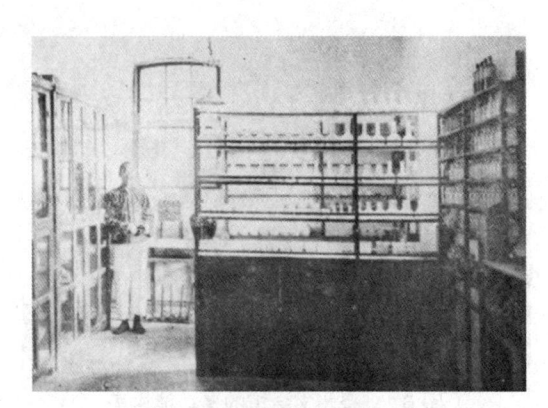

图6.2 广文学堂实验室一角

二、登州文会馆的实验室的建设及发展

　　实验室与工作坊的设置和使用,使登州文会馆成为西方工业科技传入中国的微型基地与技术人才培养基地。学生除了学习设备的制造和使用方法外,还在仿制西方机械设备过程中学到了科学技术知识,掌握了相关科学实验的理论和方法,锻炼了动手实践能力,提升了技术水平,部分学生毕业后办起了工厂,为中国近代实业的发展贡献了力量。狄考文"自为工师,训生徒",因此美国学者小海亚特(Irwin Hyatt,Junior.)称狄考文是一个"科学家、发明家和家庭工业家"。

　　19世纪70年代中期以后,随着学校开设的自然科学类课程增多,为了使学生更深刻地理解理化等课程内容,相关仪器设备的添设势在必行。

　　由于早期办学经费紧张,学校无论是在实验仪器还是在培养学生实验操作能力方面,都处于起步阶段。登州文会馆实验设备中的一些较大及较贵的器材是由狄考文呼吁美国朋友捐助的。1879年,狄考文趁第一次回国休假之际,向当时美国的电机电缆业巨头塞勒斯·W.菲尔德(Cyrus W. Field)募捐到一台发电机,受益于这台发电机,登州文会馆在1881年便可以使用电灯照明,这在当时是一件具有轰动效果的事情,登州当地居民首次见到不用煤油即可发光的电灯, 登州文会馆令人羡慕地成为中国最早用上电灯的新式学校,仲伟仪在登州文会馆读书时,晚间自习便是用电灯照明。[1]

　　狄考文还从美国募捐到一套天文设备,为天文观象及教学实践提供了设施,狄考文鼓励学生使用这个"奇异的玩意"来探求宇宙的奥妙。这些先进实验设备和仪器的价格十分昂贵,如出口一大船土特产仅能换回一架小小

---

[1] 尹作升、李平生.斯文一脉 上[M].济南:山东人民出版社,2014:6.

的显微镜。因此,狄考文只要有回国休假的机会,就会到生产厂家参观学习仪器制造技术并悉心钻研,了解科学技术的最新发展情况。返华后他将这些技术再传授给丁立璜、冯纯修、葛世泽等学生。狄考文为了弥补教学仪器的不足,还在学校专门设立了一个机构,即教学仪器研制所,主要用于教学仪器的制作与维修。狄考文曾说:"我自己出资雇用了一名工人,我已对这名工人进行了训练,他能够做大部分普通工作。"狄考文聘用的这名工人是曾跟随狄考文学习器械制造等的"得意门生"——丁立璜,尽管丁立璜并不是登州文会馆的正式学生,①他事实上在制造所里起到了实验员的作用。

1901年,因为组建山东大学堂,丁立璜被袁世凯聘到济南之后,葛世泽接任他当起了实验员。在葛世泽的努力下,狄考文当年草创的这个制造所的规模逐渐扩大。正是有了这个教学仪器研制所,大多数教学仪器及设备都由学校自己研制出来,大大节约了经费,而且这些设备不仅物美价廉,其精巧程度也不亚于世界名牌产品。②

1911年,广文大学的毕业生冯纯修留校,这位动手能力很强的优秀学生在学校做起了教习,同时还兼任教学仪器研制所总工程师。

1917年,广文大学迁往济南组建齐鲁大学,包括各种先进的机床设备在内的相关机器设备和教学仪器,都移交给文华中学(后更名为广文中学)。

1933年5月,广文中学举办校庆展览,展品包括:动物、植物标本及矿物样本,机器设备的图表、模型及实物,学校农场科学种植成果,邻近各县高产的农作物标本以及新式农具等。学校的理化生实验室也对外开放,由学生操作表演氢氧爆炸、模拟雷电、控制电灯及电机,讲解内燃机、发电机和电动机等设备的原理。③

---

① 郭大松、杜学霞.中国第一所现代大学:登州文会馆[M].济南:山东人民出版社,2012:263.
② 邓华.奎文文史资料 第4辑 百年沧桑乐道院[M].北京:中国档案出版社,2005:25.
③ 郭建福、郭世荣.登州文会馆物理实验研究[M].北京:中国科学技术出版社,2020:197.

第六章 登州文会馆的实验室建设及其影响

图 6.3 广文中学学生在做化学实验

图 6.4 广文中学学生在做物理实验

为了进一步满足国内各类学校所需试验器械设备等需求，狄考文协助丁立璜在济南创办山东理化器械制造所。在丁立璜主持下，1909 年该所就能试制、仿造和批量生产出力学、光学、声学、磁学、热学、水学、气学、化学、电学、数学等仪器 11 个门类 220 种，① 以及相应的化学试剂、药料，供应本校和其他学堂教学演示和实验之用。山东理化器械制造所展陈的"各种物理器械"曾在 1910 年南洋劝业会教育馆上展览陈列并获"超等奖"，②"以所制物品，陈列南洋劝业会，咸称全国第一家"③。这些仪器的使用使书本知识更为

---

① 济南市科学技术委员会编.济南科技志 1840—1985[M].济南：山东科学技术出版社，1991：4.
② 陆费逵编辑.教育杂志 第二年 第 11 期[M].北京：商务印书馆，1910：95.
③ 中国人民政治协商会议上海市委员会文史资料工作委员会.文史资料选辑 第 2 辑[M].1979：128.

直观和形象,故广受各学堂师生的青睐,吸引了全国各地新式学校前来洽谈与定制,也促使这些"神奇的东西"慢慢传播到中华大地。山东理化器械制造所成为中国制造和应用理化教学实验仪器的鼻祖。①

第二节 登州文会馆开设的物理实验

近代以来,西方科学技术成就的取得与物理实验的进步、发展有着至关重要的联系。实验是物理学的基础,也是物理知识的源泉。为了让学生弄懂声、光、电、化、热、气、力、天文、电磁等学科的原理,登州文会馆开设了完备的物理实验。郭建福曾在《登州文会馆物理实验研究》一书中对登州文会馆开设的物理实验进行了分析研究,尤其是对相关实验仪器的形制和用途等进行了系统梳理,在此不再赘述,仅对登州文会馆开设的较为典型的几类物理实验进行简单分析。

登州文会馆拥有的物理实验设备多达360余种,包括:水学器(研究流体力学的实验仪器)、气学器(研究气体压强的实验仪器)、蒸气器(研究蒸汽机动力的实验设备)、声学器(研究声音现象的实验仪器)、力学器(开展力学实验的仪器设备)、热学器(研究热现象的实验仪器)、磁学器(研究磁现象的实验仪器)、光学器(开展光学实验的仪器设备)、天文器(天文观测仪器和实验室挂图)和电学器(研究电现象及电磁现象的实验仪器)十个大类。②

一、力学实验

在登州文会馆建校之初(蒙养学堂时期),《格物入门》就被狄考文选作

---

① 张宗田. 近现代济南科技大事记:1840—1949[M]. 济南:黄河出版社,2002:28.
② 王元德、刘玉峰. 文会馆志[M]. 潍县:广文学校印刷所,1913:41—47.

物理教科书使用。《格物入门》是丁韪良在华期间编写的两部物理学书籍之一(另一部是《格物测算》),计划作为京师同文馆理科教材使用,但直到1888年,京师同文馆才建成物理实验室。[①] 1868年《格物入门》出版,并于1889年和1899年进行了2次修订,修订版分别称为《增订格物入门》和《重增格物入门》,修订版与原版没有本质不同,仅在内容顺序、插图位置、习题安排和语言表述等方面进行了一些调整和变动。《格物入门》共7卷,前五卷中包含了力学、运动学、声学、热学、光学、电磁学等内容,后两卷为化学、算学,第七卷算学主要论述的是利用数学工具来解决物理问题的方法,内容设置与现代物理教材有共同之处。另外,《格物入门》还收录了化学,其大致原因是化学工业在第二次工业革命时期空前壮大,与之有关的发明创造有力地推动着社会发展与科学进步,[②]化学在近代自然科学中所占的比重及影响逐步增大。

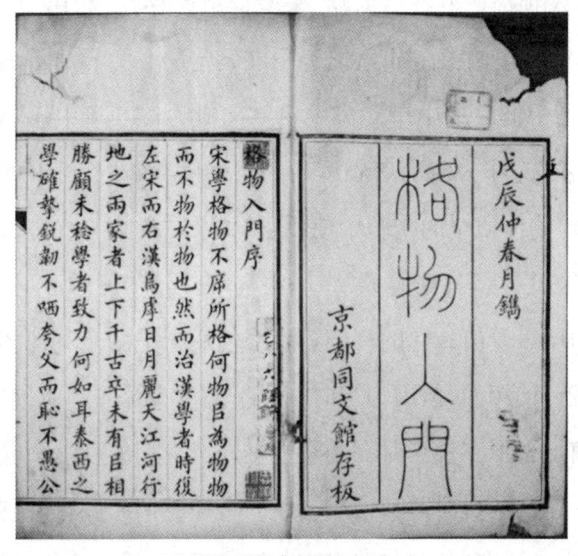

图6.5 《格物入门》

---

① 韩礼刚.《格物入门》和《格物测算》的物理学内容分析[D].呼和浩特:内蒙古师范大学,2006(3):14.

② 李如财.《格物入门》与《格物测算》的物理学内容探析[J].名作欣赏,2016(11):64-65.

后期,赫士在登州文会馆使用阿道夫·迦诺的《初等物理学》英译本作为物理教科书,但这本书只涉及一些关于力与运动的基本常识性内容,因此登州文会馆力学实验仍以《格物入门》中的力学卷与水学卷作为参考,主要有普通力学实验和流体力学实验。

普通力学实验包括万有引力实验、与重心有关的实验、测定向心力的实验、测定物体质量的实验、简单机械的实验应用、跃力(弹力)实验,还有研究流体特性并应用于生产生活之中的流体力学实验(水学实验),其内容涉及大气压及液体压强等知识。

因为力学知识与相关力学实验器械的使用几乎贯穿于整个物理教学和实验中,所以力学器在登州文会馆的实验室中有着比较特殊的地位,《格物入门》中的普通力学实验也可以使用这些仪器来完成。如,与重心有关的实验中使用了"不倒翁""斜塔""敧器"来验证重心存在,利用"重心杆""重心板""稳行球"等设备来演示"重心之稳";在测定向心力和演示离心现象的实验中使用了"离中杯""离中车""离中机""离毗力球""离中弧"等实验设备,其中的"离中弧"除作为演示离心运动的实验仪器外,还可以做机械能守恒的实验;在测定物体质量的实验中使用了"天平""称架""立方铁玛(码)""立方铅玛(码)""法国法玛(砝码)""中国法玛(砝码)""英国法玛(砝码)"等器具,砝码作为质量量值传递的标准量具在使用天平测定其他物体的质量时是作为"基准器"使用的,但因为当时国际上还没有统一的质量单位标准,所以登州文会馆配备了多种当时在国际上被广泛应用的度量衡砝码;在有关杠杆的实验中使用了"杠杆架""互转架","奇动轮"和"旋转机"被用于"轮轴的应用"实验中,"滑车架"和各式滑车在被广泛用于"滑轮的应用"演示实验中,"翻车人"(人力的翻车)是利用滑轮组或轮轴作用进行取水的简单机械水车的实验模型,"斜面车""双尖劈"被用于"斜面原理的应用"演示实验中,"跃力架""跃力框"等作为演示物体的弹力状况的实验仪器被广泛用于"弹力实验"中。

另外,还有"玛瑙臼""蓄力球""高升轮""传力球""摔力杯""钢舂""地球形圆"等力学器,①也被广泛应用于各种普通力学实验之中。

"力"与"能量"作为抽象的物理概念并非独立地存在于一些物理现象中,所以《格物入门》中也存在一些混淆个别物理概念或者表述错误的情况,如在"传力球实验"中提及"甲乙等重两铅球,并悬于支架之下,半圆上刻有度数,让甲球移远一定度数,放手后,甲球与乙球相碰撞,乙球移相应的度数,知甲球失多少力,乙球得多少力"②,该实验反映的是机械能守恒定律,小球传递的是其"能量"而非"力",通过这段话可以看出丁韪良并没有把"力"和"能"区分开来。

二、水学实验

水学现在被称为流体力学,《格物入门》中对水学的定义为"讲求水性以利民用"③,其目的是研究流体的特性并应用于国民生产生活诸方面。登州文会馆实验室中的"水学器"包括:喷水狗、压水管、压水球、间流泉、无轮水磨、平常水磨、水力上托架、喷水马、提水管、毛孔片、压力筒、奶轻重表、水跃力筒、银淡养轻重表、大水斗、轻重表、毛孔管、压柜、同体水秤、巴玛压柜、压力六面球表、搅水龙、密率表、过水瓶、鬼瓶、救火水龙、湍大勒杯、水锤、酒精、虹吸、葫芦瓶、铜浮表、玻浮表、汽船水轮、试水涨球、光铁射水器等 36 种。④几乎所有《水学》中提到的演示实验和学生实验都能做,比如:"压力六面球表实验""帕斯卡裂桶实验""液体压缩实验"等验证液体内部压强的实验,"阿

---

① 郭建福作,郭世荣总.登州文会馆物理实验研究[M].北京:中国科学技术出版社,2020:49.
② [美]丁韪良.格物入门 力学卷[M].京都同文馆存版,戊辰(1868)仲春月镌:19.
③ [美]丁韪良.格物入门 水学卷[M].京都同文馆存版,戊辰(1868)仲春月镌:36.
④ 王元德、刘玉峰.文会馆志[M].潍县:广文学堂印刷所,1913.

基米德定律实验""液体浮力实验"等有关液体浮力的实验,"节水管实验""提水管和压水管以及吸水管实验""喷水马和喷水狗实验"等有关流体动力学的实验。

　　登州文会馆师生在长期的教学及实践操作过程中,对部分仪器进行了重新命名,如"节水管"被他们更名为"压水球",该仪器主要结构为一个木球,其工作原理为"球上浮水不流,球下沉水流出",因此登州文会馆师生用"压水球"这个更便于理解的名字进行了重命名,若无长时间的教学实践,这种直观易懂的名字是起不出来的。由于物理学各分支学科的知识相互交叉,也有一些本应使用于其他学科分支实验的仪器被用于水学实验之中,如本为气学器中的实验仪器"间流泉",也被应用于水学实验之中,这个实验既利用了连通器的原理,又证明了大气压强在各个方向都相等。由于部分仪器如玻璃仪器当时国内还无法生产,多购自海外。

　　另外,部分水学实验器材(如"搅水龙"等)是由狄考文根据实际需求仿制的。还有些仪器除了供实验室使用外,在日常生活中也得到了广泛应用,如"水秤"是利用水平面原理制成的、用于测量地势是否水平的仪器,是"以玻璃管盛水,吹出气泡,管若微侧,则泡向上行,必得其平,而后居中不动",在当时被广泛应用于建筑测绘等生产活动中,"今之造屋宇掘河道,凡欲得其平者,莫不用之"[①],登州文会馆便有"同体水称"用于物理实验。

　　《水学》内容涉及"分子运动论""液体压强""液压传动""大气压"等诸多物理知识,以及非常多的力学内容。《水学》在出版之时正值"分子运动论"等物理知识大发展时期,因为相关理论还不是很完善,所以该书大多通过一些浅显的实验验证相关理论,并利用相关物理知识进一步解释日常生活中的现象,如液体表面张力现象、毛细现象、虹吸现象等。其中的虹吸现象便是一个大气压与连通器原理的日常应用,最常见的茶壶倒水便能很好地演示"静

---

① [美]丁韪良.增订格物入门 水学卷[M].同文馆集珍版,光绪己丑促夏:5.

第六章　登州文会馆的实验室建设及其影响

水之面必平而不侧"的原理,登州文会馆根据连通器原理建造了自来水供水系统,可以"使水自流入于比物之内""虽墙高数层亦能流入",这也是山东地区较早的自来水供水系统。

图 6.6　登州文会馆教学楼和讲堂前的自来水管

《水学》中设计的实验传播了西方经典物理学和当时最新的物理学相关知识,登州文会馆的部分实验仪器与同时期欧美地区的一样先进,相关的理论基本都有实验作为验证,改变了中国民众过去一味"死记硬背"的学习方式,这得益于丁韪良和狄考文的共同努力。相关实验仪器设备的介绍与使用也涉及了大量当时中国本土的生产生活设备,并用西方科学技术知识解释了这些仪器设备的工作原理,这些中国元素的出现应与丁韪良在中国的经历有密切的关系。丁韪良对见到的水碓、搅水龙和各种水磨等生活设施的物理学原理做出解释,对钱塘江大潮等自然现象进行观察和思考,并对其成因进行解释,丁韪良将这些与中国有关的知识点也收入《水学》中。丁韪良和狄考文在该书的编写及使用过程中,既秉承了将物理学理论和实验相结合的原则,又吸收了中国古典科技书籍注重实际应用的思想,这种本土化的处理方式更加有利于水学相关知识在中国民众中传播,也理所当然地让中国民众产生认同感。若读者能根据书中知识学会对日常使用或者接触到的器具进行简单维修,则更能给人以"学有所长、学有所用"的感觉,有效地助力相关书籍的推广与促进相关物理知识的传播。《水学》中的实验与登州文会馆的教学实践中的实验高度契合,更增加了这本书在教学实践中的应用性及推广性。当然,《格物入门》作为一部入门级的物理学书籍,也存在物理概念不够准确、实验过程表述不够完备、实验仪器过于简陋等问题,这与当时没有统一的物理名词规范,以及中国传统文化缺乏形式逻辑和科学实验也有关系。

三、热学实验

登州文会馆配置的热学器包括:射热筒、零玻滴、引熟圜、吹火、引热囊、雪盐冰球、铁球架、铂锅、涨力乂(仪)、热声筒、涨力表、较(校)准寒暑表、银锅、磨力管、开花炮、涨力灯、散热铜壶、自记寒暑表、四质涨力圜、散热泥壶、磨热管夹板、双球寒暑表、热学金类条、试涨力铁球与圜、傅兰林胍表球等25种。[①]登州文会馆师生参照《热学揭要》开展热学实验,该书由赫士口译、刘永贵笔述,主要参照法国阿道夫·迦诺(Adolphe Ganot)所著《初等物理学》的英译本(*Elementary Treatise on Physics*)(第14版),《热学揭要》包括:论热及寒暑表、论定质之涨缩、论熔化及蒙气、论水量与诸物射热引热及收热之力、论热量、论热源以及热学习问等章节,但英译本中的蒸汽动力部分在《热学揭要》中被整体删除,可能是赫士计划在《热学揭要》基础上再专门编撰关于蒸汽动力学方面的译著。[②]《热学揭要》作为登州文会馆正斋的教科书使用。

在"关于温度变化"相关实验中使用"双球寒暑表"来演示温度变化的实验,比较温度变化的实验使用的是"较(校)准寒暑表",使用"自记寒暑表"来开展记录全天温差的实验;在"物质热胀冷缩"相关实验中使用了涨力表、涨

---

① 王元德、刘玉峰. 文会馆志[M]. 潍县:广文学校印刷所,1913:42.
② 郭建福作;郭世荣总主编. 清代科技史丛书 登州文会馆物理实验研究[M]. 北京:中国科学技术出版社,2020:85.

第六章 登州文会馆的实验室建设及其影响

力灯、涨力义(仪)、试涨力铁球与圜、四质涨力圜、热学金类条等实验仪器，主要用于演示和测量金属类物质的膨胀效果和膨胀率等；"物态变化及其影响因素"的实验中有演示水的物态变化的"开花炮实验"，研究沸点与压强之间关系的高压锅实验，演示液体凝固现象的雪盐冰球实验；在研究"热辐射"各类实验中，使用"射热筒"来研究热辐射规律，使用"热声筒"来研究温度对声音传播的频率、速度和音质的影响，使用"傅兰林胍表球"来演示物体接受热辐射的能力实验；在"机械能转化为热能"实验中，用"磨力管""磨热管夹板"来演示摩擦生热，用"挤火筒"来演示高压生热(压力生热)；在"热传导"相关实验中，"引热囊实验"是研究物体传导热量的实验，"引熟圜实验"是测定物体热传导能力的实验。

登州文会馆充分使用各类热学器开展热学基础知识和基础理论的实验，还专门开设了热机(蒸汽)实验室，设计相关实验探究热学技术的应用。相关蒸汽实验设备共有 20 种，包括：火轮锤、升降锅、春矿机、摆动汽机、扭力蒸锅、暗轮、瓦德汽机剖面、鼠力机、汽机锯、火轮车、水龙汽机、汽机五种(希罗汽机、高氏汽机、吴氏汽机、塞氏汽机和牛氏汽机)、横机、轮车汽机剖面、救火水龙和汽船水轮。①

蒸汽机的发明、改进和广泛使用是第一次工业革命的标志，蒸汽机的广泛使用实现了生产方式的机械化。狄考文意识到蒸汽机在生产生活中的重要性及在中国的巨大发展潜力，因此他十分注重学习蒸汽机应用技术，引入并自制相关实验仪器。1879 年 5 月至 1881 年 1 月，狄考文在第一次回美国休假期间，为了制作蒸汽机车模型以便带回中国供登州文会馆实验教学使用，便前往鲍德温机车工厂学习机车构造原理及应用技术。1902 年 6 月，狄考文最后一次回国休假时乘蒸汽火车穿越欧洲，当路经西伯利亚某地时，蒸汽机车出了故障不能行进，狄考文经过观察很快就发现了故障原因，并告知

---

① 王元德、刘玉峰.文会馆志[M].潍县：广文学校印刷所，1913：42.

相关人员机车机械装置的修理方法,在其指导下很快就排除了火车故障。①这充分说明狄考文对蒸汽火车的构造以及工作原理已经相当熟悉。蒸汽机被安装在轮船上便可制造出蒸汽轮船,蒸汽轮船"与他舟无甚异,惟设有转轮"②,依托蒸汽机的"转轮"输出动力,"转轮"设在船两侧或船尾的称之为"明轮",设在船底被称为"暗轮"。因为暗轮制造技术较复杂,且不便于操作和维修,所以当时传入中国的蒸汽轮船的动力技术以明轮为主。登州文会馆实验室的蒸汽轮船模型既有明轮又有暗轮,还有火车(火轮车)模型,均可直接观察到各种零部件,这些实验设备在当时是非常先进的。这与狄考文在引进和自制实验仪器时注重与国际先进技术接轨的理念密切相关,19世纪末期的中国迫切需要引进蒸汽动力技术来改善水陆交通状况,登州文会馆实验室的蒸汽轮船和火轮车模型,也迎合了这种需求。登州文会馆通过展示瓦德(瓦特)汽机和汽机的五种剖面模型来呈现不同时期及不同类型蒸汽机的工作原理,以便让学生通过观察分析来了解不同时期的蒸汽机结构及其性能特点,更直观地感受蒸汽机技术的改进与发展历程。

登州文会馆实验室还有使用蒸汽机救火的装置模型——"救火水龙",其工作原理与"水铳"的基本一致,利用蒸汽机带动活塞运动使筒内产生真空,大气压将外界水槽内的水压入筒内,再通过外力推动活塞使水沿出口喷出,③从而实现灭火功能,"救火水龙"便是蒸汽消防车。当然这种先进的救火设备并未得到普及,只有上海、香港等地的租界里才有,如上海租界的"水龙会"(消防协会)曾配备救火水龙车,还设有救火钟楼,上架巨钟,如遇火警,鸣钟为号。④

---

① [美]费丹尼. 一位在中国山东四十五年的传教士:狄考文[M]. 郭大松、崔华杰,译. 北京:中国文史出版社,2009,3:162-165.
② [美]丁韪良. 气学卷格物入门[M]. 京都同文馆存板,戊辰(1868)仲春月镌:43.
③ 段耀勇. 水铳的传入及其在中国消防史上的意义[J]. 内蒙古师范大学学报,2005(9):3.
④ 范约翰. 救火水龙车[J]. 小孩月报,1879,4(11):1-2.

第六章　登州文会馆的实验室建设及其影响

图 6.7　救火水龙图示

图 6.8　上海公共租界工部局勒琼消防队的马拉蒸汽泵浦消防车

登州文会馆实验室还有一些可应用于工业生产的以蒸汽为动力的设备样机和模型，例如，以蒸汽为动力的汽机锯，用蒸汽机锻造机器零部件的火轮锤（汽锤），以蒸汽为动力进行纺织的横机，这些设备可以有效代替人工，提高劳动效率的同时还能减轻工人的劳动强度。登州文会馆实验室还有实用价值很高的扭力蒸锅、舂矿机、鼠力机等设备，这些具有极高科技水准的实验设备在完成相关实验的同时也锻炼了学生的动手能力，造就了一批优秀的西学人才，很多学生精通木工、机工以及电工，在推动科学技术传播的同时，也间接促进了当地的经济发展。

登州文会馆紧跟国际科学技术的发展脚步，在购买实验室仪器设备的时候都是选择最先进的,随着第二次工业革命的高速发展,电动机技术逐渐取代了蒸汽技术,并得到普及应用,登州文会馆后期购置了侯氏电机、葛利电机、文署德干电机、隔电机、否司电机5种电动机。①一些机械效率低、笨重的蒸汽机也逐步退出了历史舞台,于是与蒸汽机相关的实验仪器的购置和自制逐渐减少。

四、声学实验

登州文会馆师生参照《声学揭要》开展声学实验,该书由赫士口译、朱保琛笔述,第一版于1894年出版,之后多次再版,初版参照的底本是法国阿道夫·迦诺所著《初等物理学》的英译本(*Elementary Treatise on Physics*)(第12版)中声学部分的相关章节,赫士在保持整体知识结构不变的同时,删除了部分较为复杂及难懂的知识点,同时引入了当时十分先进的实验理论。该书尽量使用中国人便于理解的语言表达方式,并适当加入了一些方便开展教学的实验方法,以利于中国师生开展教学活动。

登州文会馆的声学器包括赛轮、独弦琴、声光镜、定音义(仪)、声纹瓣、无声铃义(仪)、空盒定音义(仪)、打琴、口琴、声光筒、无声铃、印音轮、碍声管、声浪玻片、声浪玻管、大助声筒、大声浪机、声浪铜片18种。②这些设备主要应用于声音的产生和传播实验。

"声音产生"方面的实验有:利用音叉研究声音频率的定音仪实验;使用赛轮、大声浪机来测量声音的频率,尤其是测量高频声音,当时只能通过赛轮实验进行测量,通过调整琴弦的拉力来展示琴弦振动频率改变的独弦琴实验;研究吹气使口琴(嘴琴)振动发声的口琴实验。"声音传播"方面的实验

---

① 王元德、刘玉峰.文会馆志[M].潍县:广文学校印刷所,1913:44~45.
② 郭大松、杜学霞.中国第一所现代大学:登州文会馆[M].济南:山东人民出版社,2012:83.

第六章 登州文会馆的实验室建设及其影响

有:将自鸣钟放置在玻璃罩内并抽气,证明真空不可传声的无声铃仪实验;将哥路第恩球储满二氧化碳来测试声音折射现象的实验。"声光信号转化"方面的实验有:通过声信号的颤动来改变光信号,从而记录声信号频率的声光镜实验;灯光在镜面上呈现声音波形的声光筒实验。"声音的增强与减弱"方面的实验有:呈现声音放大现象的助声筒实验;利用声纹瓣(合音器)"可分某合音之原音与副音,若将所分诸音合之,即可复得某合音矣"[①]的工作原理,演示"声音既然可分,也可以合"的现象;碍声管实验用于演示声波干涉现象。另外,使用"储声机""印音轮""写声机"等设备做"声音储存"(录音)方面的实验,19世纪七八十年代,随着留声机的发明,录音技术得到改造提高并被广泛应用于日常生活中,因此登州文会馆的储声机是当时引进的较为先进的仪器。

图 6.9 写声机

五、气学实验

登州文会馆气学实验室的气学器包括吸空球、吸重盘、轻气球、气稀盘、

---

① 赫士、朱保琛.声学揭要[M].上海:益智书会,1894:8.

马路(马略特)水银管、大抽气机、空盒风雨表、积气泉、吸重鞡(鞟)、气稀瓶、天气球、天气积火筒、水鬼、吸空水银斗、积气筒、空中称、积气瓶、吸气管、哥路第恩球、水银吸气管20种。①这些仪器主要用于与"大气压强""蒸汽机的原理和应用"相关的实验,是参照《格物入门》气学卷中的相关实验开展的。

"大气压强"方面的实验有:验证大气压强存在的马德堡半球实验;测量气体压强的马路水银管实验;演示大气压强度的吸重鞡实验;利用风雨表(晴雨表)的水银柱或指针的变化预测晴雨天气,能呈现"气压变化与风力和降雨关联关系"的风雨表实验;测定气压数值的空盒风雨表实验;利用活塞抽气吸出器具中气体的水银吸气管实验。"大气压强应用"方面的实验有:将较轻的"鹅毛"与相对较重的"银钱"同时放置在被抽走空气后的玻璃瓶(也称气稀瓶)中的自由落体实验,可以呈现二者在气稀瓶中下落一样快的现象;将空气与气稀瓶中旋转页的旋转情况进行比较,证实空气对物体运动有阻碍运动的旋转页实验;使用类似现代打气筒进行演示的积气筒实验;使用利用钢条弹力来测量风力的铁圈风称和利用连通器原理制作的水管风称来测量风力大小的风称实验。除此之外,登州文会馆实验室还有通过抽取容器内的气体来制造近似真空的大抽气机实验,使用吸空水银斗中水银柱产生的高压强来吸气的实验,用来演示气体浮力的空中称和轻气球实验。

登州文会馆的气学实验注重吸收国际上科技发展的最新成果,实验室也拥有很多当时较为先进的实验仪器,有的实验仪器则是登州文会馆师生在教学中自制或者仿制的仪器。因为气体和液体均属流体,所以登州文会馆水学与气学实验关联紧密,并有很多相通之处。②

---

① 郭大松、杜学霞.中国第一所现代大学:登州文会馆[M].济南:山东人民出版社,2012:82.
② 郭建福、白欣.登州文会馆水利气象类实验研究[J].气象史研究,2021(1):21-38+262-263.

六、天文学实验

狄考文和赫士对天文学非常感兴趣,很早就建立起用于观测的天文台,赫士等人先后编译出版《天文揭要》《天文初阶》《天文入门》《天文新编》等多部书籍,登州文会馆有远镜(径十寸)、天球、天文指表、章动轮、章动表、经纬仪、纪限仪(距度仪)等天文仪器,[①]并开展了相关天文观测实验。为了更加直观形象地将复杂的天文学知识展现出来,天文实验室设置有行星绕日表、恒星表等一些仪器图表。例如,将星座和恒星呈现在实物球体上的天球仪(天体仪)、演示地球章动的章动轮和反映地球不同时期的章动大小及幅度的章动表、展示恒星位置和星座形状的恒星表、呈现太阳系八大行星绕日公转的特点和规律的行星绕日表。天文实验室虽然是登州文会馆实验室中实验仪器种类最少的实验室,但是却有当时较为先进的反射式天文观测望远镜等设备,还有小型的天文观测台。相关天文观测实验活动的开展,有效地激发了学生探索未知世界的学习兴趣,培养出王锡恩等中国本土的天文学人才,有力地推动了近代天文知识在中国的传播。

七、光学实验

登州文会馆的光学实验室建设周期较长,其实验仪器持续地更新换代,实验教学内容由早期的《格物入门》中的光学,变为《光学揭要》。《光学揭要》由赫士口译、朱保琛笔述,首版于1894年出版,之后多次再版,首版底本是《初等物理学》第14版第7章中光学部分的相关章节,赫士的中文译本对原

---

① 郭大松、杜学霞.中国第一所现代大学:登州文会馆[M].济南:山东人民出版社,2012:85.

著做了删减,并结合自己多年教学经验编撰而成。登州文会馆的光学实验仪器和教材是相配套的,极大地提升了实践教学的质量。①

登州文会馆的光学器包括:极光镜、映画镜、双凸镜、隔光帘、折光池、旋转机画、手转机画、凸镜、显微镜、平行镜、照面镜、棱光窗、光表探、新万花筒、显微镜画、凹镜、活角镜、绘画镜、间色镜、三棱瓶、竖电池、直角三棱、极光镜表、光表、万花筒、钝角镜、牛顿镜、肥皂圈、折光表、爱斯兰石、比路斯得、光原、活画轮、奇妙灯、轻养灯、差角表、凑巧画、显微镜槽、量直角镜、光窗、尖锥镜、铂绒灯、分影镜一、分影镜二、返光镜、三棱玻璃、返光凹镜、胍镜、存光板、七色轮、留光管、黑方镜、双凸镜(双凹镜,应系作者笔误)、返光凸镜、直角三棱、千里镜、双远镜、然根光诸器、试流质折光器、大直角返光镜。②晚清时期中国的实验仪器较少,特别是玻璃仪器极度匮乏,而光学实验仪器却是以玻璃仪器为主,因此在国内市场上较难购买。较早做三棱镜实验的中国人是徐寿和华蘅芳,"尝购三棱玻璃不可得,磨水晶印章成三角形,验得光分七色"③。他们虽身处开放程度较高和经济较为发达的华东地区,但连一个光学实验中所需的最基本的仪器都难以买到,只能自己动手用水晶印章磨制。而这一时期的登州文会馆仅光学实验仪器就有60多种,这足以说明登州文会馆拥有国内领先、国际较为先进的各类物理实验仪器设备。

"光的直线传播与光表"方面的实验有:证明光线是沿直线传播的小孔成像实验以及影子实验,测量光源的发光强度和照度的光表实验,这些实验使用了隔光帘、伦傅德光表、本孙光表、惠司盾光表和光表探等实验仪器。

"光的反射"方面实验有:"留光管"实验、反射定律之反射角与入射角恒等实验、漫反射实验、平面镜的返光成像实验、正交镜和平行镜实验、纪限仪

---

① 郭建福、郭忠敏.晚清译著《光学揭要》主要内容与特点分析[J].新西部,2017,(10):104,99.
② 郭大松、杜学霞.中国第一所现代大学:登州文会馆[M].济南:山东人民出版社,2012:84.
③ 清史编纂委员会编纂.清史:第3~8册[M].国防研究院,1961:5469.

第六章 登州文会馆的实验室建设及其影响

的应用实验、曲面镜成像实验、"奇妙灯"实验(曲面镜反射实验),这部分实验使用双凸镜、凸镜、新万花筒、万花筒、平行镜、留光管、照面镜、凹镜、活角镜、铂绒灯、返光镜、返光凹镜、双凹镜、返光凸镜、大直角返光镜、奇妙灯等。

"光的折射与成像"方面的实验有:演示折射定律的折光表(又称圆表)实验、演示光从空气中进入液体时发生折射现象的折光池实验、利用凸透镜演示透镜成像的实验,这部分实验使用折光表、折光池、棱光窗、肥皂圈以及凸透镜等。

"光的色散"方面的实验有:使用三棱镜演示白光折射后分为单色光的分光实验,使用直角三棱镜演示光的全反射现象实验,使用三棱瓶验证并测算流体折光率的试流质折光器实验,通过分区粘贴七种色纸的七色轮转动后呈现近似白色视觉感受的七色轮色散实验,演示两色或者多色能否混合使用的间色镜实验。

除上述实验仪器外,还有旋转机画、手转机画、肥皂圈、活画轮等仪器用于光的色散实验。另外,光学实验中还有显微镜、望远镜、幻灯机和照相机等光学元器件应用方面的实验,使用的光学器件有:显微镜、显微镜画、千里镜、双远镜、幻灯机、照相机等,随着电灯的发明、应用和引进,射影灯的光源逐渐被电灯代替,登州文会馆实验室还设有双射影灯,有效地增强了幻灯片的放映效果。验证光在折射时可以产生部分偏振现象的光的偏振实验,主要使用天然晶体——爱斯兰石进行实验。

登州文会馆光学实验室仪器设备丰富且先进,除了对照相机、幻灯机、望远镜和显微镜等一些西方实用的实验仪器进行系统性引进与使用以外,还特别注重实验仪器的升级与更新,如为了增强幻灯片的放映效果,配备了双射影灯,后期还将"用火油"作为光源的射影灯仪器更换成用电灯作为光源的电射影灯,解决了采用燃气体为光源的不稳定、光照强度弱等缺点,这些改进设备的技术在同类学校中是极为少见的。

图 6.10　双射影灯

八、电学实验

狄考文非常重视电学实验,为了让更多的人关注电学教育,他不仅在本校演示,还在其他场合进行演示实验,狄考文本来计划编写一部包括电学在内的物理教科书,但遗憾的是没能腾出时间。赫士也曾计划在完成《光学揭要》《声学揭要》和《热学揭要》之后编译《电学揭要》,但是山东地区的义和团运动影响了赫士的译书计划,因此登州文会馆没有电学方面专门的教科书。狄考文和赫士分别以《格物入门》电学卷和英译版《初等物理学》作为参考教材进行教学和实验。[1]

登州文会馆最大的实验室是电学实验室,相关实验仪器数量占到总仪器数量的三成多,具体包括干电(静电荷相关)、湿电(电解质溶液相关)和副电(电磁转化相关)。

干电实验多为研究静电荷的相关实验。干电部分包括63种仪器:电转、电囊、电铃、电日月、吸驱球、量电瓶、雷盾电瓶、侯氏电机、电炮、电瓶、电网、

---

[1] 郭建福、郭世荣. 登州文会馆物理实验研究[M]. 北京:中国科学技术出版社,2020:158.

第六章 登州文会馆的实验室建设及其影响

电酒杯、电跌船、电火蛇、电跃水杯、葛利电机架、铀杯、电准、电毛、金页表、电飞毛、虚无筒、正弦电表、做水银屑瓶、电球、电星、电砂、电打鹊、电空球、电鸿钟、电舞人架、活雷盾瓶、电蛋、电龙、电台、电蜘蛛、电皮球、电火字、花雷盾瓶、穰球、电穗、文暑德干电机、琥珀、跳舞盘、电秋千、电舞人、电劈物机、北方晓全具、电称、电堆、电灯、电锡盘、放电义(仪)、电尖堆、无极电表、享利放电架、电搬、电盒、电鹅、扭力表、象限表、隔电机、否司电机、范克林(富兰克林)电页。①

"静电荷特性"方面的实验有：证实"万物皆有电荷存在"的粗纸生电实验，呈现电荷"搬运"轻小物体的电搬实验，演示带电体具有吸引轻小物体能力的电毛和电飞毛实验，验证同种电荷相互排斥的吸驱球(电摆)实验，验证电荷有集中到物体表面特性的电空球及电网实验，演示尖端放电现象的电囊实验，研究气体密度和压强对电灯发光影响的电蛋实验，演示空气因电离而出现极光现象的"北方晓全具"实验。

"干电知识应用"方面的实验有：带电体吸引轻小物体且产生声音的电舞人、跳舞盘实验，利用电流的力学和热学效应的电跃水杯、电酒杯和电盒实验，使用放电仪安全地释放电瓶内残存电荷的放电实验，展示手持带电引电链并站在接电台上的实验者出现头发直立且分散现象的电台实验，可以产生静电感应电荷的电锡盘(锡盘机)实验。

"雷电知识与防护"方面的实验有：验证雷电发光原理的电星实验和电火蛇实验，呈现尖端放电现象的范克林(富兰克林)避雷针实验，演示雷劈物的电劈物机实验。

"电表和电铃应用"方面的实验有：利用静电荷具有吸引轻小物体的特性来驱动计时的电鸿钟实验，利用电荷之间同性相斥和异性相吸的原理来

---

① 郭大松、杜学霞.中国第一所现代大学：登州文会馆[M].济南：山东人民出版社，2012：84.

驱动撞击摇铃产生声音的电摇铃实验,利用电流的磁效应使电铃振动并发出铃声的电磁铃和磁电铃实验。另外,还有象限表、正弦电表、无极电表和扭力表(库仑电扭称)等各类电表的应用实验。在进行相关电学实验时,电表作为测量用电器耗能、电流与电压大小的实验仪器多与电阻器(包括滑动变阻器、变阻箱、定值电阻)配套使用,登州文会馆配置的电表中还有立电表、热电表、原电表、正切电表、正弦电表、无极电表(也称无定电表)、安培表、佛耳表(伏特表)等多个种类。

登州文会馆使用文暑德电机、否司电机、葛利电机架、侯氏电机等仪器来开展静电方面的实验。狄考文曾在《格致汇编》上专门撰文,详细介绍了侯氏电机的工作原理和使用方法,因为侯氏电机运转不受天气潮湿等因素的影响,所以其应用范围更广。

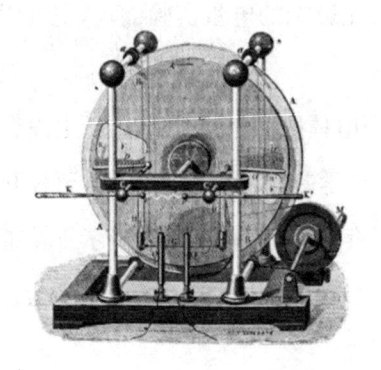

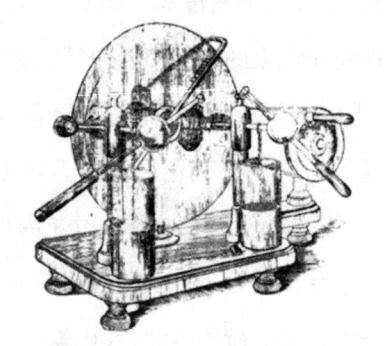

图 6.11 侯氏电机

还有利用普通电瓶、量电瓶、雷盾(莱顿)电瓶、活雷盾(莱顿)瓶、花雷盾(莱顿)瓶等可以聚集电荷的仪器来开展"电容"方面的相关实验。

登州文会馆实验室中最多的是"干电"部分的实验仪器,各个干电实验中均涉及多个实验仪器被使用,这些仪器设备在当时不仅购置较难还价格不菲,即使沿海大城市的学校也难有这么多的实验仪器,登州文会馆实验室能拥有如此之多的仪器实属不易。这些实验仪器的投入极大地提升了电学

第六章 登州文会馆的实验室建设及其影响

方面课程的教学效率。

"湿电"实验是指与电解质溶液相关的实验,当时湿电的应用范畴多在"电镀和电解""医病""电报技术"三个领域。湿电部分包括 39 种仪器:磁电、荣灯、铂灯、颠倒管、德律风、极里雷、但氏电池、罗环、电轮、里雷、埋革风、火药电气芯子、电报响、力电机、银电链、磁电震人机、电钥、电缆、电表、立电表、家电报、热电表、空铃电盖、傅德电堆、电称、阻箱、电池、原电表、分水杯、热电堆、无极电表、马斯收信机、电扇、电线、电炮、安培表、佛耳表、干电池、正切电表、佛耳达电堆。①

电堆是利用电解质溶液产生化学反应而生电的装置,利用热电效应发电的电堆被称为"热电堆"。"电池及其应用"方面的实验有:演示电的化学效应可以改变物质颜色的电火字实验,呈现电解水过程的分水杯实验,研究电流对人体影响的磁电震人机实验,对伏打电池、但氏电池、葛氏电池、斯美氏电池等各种不同"湿电"电池的制作与使用进行实验研究。登州文会馆实验室的电缆、银电链等仪器设备使远距离高压输电成为可能,而有关电缆的技术与设备与当时国外几乎处于同一水平。②

"电磁相互转化及应用"方面的实验有:演示电磁铁使用方法与性质的磁电实验;研究通电螺线管磁场极性与通电电流方向关系的罗环实验;利用杠杆原理和电磁感应现象来粗略测量电流强度的电称实验;演示电动机运行工作原理的电转实验;利用电磁相互转化原理设计的电子钟表实验,该电表可将电能转换为磁能,再转换为机械能,然后带动电表上的指针运转,从而达到计时的目的;通过改变螺线管接法来改变电流方向继而改变螺线管磁极方向的颠倒管实验,颠倒管实验也可以用于验证安培定则。

将电磁波原理应用于电报和无线电技术领域,开展"电报技术"方面的

---

① 郭大松、杜学霞.中国第一所现代大学:登州文会馆[M].济南:山东人民出版社,2012:84.
② 郭建福、郭世荣.登州文会馆物理实验研究[M].北京:中国科学技术出版社,2020:171.

实验,主要使用的是马斯电报机、电报响(接信机)、电钥等仪器。利用德律风和埋革风(即麦克风)开展的"电话及其应用"方面的实验。

登州文会馆实验室除配备当时很先进的各类电池和测量用电表外,还有电报机、电灯、电话等代表当时先进科学技术水平和高质量生活品质的先进仪器,实验室还有一整套关于X射线的实验设备,登州文会馆将然根光(X线)实验归入电学实验中,充分体现出登州文会馆实验室在当时国内的先进水平。

图 6.12 用虚无筒观察然根光(X 线)的实验图示

X射线的发现是现代物理学的开端。[①]登州文会馆使用的光学教科书《光学揭要》对德国物理学家伦琴(Röntgen)于1895年发现的然根光(X-ray)的相关知识进行了介绍,该书提到用西文字母"X"来表述的原因:"因X字本西国代数学中用以代未知几何之首字,也兹取此为名,即表明不解为何光也。"这是译名"X线"一词在我国的首次出现,也是我国出现较早的一个字母词,因此登州文会馆是国内最早引入这一肉眼看不见的新射线知识的学校。后来普遍使用的译名"X光"和"X射线"直到民国时期才零星出现,但使用并不

[①] 吴培熠、韩正强、王大明.近现代中国X射线物理学学术谱系研究[J].自然辩证法研究,2023,39(01):123~130.

广泛,直至1934年南京国民政府教育部核定的《物理学名词》中才确定"X射线"为规范译名。在这期间,"X-ray"出现了音形意和字母词等多种不同的译名,这些译名反映了中西人士在思想意识和思维方式上的差异和多样化。①由于文化背景不同,在中西科技文化交流和传播过程中专业术语的对译对跨文化传播有着举足轻重的影响。从文化传播的角度看,在中西文化交汇进程中由西方传教士与中国士子共同译介的字母词,将外来西方概念变成一种可接受的意象符号,具有直观、易懂、新颖、准确的特征,对于克服跨文化传播的藩篱,推动西方科学文化在中国的本土化发展起到了至关重要的作用,也表征了中国传统文化具有适应和吸收外来文化的巨大包容性。

九、磁学实验

登州文会馆开设的磁学实验主要为磁铁指南效应及其应用方面的实验,这些实验使用的仪器数量相对较少,因为研究电磁学无法绕开磁学,所以部分实验与电学实验相关并作为其辅助实验。实验室中的磁学仪器有15种:磁铁、磁称、磁鱼、指南针、水上磁针、量地罗镜、磁末小盘、磁转电流、侧针、钢屑、铁末、地磁环、磁感电流、磁针、航海罗镜。②

指南针形制多种多样,有针形、条形和马蹄形等,分为自然磁石和人造磁铁两大类,被广泛应用到社会生活的各个领域,例如,通过观察量地罗镜的罗盘中磁针变化来推断风水,就利用了小磁针在磁场中会发生偏转的原理;航海罗镜(也称航海罗盘、罗盘针)作为利用磁铁特性制成的指南仪器主要用于航海;磁称又称磁力仪作为采集磁异常数据以及测定岩石磁参数的仪器,主要用于测定磁异常,登州文会馆使用的磁力仪为悬丝式垂直磁力仪。另

---

① 吴培熠、王大明.X-ray中文译名演变过程研究[J].自然辩证法研究,2021,37(4):86~92.
② 郭大松、杜学霞.中国第一所现代大学:登州文会馆[M].济南:山东人民出版社,2012:83.

外,登州文会馆实验室中还有铁末、钢屑等研究磁场必备的一些辅助材料。

十、副电实验

副电实验主要是研究电与磁之间相互关系的实验。实验仪器包括23种仪器:流感磁、磁感流、电磁铃、磁电铃、副电池、地磁感副统环、木头耳、流感流、副电盘、副电机、副电轮、地磁转电流器、代拿木、叟罗那、磁感流玻筒、磁转电流机、电弧灯、棱考夫副螺筒、马掌磁、磁涨表、静副电盘、电流转磁件、射影灯。[1]

"电流与磁场相互转化"的实验有:演示通电导线或通电螺旋管产生磁场的流感磁(电流感生磁场)实验;演示电磁感应现象的磁感流实验;演示"变化的电流产生磁场,变化的磁场产生电流"的流感流(电流感生电流)实验;利用切割地磁场的磁力线来发电,从而检验地磁场强弱、方向的地磁转电流实验;利用副电池、副电盘、副电机和副电轮等元件来制作无线电报的实验;利用棱考夫副螺筒验证"闭合回路中的磁通量发生改变可以产生感应电流"的原理,登州文会馆还据此制作了电磁铃。[2]

使用格拉姆电机、司脱勒发电机等呈现将其他形式能源转换成电能的原理及其应用的相关实验,还有利用力电机、木头耳等电动机来验证电能转换成机械能并对外做功的相关实验。

电学和磁学相关实验是登州文会馆实验室的重点,也是难点,除了相关实验仪器种类繁多之外,其实验内容、过程以及呈现的实验现象都较为复杂。在第二次工业革命的推动下,西方科学技术迅猛发展,国外先进的电磁学相关研究成果和仪器设备经由各种途径传入中国,促进了登州文会馆不

---

[1] 郭大松、杜学霞.中国第一所现代大学:登州文会馆[M].济南:山东人民出版社,2012:85.
[2] 郭建福、郭世荣总.登州文会馆物理实验研究[M].北京:中国科学技术出版社,2020:189.

断地更新相关实验仪器设备,从而不断地丰富相关实验的内容,大幅提升了学生学习电磁学知识的兴趣和探索新事物的热情。

十一、登州文会馆实验室的特点

登州文会馆实验室是在"洋教师"团队的带领下逐渐成型并不断发展的。登州文会馆实验室的建立、发展和壮大,倾注了创始人狄考文以及赫士、路思义、柏尔根等几十年的共同努力和心血。早期物理实验室的划分是狄考文参照《格物入门》来分类的,主要有光学、热学、电学(分干电、湿电、电报三部分)和声学四个模块。后来,赫士根据教育教学发展的实际和需要,使用阿道夫·迦诺的物理学教材替换了《格物入门》。赫士和柏尔根还在原来实验室的基础上,发展出了热学、声学和光学三个独立实验室,并保持了早期的电学实验模块。再后来,他们又将电学模块中的电报部分独立为副电实验室,并对部分仪器进行了更新换代。

登州文会馆实验室的实验设备与教学进度、教学内容结合紧密。登州文会馆拥有可以满足教师演示实验和学生操作实验的需求完备的实验仪器,这些先进的仪器完全可以满足教学活动开展的需要,在服务教育教学活动的同时也给学生探索新知提供了便利和支持。例如,应用于光的反射、折射和透镜成像等一系列实验的光学元件便是与《光学揭要》中设计的教学内容相匹配的,使用大口径天文望远镜进行星空观测可以拓展学生的"宇宙视野",而显微镜和专用的显微镜画则打开了学生观察微观世界的另一扇窗。声学与热学方面,如研究录音原理的印音轮、研究声热技术的声热筒等实验仪器与《声学揭要》《热学揭要》两本教材的教学内容也是相配套的。电学与磁学方面的实验除了配备齐全各类测电流、电压和电阻等最基本的实验用电表之外,还有演示电和磁之间相互转化现象的电动机和发电机模型,甚至还配备了全套的用于研究"电报技术"应用的多种先进设备。

登州文会馆的实验设计巧妙,实验教学活动寓教于乐。在实验教学过程中,登州文会馆的师生非常巧妙地设计或者自制出一些虽然教材上没有,但是使用简单仪器就能观察到明显现象的实验,充分发挥出这些仪器设备功用。比如,在以"玻璃杯底衬黑绒"的方式来呈现对比效果鲜明的"微质漫反射"的光学实验中,虽然仅使用了光源、玻璃杯、黑绒和纸烟等比较简单的实验器材,但通过巧妙的对照设计,探究出其原因是"微点有返光之能",由于对比明显,更便于学生理解和接受。

另外,登州文会馆的"洋教师"特别注重对学生学习兴趣的培养。比如,狄考文便善于将复杂、严肃甚至带些刻板的实验用"介于演示和娱乐之间的方式"展现出来。狄考文的夫人曾饶有兴趣地描述了狄考文给学生上过的一堂好玩的物理实验课:在学院一间遮蔽得很黑的屋子里,我们围坐在一起,注视着长串的火花弯弯曲曲地穿过五颜六色的光圈。狄考文一半的身体被照亮着,他的大高个子、他的大长白胡子以及一袭黑色长袍,使得他整个人看上去好像一位老魔法师。狄考文的这种造型和演示实验激起了在场人员的极大兴致。这个活动结束后,狄考文用 X 光展示了每个人双手的骨骼,[①]这样寓教于乐的实验课确实让人难以忘记。

第三节　登州文会馆实验室的建设对西学传播的影响

登州文会馆实验教学的本土化倾向明显,示例中的器物时常使用中国民众日常生活中的必备用品,比如,水学部分仪器的材质,非常巧妙地用到

---

① 郭建福、郭世荣.登州文会馆物理实验初步研究[J].自然辩证法通讯,2018,40(08):79~84.

第六章 登州文会馆的实验室建设及其影响

了竹子,还有的例子中的度量单位是清政府正在试用的。赫士和柏尔根不只是进一步发展了实验室,他们和学生还一起自制了仪器和自创了部分实验方法,这不仅是个人兴趣,也是为了节约经费,说明广大师生对相关实验理念的理解与掌握程度较为深入,更反映出登州文会馆对实验教学是持有一种开放式的态度,不断吸收先进的实验和教学理念并付诸实践。赫士等"洋教师"和登州文会馆"土学子"共同译介的教科书中对一些西方科学术语出现了多种中文译名,这些基于音译、意译、形译和字母词等方式产生的多种中文译名的"跨文化整合"以及逐步"规范化"的过程,也从侧面展现了中国与西方在科技文化交流领域的碰撞和融合,登州文会馆成为西方科学的跨文化传播和科学本土化的具体案例。

晚清政府的教育主管部门逐步意识到了实验课程的重要性,通过拟订并颁布《奏定学堂章程》来敦促一些学校开设相关的实验课程。如《中学堂章程》和《师范学堂章程》中对物理课就有这样的要求:"物理当先讲物理总纲,次及力学、音学、热学、光学、电磁学。凡教理化者,在本诸实验,得真确之知识,使适用于日用生计及实业之用。"但这些规定都只是一种理想化的要求,一方面清政府的官办学校受传统经学教学方法的影响,师生普遍缺乏相应的物理学知识和实验教学的操作基础,做实验的教学方式还是让位给了传统的经学教育中"教师课堂讲授,学生死记硬背"的授课方式。另一方面,因为没有考虑到仪器设备严重匮乏的现实,所以在客观上并没有出现规模性地开展实验教学的局面。

与官方主办的学校不同,教会学校开实验教学风气之先,这些学校的"洋教习"由国外引入,自制部分实验所需的各种仪器,再后来,学校陆续建立起实验室,学生可以在实验室做各类理化实验。比如,以狄考文为代表的登州文会馆的西学"洋教习",大都在本国接受过良好的教育,比较重视实验课程,他们"确信科学和数学对培养学生的逻辑思想至关重要,实验室和科学实验则是最佳途径"①。讲求实学,强调学以致用是登州文会馆成功办学的要诀,"讲实证,重实验"贯穿于教学始终。因此,狄考文在办学过程中极为重视实验室建设和学生手工操作能力的培养。由于教学需要,狄考文设置了系统的数理化课程,较早地建立起种类非常齐全的实验室,尤其是开展了系统的物理实验,他与其他相关人士的探索,为中国近代实验的发展提供了有益的尝试。

登州文会馆的实验室经过约半个世纪的连续建设,逐渐建立起一整套相对完善的实验教学体系和较为完备的实验设备,为登州文会馆的发展和人才培养奠定了坚实的物质基础。登州文会馆的实验室是与时俱进的,是由狄考文、赫士、柏尔根、路思义等人努力打造并逐渐完善的,登州文会馆的理工各科仪器之齐全、实验仪器之先进在全国也是非常出名的。登州文会馆培养了一批优秀的科技人才,尽管人数不是太多,却对中国近代科学教育的发展产生了比较大的影响。这种影响可以从1898年京师大学堂的一次聘任中窥见一斑。这一年,京师大学堂一次性聘任了登州文会馆12位毕业生担任学校教习。那一年整个京师大学堂聘任的西学教习中只有一人不是出自登州文会馆的毕业生,这不可不说是个不大不小的"奇迹"。有了京师大学堂的这次"广告",随后,各地方政府在筹办新式学堂时都争相聘用登州文会馆毕业生作为教习,登州文会馆毕业生"踪迹所至,遍十六行省"。登州文会馆之所以在短时间内取得如此骄人的成绩,主要还是得益于学校严格的教学管理、完备的课程体系和先进的实验教学仪器,正是三者的结合,才有了这样的结果。

---

① [美]杰西·格·卢茨.中国教会大学史.[M].曾矩生译.杭州:浙江教育出版社,1984:57.

第六章　登州文会馆的实验室建设及其影响

图6.13　山西大学堂担任西学教习的文会馆毕业生
（由左至右：宋景清、陆之平、冯文修、李天相）

　　随着中国新式学堂开设越来越多的西学课程，与之配套的这种重视实验、重视学生动手能力培养的教学方法被广泛引入教学中。山东大学堂还效仿登州文会馆建立仪器修理及制造所，"附设工房一所，派熟悉制造者经理。以便学堂购存仪器及实验格物学各项器具均可随时自行修理，并可仿造各项机件式样，添配各项应用器具，以备实验各种艺学功用"①。

　　登州文会馆建立实验室以及开展的相关实验工作，推动了西方实验科学和实验思想在近代中国的生根发芽；同时，西方实验传统也给近代中国的科学教育带来新的生机。这种注重实验手段和学生手工操作能力的教学方式，不同于中国传统教育所提倡的讲究义理、考据和辞章的价值观念和知识结构。以登州文会馆为代表的基督教学校对这种教学方式的重视，逐渐使中国传统的教育方式在近代化浪潮面前失去了存在的价值，由此而引发了中国考试制度和取士制度的变化，对近代中国新式教育体系的建立，起了一定的示范作用。一门新的学科在另外一种文化背景和社会条件下能否传播，以及传播效果如何，取决于社会的支持和民众的理解程度。如果只有社会的需

---

① 陈学恂. 中国近代教育史教学参考资料（上）[M]. 北京：人民教育出版社，1986：7.

要但不能被民众理解,即使相关科学书籍被翻译过来,也仅表明这门科学的载体形式上传入,而不表明这门科学真正在这个国家获得了传播。①

除了在学校和研究机构正统的科学实验,在中国民间一些西方自然科学仪器的展示活动,也为当时西方科学技术知识在中国的传播和普及发挥了一定作用。为招揽顾客,在中国的一些集市上有些摊主也用"洋玩意儿"所蕴藏神奇的现象吸引民众。20世纪初,上海城隍庙就有通过"留声机"及"万花筒"等"洋玩意儿"的街头展示。

图 6.14 街头展示

---

① 冯珊珊. 近代西方热学在中国的传播(1855—1902)[D].内蒙古师范大学,2019:165.

第七章
教会在华办学的历史作用及其影响

学术界在一段时期内较为重视近代西方列强侵华史而忽视与之相伴的西学东渐史。在这段时期内,国内对教会学校的研究多从帝国主义文化侵略的角度入手,抑或带着一定的民族情绪进行分析评价,在有意或无意间淡化教会大学的社会存在价值和文化交流意义,以及在科学文化传播发展过程中的历史作用。但是若把传教士的所有活动都视为"文化侵略",则显然不合实际,属简单粗暴之举。[①]章开沅先生认为:"这种尖锐的批判虽不无事实依据,但却失之笼统与有所偏颇,因为它没有将教会大学作为主体的教育功能与日益疏离的宗教功能乃至政治功能区别开来……对于那些勤恳的毕生奉献于教育事业的中外教职员很难说是公正的评判。"[②]但从整体的社会发展的客观角度看,如果将宗教功能和政治功能剥离开来,那么教会大学的教育作用和新知识、新技术的传递作用就会显现,其也有推动近代中国教育事业发展的积极的一面。

以登州文会馆为例,因具有宗教背景,曾被戴着"有色眼镜"审视,甚至被无端横加贬抑。不论传教士兴办学堂是为了传播宗教以实现"中华归主",

---

[①] 郑连根.昨夜西风[M].北京:中国华侨出版社,2011:2.

[②] 章开沅、林蔚.中西文化与教会大学首届中国教会大学史学术研讨会论文集[M].武汉:湖北教育出版社,1991:3.

还是为了践行"基督救世"的理念,以狄考文为代表的传教士率先在山东初步建立起现代教育体系,并利用各种方式传播西方的自然科学和社会科学知识,这是不容否认也无法否认的事实。①对登州文会馆等在华教会学校,我们不应抱有偏见,应该公正看待,拿出中华民族应有的文明雅量和学术理性,温情感念、真诚纪念和科学考量。②

第一节 教会学校的历史作用

自20世纪初至今,学者在讨论传教士与中西文化交流这一主题时,叙事模式在一定范围内逐步发生变化,学界的研究从"文化侵略的范式"到"文化交流的范式"再逐步转为阐述传教史的"现代化范式"。在"现代化范式"视域下,相关研究的主题是考察传教士在华活动在多大程度上与近代中国的现代化进程相关,考察传教活动的视角是宗教与社会及文化的关系,研究的重点是传教士从事的办学、办报、翻译、出版等教育文化活动,以及医疗慈善行为。近代西方的科学技术成果以学堂教育、译书出版等方式在中国广泛传播,传教士正是通过这些活动来影响和改造中国社会,并与中国社会的现代化事业发生密切联系的,这些活动在一定程度上推动了近代中国的现代化进程,同时也促进了当时中国科学文化本土化的发展。

一、教会学校加速了近代中西文化碰撞、交流与融合

19世纪中后期,随着西方文化、教育思想、科学知识和生活方式经由各

---

① 尹明晶.基督教传教士与山东现代教育体系的初步建立[D].山东师范大学,2013:1.
② 田海林.登州文会馆与中华文明之现代转型[J].济南:山东高等教育,2015,3(03):72.

第七章　教会在华办学的历史作用及其影响

种途径输入中国,中西文化由早期的碰撞冲突,到逐步融合,西方科学文化在这一进程中逐步取得优势地位,这也使得清末中国本土科学文化的发展有了新的思想与理论指导。西方书籍,尤其是自然科学各学科书籍的翻译,西方教育教学制度的引介,人才的培养等方面都取得了一定成果,为中国的近代化发展提供了良好的舆论和人才准备,为近代中国与世界接轨提供了可能。教会学校在教育教学过程中倡导开放、包容、多元的文化价值观,教会学校作为东西方文化交流的一种渠道,对东西方国家与不同种族之间的文化交流起到了重要促进作用,客观上促进了西方文化与中华文化之间的交流和融合。

教会学校的传教士或者外籍教师通过教育教学、课程和各种交流活动向中国学生传播西方先进文化,也在教育教学过程中接触中国传统文化,从而促使中西文化不断交流与融汇,呈现出中西文化双向交流、互补的态势。另外,西方传教士作为各类汉语教科书及书籍的翻译者虽然起到了至关重要的作用,但不容忽视的是,他们都离不开中国助手的协助。相关书籍通常是先由传教士做出比较粗略的翻译,然后由中国助手进行笔录、修改和润色,使得该译本语言通顺流畅并极具可读性,在书籍的中译过程中这些中国助手的作用"不可或缺"。在编译的中文书籍中传教士与中国助手有意识地使用大量白话文,在华传教士积极地通过办报、教育、翻译等手段推广白话文,极大地提高了白话文作为书面语的地位,在一定程度上改变了中国人的知识结构和思维方式,在客观上加速了西方科学文化的中国化进程。

传教士不仅在"西学东渐"(西方科学、技术和文化被引进中国)过程中起了重要作用,同时在"东学西渐"(以儒家思想为中心的中国传统文化被引入西方)方面也做了贡献。在华传教士为了更好地了解与适应中国社会,在学习和钻研中国传统典籍的同时,也选择部分并将其翻译成各种语言向西方世界传播,以便更符合中国实际且更有针对性地把西方文化输入中国。中国传统典籍的翻译和向西方世界的传播能让更多的西方人更深入地认识中国传统文化,在华兴办教育事业的西方传教士的主要目的仍然是方便传教,他们认为:只有通过发展教育,培植一批掌握西方科学文化知识和具有基督教精神的所谓"高等华人",才能有机会取代崇奉儒学的中国士大夫阶层,基督教才有希望在中国得到传播与植根。①互为异质的中西两种文化在摩擦互动中寻找契合点,并成为世界文化交流史的主流与典范。②

二、教会学校促进了中国近代教育事业的发展

中国近代教育事业的发展过程是漫长而艰辛的,在华西方教会学校的建立及其发展在这过程中发挥了积极的推动作用。教会学校为中国近代教育教学体系的建立和新式学堂的创建做出了重要贡献,教会学校的兴起虽然对中国传统教育造成了巨大的冲击,但在中国近代教育事业的发展进程中也充当着建设者的角色,是中国传统教育向近代教育过渡的重要环节。近代西方大学的先进办学理念、教育模式和教学方法经由教会学校引入中国,尤其是教会学校"中西合璧"的教师聘用制度,"寓教于乐、学以致用"的学习模式,"复合型、实用型"的人才培养模式,"个性化、特色化"的校园文化,均成为当时其他各类新式学校(学堂)模仿和学习的典范,虽还没有近代新式学堂相对完整的教学体系,但已推进中国教育的近代转型,加快了中国教育的近代化进程。

在教会学校的办学过程中,西学课程的引进、图书馆(图书室)及博物馆的设置、文体活动的开展,使在教会学校学习的中国学生有更多机会获得西

---

① 陈才俊.教会大学与中国近代建筑形态的转型[J].暨南学报(哲学社会科学版),2007,(6):116~123,153~154.

② 赖晓仪.明清以来基督教文明在中国的"化"与"被化":评《会通与流变:明清以降中国的知识、文化与信仰》[J].世界宗教研究,2022,(9):125~128.

方科学文化知识与实用技能,从而拓宽了学生的知识面,提升了学生的谋生能力。教会学校培养的学生在知识结构上符合当时中国新式教育的需求,这些毕业生成为各类新式学堂教师的重要来源。[①]作为舶来品的科学教育模式与科学知识通过教会学校得以引介与传播,教育教学活动的实施促进了其与中国传统文化相汇通融合,形成了颇具特色的办学机制和教学模式。在中国教育从传统走向现代的进程中,众多西方传教士与中方开明人士,基于当时的中国国情适时调整教学内容和方法,使西方教育思想与中国传统文化逐步融合及协同发展,对中国近代教育的变革与进步产生了深远影响,他们作为中国教育近代化的开路先锋,为近代中国培养了一大批优秀人才。

三、教会学校培养了大批新型专业人才

教会学校引进和传播了西方先进的教育思想、教育制度和科技文化成果,在华教会学校作为中国最早接受西方先进思想、文化的场所,在西方近代自然科学和人文社会科学等领域,开阔了学生了解世界的视野,拓宽了学生的知识范围,直接为中国培养了大批优秀新型专业人才,为中国近代科技文化事业的发展做出了贡献。另外,参照西方学制建立的中国各级各类新式学校,在培养新式人才方面也形成了独特的办学模式,使更多学子有机会接触到西方科学文化知识,造就出众多经济贸易、语言文字和工程技术等社会新兴行业的高素质人才,为中国近代社会经济的早期发展提供了宝贵的人力资源,为20世纪初的洋务运动和新文化运动的兴起提供了一定的智力支持。

教会学校招收女生,推行妇孺教育,发展平民教育,培养出一大批优秀人才,为地域文教事业发展做出了贡献。有的教会学校实现男女同校,对入

---

① 白毅.中国古代教育史概要[M].西安:西安交通大学出版社,2018:141.

学的女生实行天足(不缠足),有些女性因此获得了受教育机会,改变了依附男性生存的状况,使女性有机会摆脱封建束缚、改变命运,为中国女性接受正规学校教育开了先河,有些女性甚至成为时代的佼佼者。这为中国人自办新式女子学校提供了参考,大大冲击了当时的封建礼教、习俗和不合理的制度,对女子教育的发展有重大促进作用。

教会学校发展的平民教育,给了更多人尤其是穷苦民众接受教育的机会。在华的教会学校移植了西方同类教育体制,不仅给受教育者提供近代科学文化知识,而且将"信仰与道德"的理念也渗透其中。[①]从而培养出了一批又一批具有先进思想的中国本土知识分子,受其濡染,吸其精义,他们成为推动国内教育革新,促使中国近代化教育兴办的中坚力量和先驱者。在社会变革的各个时期,这些受过新式教育的知识分子总是扮演着至关重要的角色,有些思想更具进步性的人士还投身到革命中,以行动来传播"爱国救国"的革命思想。

随着民族化进程的加速,教会学校不断加强与社会的联系,并为社会服务,其教育功能日益增长,宗教功能和政治功能逐渐减弱与疏离。其培养出来的中国本土思想家和科学家,通过积极主动的实践活动推动近代科学体制化在中国的历史进程,直接在若干领域为中国的近代化做出重要贡献,他们的思想和实践活动促成了中国本土科学文化的重建与发展。

第二节 登州文会馆在中国近代高等教育建设中的作用及其影响

历史学的魅力在于随着观察视角的不同会呈现出不断变换的样貌与意

---

① 尹文涓. 基督教与中国近代中等教育[M]. 上海:上海人民出版社,2007:5.

义,从某种意义上讲,"一切历史都是当代史",换言之,没有任何历史学研究会出现"过时""没新意"的状况。①具有"重要"研究意义的研究并不一定是"宏大"的,也不等于"宏大事件",重要的历史研究反而往往体现在那些具体而细微的事物中。②近代的教会学校各有传统,对具有鲜明特色的教会学校发展史进行研究,最好的办法就是从个案做起,每研究这一个学校,"也就是为当代的中国文化研究增添一个个案"。

关于登州文会馆的研究是在梳理和综合前人有关研究文献的基础上开展的,是对文献的分析、综合、抽象和归纳。从历史考察的角度切入,立足近代西学东渐这一特定时代场域,从中西文化的内在逻辑关联出发选择登州文会馆这一典型实证样本,通过"化整为零"的方式,将登州文会馆纳入科学文化实践与科学知识传播的分析框架中,将其分割为若干个有机联系的子体系。通过对"编印多种类、多学科的新式教科书,向学生及登州本地百姓传授西方的先进科学技术和自然科学的理论知识与实践经验,通过其学生任职清末各重要涉外机构、贸易公司和各省的新式大学堂,使先进科学知识得以传播"这一发展历程进行研究,逐一分析登州文会馆在教学模式、课程设置、教材编译和人才培养等方面的革新,探究其对近代中国高等教育和科学本土化发展起到的引领和示范作用,进一步认识近代科学中国本土化是一个引进、消化、创新的动态发展的历史实践过程。在一定程度上可以增加和深化近代科学文化实践的史实研究内容,拓展近代科学文化实践的研究领域,深化对科学文化传播的史实研究,相关研究对近代中西方文化交流史的探讨也能产生积极的促进作用。

---

① 徐保安.教会大学与民族主义:以齐鲁大学学生群体为中心(1864—1937)[M].南京:南京大学出版社,2015:25.

② 王东杰.国家与学术的地方互动:四川大学国立化进程 1925—1939[M].北京:生活·读书·新知三联书店,2005:4.

"中国教会大学曾经是中国新式高等教育的先驱。"①登州文会馆作为个中翘楚,它的创始人狄考文及其同事,筚路蓝缕,从只有6个学生的蒙养学堂到中国近代第一所大学,积累了丰富的教育管理经验。登州文会馆除开设宗教课程和儒家经典外,还教授包括数学、世界地理、政治经济学、世界历史、心理学、逻辑学、测绘学等许多"西学"知识。随着中国社会的逐渐改变,这些课程对中国青年越来越释放出新奇的吸引力。登州文会馆通过教会学校传授西方科技知识,是山东地区最早传播近代科学文化的机构。登州文会馆内中西文化的碰撞与融合,滋育了在校学生的世界观、人生观、价值观,提升了他们的行为规范、学业基础乃至初步工作技能。登州文会馆完整而系统地引进了西方先进科学文化教育体系,并通过办教育的方式向中国人传播"西学",狄考文把"培养教员、工程师、机械师和领袖"作为教育目的。

登州文会馆对如数理、天文等学科的发展起到了一定的促进作用,在一定程度上开拓了国人视野,解放其思想,为培养接受西方新型教育方式的各类人才提供了可能,推动了中国教育乃至社会的发展,在19世纪下半叶的山东乃至整个中国产生了深远影响。登州文会馆培育了学生的民族情感,激发了学生爱国行为,还对当地经济社会产生了重要影响。尽管学界围绕登州文会馆已发表了不少学术成果,在诸多研究领域也有了较为深入的研究,但登州作为一个外来文化实践的实体,中国科学文化本土化如何在这个空间内表达、研究或限于题旨,或限于史料,仍有很大的研究空间。

不可否认,登州文会馆作为一所教会学校,不可避免地会带有宗教色彩,但在教育目标设计上,打破了传统的"学而优则仕"的培养方式,通过进行全面的教育,为社会培养出多种人才;在课程设置上,打破了以儒家经典为学习内容的传统,采用中西结合,突出科学教育的课程设置方式;在教学方法

---

① 章开沅、林蔚.中西文化与教会大学:首届中国教会大学史学术研讨会论文集[M].武汉:湖北教育出版社,1991:1.

第七章 教会在华办学的历史作用及其影响

上,突破了以"教师讲授、学生背诵为主"的传统方法,倡导实践,注重培养学生的独立精神、自我管理能力和动手能力;在课程内容上,引进了近代科学知识,重视音乐教育,培养学生的艺术审美能力;在教材编写上,狄考文和同事编写了大量教材,不仅供本校使用,还为他校所采用。

另外,登州文会馆还建立了图书馆、博物馆、操作室等设施场地。登州文会馆培养出的毕业生从狄考文的教育中觉醒,在20世纪中国发生的一系列重大变革中发挥重要作用,也是推动这场巨变的一支重要力量。凭借登州文会馆有办学经验以及师资条件的积累,时任山东巡抚的袁世凯才敢在全国率先举办大学堂。袁世凯聘请赫士为山东大学堂总教习并沿用登州文会馆的学制规章制订了山东大学堂的章程,并邀请部分登州文会馆师生参与山东大学堂的教育教学活动。该举措得到了清廷嘉奖,并通令全国各省效仿,开创了中国各省公办现代大学之先河。

因此,看待登州文会馆应从它对中国近代教育的影响方面进行客观的评价,既要看它的初衷、过程,更要看到它的成就与影响。登州文会馆科学完整地引进西方先进科学文化教育体系,在中国近代教育转型和社会变革中做出了不可替代的贡献,成为西学东渐的历史文化坐标,登州文会馆取得的这些成就,使其配得上"中国第一所现代大学"的称号。

虽然登州文会馆的"洋教习"确实给中国这片古老的土地带来了现代科学文化知识,但是也必须清醒地认识到:作为传教士的他们的根本目的是传教,他们是为了其信仰而来,即实现所谓的"中华归主"的目标。

登州文会馆及其后续的教会学校先行建立的教育体系虽然在中国教育由传统向现代转变的过程中发挥了重要作用,但是传教士开创的教会教育模式只能作为一个局部示范性的教育体系,并不能主导山东乃至中国近代教育的主体发展方向,政府在推行"新政"后实施的教育改革才最终引领中国近代教育由传统走向现代。

附录：
英汉人名对照表

阿道夫·迦诺 Adolphe Ganot

韦廉臣 Alexander Williamson

伟烈亚力 Alexander Wylie

包文 AJ. Bowen

潘慎文 AP. Parker

邵涤源 Arthur Gostick Shorrock

奥古斯特·卢米埃尔 Auguste Lumière

高本汉 Bernhard Karlgren

合信 Benjamin Hobson

狄考文 Calvin Wilson Mateer

杜嘉德 Carstairs Douglas

梅理士 Charles Rogers Mills

查尔斯·杨 Charles Young

欧礼斐 C.H.O liver

富善 Chauncey Goodrich

附录：英汉人名对照表

丹尼尔·W.费舍 Daniel W. Fisher

唐纳德·厄文 Donald Irwin

麦嘉谛 Divie Bethune Mc Cartee

季理斐 D.MacGillivray

德贞 Dudgeon John Hephurn

任达 Douglas R. Reynolds

皮彻 Dr.Pilcher

谢卫楼 Devello Zelotos Sheffield

阿特金森 Edmund Atkinson

富济克 E.G. Ritchie

伊丽莎白 Elisabeth Middleton Root Luce

艾利亚斯·路密斯 Elias Loomis

罗密士（狄考文称为鲁米斯）Elias Loomis

白向义 E.W.burt

莫安仁 Evan Morgan

菲尔德 Fairfield

普谢 F.A.Pouchet

师克勤 Fernand Georges Francis Scherzer

菲斯勒、洛伦佐 F. Fisler, Lorenzo F.

师图尔 G.A. Stuart

布丰 Georges Louis Leclere de Buffon

乔治·尼科尔 George Nicoll

艾儒略 Giulio Aleni
佩利姆 G.H. Perriam
杨马可尼 Guglielmo Marconi
格非 Griffith John

翟里斯 H.A.Giles
海伦·倪维思 Helen S. Coan Nevius
郭显德 Hunter Corbett
亨利·卢斯 Henry Luce
路思义 Henry Winter Luce
博恒理 Henry Dwight Porter
赫兹 Heinrich Rudolf Hertz
亥姆霍兹 Hermann von Helmholtz
沃森 Henry William Watson
罗宾逊 Horatio Nelson Robinson
亨利·福西特 H. Fawcett

詹姆斯·达菲尔德 James Duffield
理雅各 James Legge
戴德生 James Hudson Taylor
聂会东 James Boyd Neal
武成献 James Russell Watson
福勒 John Fowler
倪维思 John Livingstone Nevius
约翰·马蒂尔 John Mateer

附录：英汉人名对照表

蒲德应 John Butler

傅兰雅 John Fryer

狄邦就烈（也译作狄邦就列或狄就烈）Julia Brown Mateer

裴义礼 Joseph Bailie

于勒·阿方斯·尤金·埃及尔 Jules Alphonse Eugène Itier

艾约瑟 Joseph Edkins

约翰·爱德华·葛林 John Edward Green

海文 Joseph Haven

约瑟夫·西蒙 Josep Simon

赫歇耳（也译作侯失勒）J.Herschel

瑞利 John William Strutt

田大里（也译作廷德尔）John Tyndall

郭士立（也译作郭实腊、郭施拉）Karl Friedrich Augustus Gutzlaff

司徒雷登 Leighton Stuart

狄莉莲 Lillian Mateer

路易·卢米埃尔 Louis Lumière

路易·雅克·曼德·达盖尔 Louis Jacques Mand Daguerre

邦玛吉 Maggie Brown

高第丕夫人 Martha Foster Craw-ford

玛利亚 Mary Diven Mateer

海思波 Marshall Broomhal

卫礼大（又译作维礼美森）Mason Wells

海灵敦 Mark W.Harrington

利玛窦 Matteo Ricci

敦崇礼 Moir Duncan

莫尔索 Murtha A.lrwin

马礼逊 M.G.Morrison

柏尔根 Paul D.Bergen, D. D.

韩伯禄 Pierre Marie Heude

狄乐播 Robert M. Mateer

黎力基 Rev. Rudolph Lechler

文约翰 Rev.John Prescott Irwin, D.D.

赫美吉·富克济 Ritichie

骆三畏 Samuel Marcus Russell

卫三畏 Samuel Wells Williams

库寿龄 Samuel Couling

阿撒拉氏（也译作狄珍珠）Sarah A. Mateer

太古、G. 华理克 Swire, G. Warren

洪士提反 Stephen A.Hunter

高第丕（也译作高弟佩、库劳福、高乐福等）Tarleton Perry Crawford

巴德顺 T.C.Paterson

威妥玛 Thomas Wade

李提摩太 Timothy Richard

附录:英汉人名对照表

丹涅特 Tyler Dennett

麦都思 Walter Henry Medhurst
赫士 Watson Mcmillen Hayes
丁韪良 William Alexander Parsons Martin
列威廉 William Bradford Reed
萨缪尔·沃克 William Samuel Walker
威廉·布朗 William Brown
幕维廉 William Muirhead
方伟廉 William P.Chalfant
派克 William Guy Peck
罗存德 Wilhelm Lobscheid
梅辉立 William Frederick Mayers
伊维廉 W.O.Elterieh

林乐知 Young John Allen